Religionsunterricht im 4. Schuljahr

Lehrerkommentar zum Religionsbuch »Wie wir Menschen leben 4«

Herausgegeben von
Rosemarie Rehm-Stephan

Mit Beiträgen von
Anita Herz, Ingeborg Nichell,
Marion Paul und Rosemarie Rehm-Stephan

Herder

Freiburg · Basel · Wien

Schreibsatz: Eva Becker-Zedlitz, Freiburg
Herstellung: Weihert-Druck, Darmstadt 1988
ISBN 3-451-20060-0

VORWORT

Der Lehrerkommentar 4 zum Religionsbuch „Wie wir Menschen leben" schließt sich im Aufbau an den vorliegenden Kommentar 3 an. Die theologische Konzeption des Schülerbuches wird chronologisch aufgegriffen. Zu den einzelnen Kapiteln werden ausgearbeitete Unterrichtseinheiten vorgestellt und Lernziele bestimmt, ergänzt durch umfangreiche Medienvorschläge, die – soweit sie keine Aufnahme im Lehrerkommentar finden konnten – in einem besonderen Arbeitsheft angeboten werden. Die den einzelnen Themenbereichen vorangestellten Analysen sind bewußt kurz gehalten. Möglichkeiten zu weiterführenden Informationen bieten Literaturhinweise sowohl hinsichtlich der theologischen Grundlagen als auch der methodischen Möglichkeiten.
Wie das Schülerbuch, geht auch der Lehrerkommentar vom anthropologischen Ansatz aus und führt hin zur theologischen Mitte der jeweiligen Themen unter Berücksichtigung des Gesichtspunktes der Korrelation. Bei der methodisch-didaktischen Unterrichtsplanung ist darauf zu achten, daß Bewegung und Stille, Aktivität und Ruhe sich ergänzen sollen. Die in der Klasse vorhandenen mimischen, bildnerischen und musikalischen Potenzen sind zu nutzen und möglichst das Umfeld Schule besonders im Blick auf die Gemeinde zu öffnen.
Der Kommentar gibt Anregungen zur Verlebendigung des Unterrichts und zur Erziehung zur Selbsttätigkeit. Gerade für Schüler des vierten Schuljahres erscheint es wichtig zu lernen, Arbeitsaufträge zu verstehen und selbständig aufzuführen. Wenn irgendmöglich sollten auch in dieser Klassenstufe die Unterrichtsformen öfter gewechselt werden. Dazu gehören Unterrichtsgespräche im Sitzkreis, Gruppenarbeit, Stillbeschäftigung am Arbeitsplatz, evtl. Anordnung der Tische im Halbkreis oder in Hufeisenform. Dies schafft nicht nur Raum für eine größere „Spielfläche" für Rollen- und Bewegungsspiele, sondern der Lehrer kann sich den einzelnen Schülern besser zuwenden als beim Frontalunterricht und erleichtert gleichzeitig den Schülern durch Blickkontakt die Interaktion.
Der Einsatz von Klanginstrumenten kann im 4. Schuljahr weiter ausgebaut werden, etwa um Perikopen und Psalmen einprägsam zu gestalten. Ebenso werden neue Beispiele zum Sprechzeichnen gegeben, um biblische Texte zu veranschaulichen. Anregungen des Lehrers zu frei formulierten Gebeten schaffen einen personalen Bezug des Kindes zum transzendenten DU und geben gleichzeitig dem Lehrer Einblick in die jeweilige Lebenssituation des Schülers. Hieraus können Einsichten gewonnen werden für die individuelle Schülerseelsorge oder für therapeutisch notwendige Maßnahmen bei Problemkindern, mit denen die Schule zunehmend konfrontiert wird. Für den Religionslehrer eröffnet sich gerade hier ein weites Feld, auf dem er hilfreich wirken und begleiten kann.
Selbstverständlich sollen den Schülern die bekannten Gebete der Liturgie auch methodisch nahegebracht und zum Auswendiglernen empfohlen werden, um ein bereits bestehendes Defizit an Kenntnissen tradierter christlicher Glaubensformen nicht weiter um sich greifen zu lassen. Auch hierzu bieten die Unterrichtsmodelle immer wieder Anregungen und Verknüpfungen, die von den Benutzern dieses Kommentars selbst weiter ausgebaut werden können und sollen.
Denn Schülerbuch und Lehrerkommentar bilden kein geschlossenes System, sondern lassen Offenheit in der Methode zu, so wie unser Glaube nicht abgeschlossen ist, sondern lebendig sein soll und damit offen für den Anruf Gottes an jeden einzelnen.

Rosemarie Rehm-Stephan

INHALT

METHODISCHE HINWEISE

Zur Technik des Sprechzeichnens

„Sprechzeichnen" soll für die Schüler das Hören einer biblischen Geschichte mit dem Sehen verbinden. Dies bedeutet für den Lehrer, während der Erzählung ein Bild an der Tafel entstehen zu lassen. Zur Vorbereitung ist es notwendig, sich mit dieser Art des Zeichnens vertraut zu machen: Die Tafelkreide wird halbiert. Gezeichnet wird nicht mit der Spitze, sondern mit der Kreidekante. Der Kopf einer Figur z.B. wird mit der schmalen Kante spiralförmig ausgeführt. Zur Zeichnung des Rumpfes wird die breite Kantenseite von der Senkrechten schräg nach unten in die Waagrechte gezogen. Auf diese Weise entstehen flächige Formen, mit denen sich rasch ein Tafelbild entwickeln läßt. Es empfiehlt sich, eine in die Augen springende volkstümliche Symbolfarbe für bestimmte Personengruppen zu wählen, die sich immer wiederholt, z.B. Apostel: blau (Farbe des Himmels), Schriftgelehrte: grün (Farbe des Neides), Volk: braun (Farbe der Erde), etc. Gegenstände sollten neutral mit weißer Kreide gezeichnet werden.

„Sprechzeichnen" muß aber nicht immer mit dem Erzählen gleichzeitig entstehen. Die Zeichnung dient auch zur Veranschaulichung des gesprochenen Wortes, wenn sie bereits vor dem Unterricht an der Tafel angebracht wurde. Ihr Inhalt läßt sich vermutend deuten, fördert die Sprechbereitschaft der Schüler zur Wiederholung eines Inhalts oder unterstützt das vertiefende Gespräch. Es bleibt dem Lehrer überlassen, seinem eigenen Vermögen entsprechend dieses Medium zu nutzen und weiterzuentwickeln. Gute Hinweise zur Methode finden sich bei Riedl/Stachel: „Erzählen und Sprechzeichnen im Bibelunterricht", Verlag Benziger/Calwer.

Beispiele:

Zeichenerklärung für Klangspiele

= Xylophon (ohne Nachhall)

X(yl.) = Xylophon

= Metallophone und Glockenspiele (mit Nachhall)

M(et.) = Metallophon

Gl. = Glockenspiel

= Großbässe mit Leichtmetallplatten

= Triangel

= 2 Cymbeln

= Hängendes Becken

= Schellenkranz

= Schellenrassel

= Kugelrassel

X = Klangstäbe

= Holzblocktrommel

= Röhrenholztrommel

= Pauke / Handtrommel

= Gläser mit Wassen gefüllt (mit befeuchtetem Finger über den Glasrand reiben).

= Flasche (mit Korken reiben)

= Sturmscheibe

= Papier (Knistern, wedeln)

= Tremolo mit 2 Schlegeln gespielt.

Spezielle Klangdarstellungen

● ● ● ● = Punktklänge alle Holz- und Fellinstrumente

○ ○ ○ ○ ○ = Schwebeklänge alle Metallinstrumente

= Klang ausklingen lassen

= Klang sofort abdämpfen

gliss. ↗ gliss. ↘ = Gleitklänge (Glissandi) [1]

aufwärts, abwärts

gliss ↔ auf und abwärts

Zwei halbierte Kokosnußschalen abwechselnd mit der Linken und rechten Hand auf den Boden abdrücken (Pferdegetrampel)

Guiro

Beim Tremolo wird der Triangelstab innen in der oberen Spitze des Triangels mit leichtem Schlag hin- und herbewegt.

Die Symbole für die Klangerzeuger, Orff Instrumente und Klangdarstellungen sind ähnlich zu finden in: Meinolf Neuhäuser, Klangspiele, Diesterweg.

Bei Gleitklängen werden alle Töne von tief bis hoch ohne Unterbrechung hintereinander gespielt. Bei den Stabspielen streifen wir mit dem Schlegel rasch über die Töne von unten nach oben und oder von oben nach unten.

= Bewegungsklänge (Tremolo) (auf gleicher Tonhöhe verbleibend).

= Bewegungsklänge mit wechselnder Tonlage.

Die Töne werden beim Tremolo in ziemlich gleichmäßigen Abständen ununterbrochen gespielt.
Beim hängenden Becken werden die beiden Schlegel in einer Hand gehalten.

Bei Metallophonen und Xylophonen werden die einzelnen Klangplatten mit ihren vorderen freiliegenden Enden zwischen den beiden Schlegelköpfen angeschlagen.

= Schichtklang oder Cluster

Auf den Stabspielen wird der Schichtklang von einem Spieler als Querschlag mit der Seitenkante einer großen Klangplatte auf die darunterliegenden Klangplatten gespielt.

= crescendo (lauter werden)

= decrescendo (leiser werden)

1) Die Glissandi auf den Metallophonen sollen ohne Unterbrechungen erfolgen. Der Schlegel soll ganz leicht, ohne Druck und mit ruhigen Bewegungen auf den Klangplatten auf und abwärts geführt werden.

1. Von Freunden und Feinden

VON MARION PAUL

I. ANALYSE

Menschliches Verhalten zwischen den Polen „Der Stärkere hat immer Recht" und „Liebe deinen Nächsten wie dich selbst".

Jedes Kind ist Mitglied einer kleinen Gruppe, die gemeinhin die Familie ist. In dieser überschaubaren Gruppe hat das Kind feste Bezugspersonen und macht erste wichtige soziale Erfahrungen. Die in diesem sozialen Umfeld gemachten Erfahrungen, die nicht immer reflektiert sind, beeinflussen nicht unwesentlich (auch) das (spätere) Verhalten der Kinder. Das Zuhause ist für das Kind der primäre Ort, wo es Geborgenheit und Liebe, aber auch Probleme und Konflikte erfährt. Nach und nach macht das Kind auch in sekundären Lernfeldern (Hausgemeinschaft, Spielkreis, Kindergarten, Schule) zwischenmenschliche Erfahrungen (Unterrichtseinheit 1.1). Dabei lernt es sowohl das beglückende Gefühl echten Miteinanders und wahrer Freundschaft kennen (Unterrichtseinheit 1.2), muß aber zugleich erfahren, daß es im Zusammenleben der Menschen immer wieder Ärger und Streit, Kummer und Leid gibt (Unterrichtseinheit 1.3). Wenn nun die Interessen der Beteiligten gegensätzlich und Konflikte somit unausweichlich sind, bildet das Kind oft ein Verhalten aus, das nur zu getreu dasjenige der Erwachsenenwelt widerspiegelt: Verhaltensmaßregeln wie „Laß du dir nur nichts gefallen! Der Stärkere hat immer Recht! Jeder ist sich selbst der Nächste! Wie du mir, so ich dir!" lassen eine Ellenbogenmentalität in der Gesellschaft herrschen; derjenige setzt sich durch, der den Schwächeren am besten und schnellsten an die Wand drängt (Unterrichtseinheit 1.4). Gleichzeitig tritt dabei oft ein gefährlicher Mechanismus in Kraft, der einen Gegner mit unterschiedlichem Standpunkt zu einem bösen Feind und schlechten Menschen stilisiert.
Und genau hier hat nun das spezifische Anliegen des Religionsunterrichtes einzusetzen: Er soll dem Kind erfahrbar machen, daß Konflikte nicht mit roher Gewalt gelöst werden können (Unterrichtseinheit 1.5). Im Religionsunterricht soll das Kind vielmehr lernen, wie Konflikte vermieden und wie sie rational sinnvoll gelöst werden; es soll erfahren, daß es auch manchmal zurückstecken muß.
Ihre Motivation findet diese Erziehung zu Toleranz und zur Ausbildung von Konfliktstrategien nicht in einer allgemeinen Humanität, sondern in der radikalen Forderung Jesu: „Du sollst deinen Nächsten lieben wie dich selbst" (Mt 19, 19). Jesus beschreitet damit einen neuen Weg (Unterrichtseinheit 1.6), einen Weg, der Haß und Feindschaft zurückläßt, Begegnung ermöglicht und Frieden verwirklicht (Unterrichtseinheiten 1.7 und 1.8).
Das vorliegende Kapitel liefert nun eine ganze Menge methodisch-didaktischer Möglichkeiten, wie Kinder in diesem Sinne in die Nachfolge Jesu treten können, denn Nachfolge Jesu kommt nicht etwa erst bei heroischen Taten ins Spiel! So leisten die folgenden Unterrichtseinheiten in der nicht unproblematischen sozialen Situation unserer heutigen Gesellschaft einen wertvollen Beitrag, die Normen für das Handeln des Menschen zu reflek-

tieren, eine Antwort aus der Offenbarung und aus dem Glauben der Kirche zu ermöglichen und zu verantwortlichem Handeln in Kirche und Gesellschaft zu motivieren (vgl. das Zielspektrum im Synodenbeschluß der Bistümer in der Bundesrepublik Deutschland: „Der Religionsunterricht in der Schule", S. 18).

II. LERNZIELBESTIMMUNGEN

Grobziel

Die Schüler sollen über Freundschaft und Feindschaft nachdenken. Sie sollen erkennen, daß Jesus einen Weg beschritten hat, der Haß und Feindschaft überwindet (kognitiv) und sie sollen dazu ermutigt werden, in der Nachfolge Christi ebenfalls „Brücken" zu bauen und den „Weg des Friedens" zu gehen (affektiv-emotional).

Feinziele

1 – Die Kinder sollen sich bewußt werden, daß überall Menschen miteinander leben und daß wir Menschen uns gegenseitig brauchen.

2 – Die Schüler sollen über Freundschaft nachdenken und einen „guten Freund" schätzen lernen.

3 – 1. Schritt: Die Schüler sollen erkennen, daß Streit zum Leben gehört. Zugleich sollen sie anfanghaft zwischen einem Streiten, das verletzt und auseinanderbringt, und einem Streiten, das klärt und wieder zusammenbringt, unterscheiden lernen.
2. Schritt: Die Kinder sollen über Erwartungen an Freunde und Freundschaft reflektieren und dabei erfahren, daß es oft ihre eigenen Erwartungen an den anderen sind, die Ärger und Enttäuschung provozieren, weil sie zu egoistisch sind.

4 – Die Kinder sollen einsehen, daß Gewaltanwendung kein geeignetes Mittel ist, sein Recht zu bekommen und daß alle „Wunder" unseres Lebens nicht mit Gewalt erkämpft werden können.

5 – 1. Schritt: Die Schüler sollen Einblick in den Mechanismus gewinnen, der einen Gegner mit unterschiedlichem Standpunkt zu einem bösen Feind und schlechten Menschen werden läßt.
2. Schritt: Zugleich sollen sie erfahren, daß sich dieser Mechanismus durchbrechen läßt.

6 – Die Schüler sollen erkennen, daß Jesus einen Weg beschritten hat, der Haß und Feindschaft überwindet, Begegnung ermöglicht und Frieden verwirklicht.

7 – Die Schüler sollen erfassen, daß Menschen oft versuchen, Haß, Feindschaft und Streit zu überwinden, weil sie an Jesus Christus glauben.
– Gleichzeitig sollen die Kinder dazu ermuntert werden, in der Nachfolge Christi ebenfalls „Brücken" zu bauen und den „Weg des Friedens" zu gehen.

8 – Den Kindern soll bewußt werden, daß für Menschen, die an Jesus glauben, Gemeinschaft und Frieden am wichtigsten sind.
– Sie sollen dazu angeleitet und ermutigt werden, Liebe und Versöhnung, Gemeinschaft und Frieden in ihrem Leben zu verwirklichen, um Jesu Botschaft hier und heute für die Mitmenschen erfahrbar werden zu lassen.

III. UNTERRICHT

Erste Unterrichtseinheit: Ich lebe nicht allein (S. 4–6)

Lernziel:

Die Kinder sollen sich bewußt werden, daß überall Menschen miteinander leben und daß wir Menschen uns gegenseitig brauchen.

Inhalte (I) und Ziele (Z)	*Methoden (M) und Medien (Me)*
Anfangsphase	
I: Die Schüler erzählen von zu Hause, von ihrer Familie.	M: Unterrichtsgespräch. (Findet diese Unterrichtsstunde kurz nach den Ferien statt, so bietet es sich an, die Kinder von Erlebnissen berichten zu lassen, die die einzelnen Familien in den Ferien gemacht haben.)
Anschließend malt jedes Kind sich mit seiner ganzen Familie.	M: Einzelarbeit. (Auch hier kann die Familie in den Ferien dargestellt werden.)
Erarbeitung	
I: Bilder betrachten, entsprechende Texte dazu lesen. Herausarbeiten der Kerngedanken.	Me: Bilder und Texte WwMl S. 4 bis 6 oben. M: Unterrichtsgespräch.
1) Familie beim gemeinsamen Frühstück: „Ich lebe nicht allein... Bei uns zu Hause sind auch noch Mutter, Vater, Wolfgang und Cornelia... Meist ist es ganz schön bei uns. Wir verstehen uns gut. Manchmal allerdings... ! Oh, wenn ich anfangen würde zu erzählen!	Me: Bild und Text S. 4.
2) Kinder beim Pausenspiel am Klettergerüst: „Bei uns in der Klasse kommen wir ganz gut miteinander aus."	Me: Bild S. 5 rechts oben. Me: Text S. 5 rechts in der Mitte.
3) Traurig dreinblickender Junge mit einer kleinen Wunde neben dem Mund: „In unserer Schule, da sind ganz viele Kinder... Gestern hat es auf dem Schulhof großen Streit gegeben. Zwei Jungen ... haben sich geprügelt. Ein Lehrer hat die beiden getrennt. Einer blutete an der Nase."	Me: Bild S. 5 links unten. Me: Text S. 5 links oben.
4) „Nicht alle Kinder leben in einer Familie. Michael lebt in einem Heim... Für Michael	Me: Text S. 5 rechts unten.

ist vieles schwerer als für Kinder, die zu Hause bei ihren Eltern sind."

5) Mann, der ein Fernsehgerät repariert: „Unser Fernseher tut es nicht mehr. Ein Mann kommt und repariert ihn. – Das könnte ich nicht! ... Wie gut, daß es andere Menschen gibt! Ich stelle mir vor, wie es wäre, wenn ich ganz allein leben müßte. Gar nicht auszudenken!"

Me: Bild und Text S. 6 links oben.

6) Mann, der sich bei einer Nachbarin beschwert: „Neben uns wohnen Schneiders. Sie lassen ihr Radio immer so laut laufen... Es ist nicht schön, daß sie neben uns wohnen. Aber was soll's! Mitmenschen kann man sich nicht aussuchen."

Me: Bild und Text S. 6 rechts oben.

Transfer

I: Übertragen der besprochenen Situationen auf das Leben der Schüler.

M: Unterrichtsgespräch.
Die Kinder berichten von Freundschaftssituationen und Streitfällen in der eigenen Familie, in der Schulklasse und Nachbarschaft, im Freundeskreis etc.

Ergebnissicherung

M: Zusammenfassung.
TA: Wir Menschen leben nicht allein.
Menschen leben miteinander
in der Familie,
in der Schule,
im Heim,
beim Spielen,
beim Arbeiten etc.
Wir Menschen brauchen einander.
Manchmal ist es auch schwierig, mit anderen zusammenzusein. Trotzdem müssen wir versuchen, miteinander in Frieden auszukommen.
Me: Tafeltext.
(Der Tafeltext entsteht in der Erarbeitungs- und Transferphase.)

Vertiefung

I: Bildbetrachtung.

Me: Bild S. 6 links unten.
M: Unterrichtsgespräch.

In einem Hochhaus wohnen viele, viele Menschen. Einige Menschen kenne ich. Die meisten davon kann ich leiden, aber manche mag ich gar nicht so gern.

M: Text lesen.
Me: Text S. 6 rechts unten.

Schlußphase

I: Beschreibung der dargestellten Situationen in kurzen Sätzen.

Hilfen:
a) Zwei Leute, die in einen Verkehrsunfall verwickelt sind, streiten miteinander und zeigen sich gegenseitig einen Vogel.
b) Kinder, die gemeinsam bei einem Brettspiel sitzen und miteinander spielen.
c) Eine Familie, die zusammen ein Picknick macht und die schöne Landschaft bewundert.
d) Zwei Jungen beim Raufen.
Me: 1.1.1 (Arbeitsheft).
M: Einzelarbeit.

Alternativ dazu:
Jeder Schüler entscheidet sich für ein Bild, denkt sich dazu eine Geschichte aus und schreibt sie auf.

M: Auch als Hausaufgabe möglich.

Zweite Unterrichtseinheit: Freunde (S. 7–8)

Lernziel

Die Schüler sollen über Freundschaft nachdenken und einen „guten Freund" schätzen lernen.

Inhalte (I) und Ziele (Z)	*Methoden (M) und Medien (Me)*
Anfangsphase I: Erklärung und Durchführung des Spiels „Mein rechter, rechter Platz ist frei ..."	M: Spiel.
Z: Die Schüler werden sich ihrer Erfahrungen mit Freunden und ihrer Erwartungen an Freundschaft bewußt.	M: Unterrichtsgespräch. Vermittlungshilfen: Haben alle in gleicher Weise mitspielen können? Weshalb ist das wohl so? Um welches Thema geht es bei diesem Spiel?
Erarbeitung I: Geschichte lesen und nacherzählen.	Me: Geschichte WwMl S. 7. M: Unterrichtsgespräch. Herausarbeiten des Kerngedankens: Ralf verteidigt seinen Freund Pepino, der verdächtigt wird, einen Zwanzigmarkschein vom Ladentisch des Kaufmanns genommen zu haben. Ralf hält ohne wenn und aber zu seinem Freund. Er steht ihm bei, er steht zu ihm.

Bildbeschreibung:
Das Bild zeigt die jeweils verschränkten Füße zweier Kinder.
Die Kinder stehen dicht beisammen, nebeneinander.
Vielleicht hat ein Kind die Arme um die Schultern des anderen gelegt. Damit will es ausdrücken: Wir zwei gehören zusammen. Wir sind Freunde.
Gemeinsam sind wir stark etc.

Me: Bild S. 7 unten.
M: Unterrichtsgespräch.

Transfer
I: Aufgaben besprechen.

Me: Aufgabe 1 und 2, S. 8.
M: Unterrichtsgespräch.

Einen Aufsatz „Mein Freund und ich" anfertigen und dazu malen.

Me: Aufgaben 4 und 5, S. 8.
M: Einzelarbeit.

Ergebnissicherung 1

TA: Freunde halten zusammen.
Freunde unterstützen sich.
Freunde stehen füreinander ein.
Freunde vertrauen sich ganz und gar.
Freunde halten zueinander.
Freunde stehen sich gegenseitig bei.
Freundschaft bewährt sich gerade in schwierigen Situationen.
M: Zusammenfassung.
Me: Tafeltext.
(Der Tafeltext entsteht nach den Äußerungen, die die Kinder in der Erarbeitungs- und Transferphase gemacht haben.)

Vertiefung
I: Bildbetrachtungen:
Ein junger Mann und ein junges Mädchen haben sich in der Stadt beim Einkaufen getroffen. Sie freuen sich darüber, bleiben stehen und erzählen miteinander.

Me: Bild mit Untertext, S. 8 rechts oben.
M: Unterrichtsgespräch.

Me: Mittleres Bild mit Untertext, S. 8.
M: Unterrichtsgespräch.
Hilfen: Der Mann und die Frau freuen sich miteinander. Beide strahlen übers ganze Gesicht. Der Mann trägt einen Blumenkranz um den Kopf, sicher haben beide gerade etwas gefeiert. Der Mann hält die Frau im Arm und gibt ihr einen Kuß.

I: Bibelstellen lesen und besprechen.

Me: Sirach 6, 7. 14. 15, WwMl, S. 8.
M: Unterrichtsgespräch.

Aus der Besprechung resultiert

Ergebnissicherung 2

TA: Ein Freund ist etwas ganz Wertvolles. Einen Freund kann man sich mit Geld nicht erkaufen.
Man kann sich einen Freund aber durch sein eigenes Verhalten „erobern".
M: Zusammenfassung.
Me: Tafeltext.

Anwendung

I: Um zu betonen, wie wichtig Freunde füreinander und wie entscheidend der Beitrag jedes einzelnen für die Freundschaft insgesamt ist, wollen wir jetzt ein Freundschaftspuzzle machen.
Z: Die Kinder erkennen, daß der Beitrag und Einsatz jeder der Freunde, Familienmitglieder ... zur Aufrechterhaltung und Vervollkommnung der Freundschaft nötig ist, da diese sonst wie ein unvollkommenes Puzzle abbröckelt oder ganz zerfällt.

M: Aufgabenstellung durch den Lehrer.
Schneidet dazu zunächst die einzelnen Figuren aus, klebt sie auf Pappe, beschriftet eine Figur mit eurem eigenen Namen, die weiteren Figuren mit den Namen eurer Freunde, der Mitglieder eurer Familien, eurer Klassenkameraden und setzt die Puzzlefiguren anschließend wieder richtig zusammen.
Me: 1.2.1, Arbeitsheft.
M: Einzelarbeit.

Abschlußphase

I: Lied: Danke für diesen guten Morgen.

M: Singen eines Liedes.
Me: Lied: Danke (besonders Strophe 1 und 2). In: Lieder für den Gottesdienst Nr. 61, Kath. Jugendzentrale Mainz (Hrsg.).
Me: 1.2.2.
M: Aufgabenstellung durch den Lehrer.
Hausaufgabe: Ich habe auf einem Arbeitsblatt Erwartungen zusammengestellt, die man an seinen Freund / seine Freundin stellen könnte.
Kreuzt daheim mit einem roten Filzstift die Wünsche an, die ihr auch an eure Freunde habt und für annehmbar haltet, die übertriebenen Erwartungen sollt ihr blau ankreuzen.
Me: Arbeitsheft 1.2.3.
M: Einzelarbeit.

Dritte Unterrichtseinheit: Leben ohne Streit (S. 9–10)

Lernziel

1. Schritt: Die Schüler sollen erkennen, daß Streit zum Leben gehört. Zugleich sollen sie anfanghaft zwischen einem Streiten, das verletzt und auseinanderbringt, und einem Streiten, das klärt und wieder zusammenbringt, unterscheiden lernen.
2. Schritt: Die Kinder sollen über Erwartungen an Freunde und Freundschaft reflektieren und dabei erfahren, daß es oft ihre eigenen Erwartungen an den anderen sind, die Ärger und Enttäuschung provozieren, weil sie zu egoistisch sind.

Inhalte (I) und Ziele (Z)	*Methoden (M) und Medien (Me)*
1. Schritt *Anfangsphase*	
I: Geschichte: Die Sache muß erst geklärt werden.	M: Geschichte lesen. Me: Geschichte, WwMl S. 9.
Erarbeitung	
I: Nacherzählen der Geschichte. Z: Die Schüler erkennen, daß dieser Streit zu einer Klärung des Sachverhalts beitragen wird.	M: Unterrichtsgespräch. Herausarbeiten des Kerngedankens: Vater und Onkel Hans streiten sich, weil Onkel Hans glaubt, beim Autokauf vom Vater übers Ohr gehauen worden zu sein und Vater das abstreitet.
Vertiefung	
I: Besprechen der Aufgaben.	Me: Aufgabe 2, 4 und 5, WwMl S. 10.
Ergebnissicherung	TA: Im Leben gibt es immer wieder Streit. Es gibt Streit in der Schule, zu Hause, auf der Straße, beim Spielen. Es gibt Streit zwischen einzelnen Menschen und ganzen Völkern. Dabei müssen wir unterscheiden zwischen einem Streiten, das verletzt und auseinanderbringt und einem Streiten, das klärt und wieder zusammenbringt. M: Zusammenfassung. Me: Tafeltext.
2. Schritt *Anfangsphase*	
I: Besprechen der Wünsche, die die Kinder an ihre Freunde stellen anhand der Hausaufgabe.	Me: 1.2.3 Arbeitsheft. M: Unterrichtsgespräch.

Erarbeitung

I: Bildbeschreibungen:
Auf dem oberen Bild sind zwei Jungen in eine handfeste Keilerei verwickelt. Sie kämpfen miteinander und wälzen sich auf dem Boden herum. Der Junge mit Brille hält den anderen in einem „Schwitzkasten" gefangen. Die Gesichter der beiden Kinder sind vor Wut und Anstrengung verzerrt.
Das untere Bild zeigt zwei Jungen im Sportdress. Der eine Junge hat sich vom anderen leicht abgewendet. Beide Kinder sehen nachdenklich aus. Sie hatten gerade ein Erlebnis, das sie zum Grübeln bringt...

Me: Abbildungen S. 10.
M: Unterrichtsgespräch.
Mögliche Fragen zur Analyse der Bilder:
Was könnte die jeweils abgebildete Situation ausgelöst haben?
Was könnte in den Köpfen der Beteiligten vorgehen?
Wie könnte es weitergehen?
Gibt es eine Alternative zu dem möglichen Fortgang?

Vertiefung

I: Besprechen der Aufgaben.
Z: Die Kinder erleben und reflektieren ihr eigenes Konfliktverhalten. Sie erkennen, daß es vielfach sehr egoistisch geprägt ist.

Me: Aufgabe 1 und 3, WwMl S. 10.
M: Unterrichtsgespräch.
Me: Aufgabe 6, WwMl S. 10.
Anfertigen eines Aufsatzes „Ein Streit".
M: Einzelarbeit.

Anwendung

I: Wir haben über unsere Erwartungen an Freunde nachgedacht. Manchmal hat unser Freund gleiche Wünsche wie wir, manchmal ähnliche Erwartungen, immer sind darunter aber auch Wünsche, die anders als unsere eigenen sind und die uns gar nicht gefallen. Oft fangen wir dann Streit miteinander an, weil wir nur an uns denken und uns allein in den Mittelpunkt allen Geschehens stellen wollen.

M: Rekapitulation und Aufgabenstellung durch den Lehrer.

I: Jeder will für sich möglichst viel erreichen und ganz hoch hinaus. Um diese unsere eigene Ichbezogenheit zu verdeutlichen, wollen wir jetzt einmal etwas Passendes bauen.

M: Unterrichtsgespräch.
Fallen euch dazu Beispiele ein? (Die von den Schülern genannten Beispiele werden auf „Bausteine" übertragen.)
M: Gemeinschaftsarbeit.
Materialien dazu: „Bausteine" (mit Packpapier umklebte Milchkartons), dicke Filzschreiber.

Z: Als bauliche Demonstration entsteht ein hoher Turm. Im Aufeinanderstellen der „Steine" wird die Baurichtung nach oben gedeutet als bloße Orientierung am „Ich", an eigenen Geltungstrieben und individualistischen Zügen.

M: Aufgabenstellung durch den Lehrer.
Wie könnte das Bauwerk aussehen?
M: Unterrichtsgespräch.
M: Turmbauen.
Me: 1.3.1.

Transfer

I: Um über unsere eigene Ichbezogenheit nachzudenken, wollen wir als Hausaufgabe die „Steine" eines Turms einmal so beschriften, wie es für jeden von uns besonders zutrifft.

Me: 1.3.2 Arbeitsheft.
M: Einzelarbeit.

Vierte Unterrichtseinheit: Wer hat recht? (S. 11)

Lernziel

Die Kinder sollen einsehen, daß Gewaltanwendung kein geeignetes Mittel ist, sein Recht zu bekommen und daß alle „Wunder" unseres Lebens nicht mit Gewalt erkämpft werden können.

Inhalte (I) und Ziele (Z) — *Methoden (M) und Medien (Me)*

Anfangsphase

I: Geschichte „Was hat diese Prügelei bewiesen?"

Me: Geschichte, WwMl S. 11.

Erarbeitung

I: Geschichte nacherzählen und besprechen.

M: Unterrichtsgespräch.
Mögliche Fragen dazu:
Wodurch wurde die Auseinandersetzung ausgelöst? Der Kugelschreiber von Horst war verschwunden.
Wie kam es zu der Prügelei?
Horst verdächtigte Achim.
Unterstreichen der Stellen, wo Gewalt angewendet wird:
„Achims Auge ist blau wie ein Tintenfaß... Von den Lippen tropft Blut... Horst betastet vorsichtig seine Schultern und sein zerrissenes Hemd."
M: Einzelarbeit am Text.

I: Was hat die Prügelei bewiesen?
Welche Lösung hat sie gebracht?
Welche Konfliktlösungsmöglichkeiten hätten besser zur Klärung des Sachverhaltes beigetragen?
Genau darüber nachdenken, wo sich der Kugelschreiber zuletzt befand;
den Kugelschreiber gemeinsam suchen;
die Mitschüler / den Lehrer um Unterstützung bitten etc.

Me: Fragen unter der Geschichte, S. 11.
M: Unterrichtsgespräch.

Ergebnissicherung 1

TA: Durch Gewalt kann man nicht beweisen, wer recht hat.
M: Zusammenfassung.
Me: Tafeltext.

Vertiefung
I: Illustration zu „Der stärkste Mann".
Gedicht lesen und analysieren:
Was kann der stärkste Mann der Welt?
Was kann er nicht?
Beispiel: Der stärkste Mann der Welt
stemmt ein Flugzeug mit einer Hand;
er bringt durch Pusten ein Hochhaus zum Wackeln etc.
Er kann aber nicht Blumen und Bäume wachsen und blühen lassen;
er kann keinem Kind das Leben schenken;
er kann Freundschaft nicht erkämpfen;
er kann Liebe und Vertrauen nicht durch Kampf erobern etc.

Me: Gedicht mit Illustration, WwMl S. 11.
M: Unterrichtsgespräch.
(Die Schüler ergänzen das Gedicht mit passenden eigenen Beispielen, die in Ergebnissicherung 2 ihren Niederschlag finden.)

Ergebnissicherung 2

TA: Alle „Wunder" unseres Lebens,
die Schönheit der Natur,
Wachstum,
die Entstehung neuen Lebens,
Freundschaft,
Vertrauen,
die Liebe zwischen den Menschen,
Geborgenheit etc.
können nicht mit Gewalt erkämpft werden!
M: Zusammenfassung.
Me: Tafeltext.

Hausaufgabe

M: Aufgabenstellung durch den Lehrer. Sammelt Ausschnitte aus Zeitungen und Zeitschriften, worin von Gewalttaten berichtet wird.

Fünfte Unterrichtseinheit: Feinde (S. 12–13)

Lernziel

1. Schritt: Die Schüler sollen Einblick in den Mechanismus gewinnen, der einen Gegner mit unterschiedlichem Standpunkt zu einem bösen Feind und schlechten Menschen werden läßt.
2. Schritt: Zugleich sollen sie erfahren, daß sich dieser Mechanismus durchbrechen läßt.

Inhalte (I) und Ziele (Z) | *Methoden (M) und Medien (Me)*

1. Schritt

Anfangsphase

I: Collage zum Thema „Gewalt".

M: Gruppenarbeit.
Aus den von den Schülern mitgebrachten Zeitungsausschnitten (s. Unterrichtseinheit 1.4) zum Thema „Gewalt" wird eine Collage erstellt. Anschließend werden die Aufgaben besprochen.
Me: 1.5.1.
Me: Aufgaben 1 und 2, WwMl S. 13.
M: Unterrichtsgespräch.

Erarbeitung

I: Geschichte „Feinde".

Me: Geschichte lesen, nacherzählen WwMl S. 12.
M: Unterrichtsgespräch.
Herausarbeiten und Unterstreichen der wichtigsten Aussagen.
Zeile 20 ff.: Vater freut sich: „Das ist aber fein, daß ihr euch so gut versteht! Dann werdet ihr vieles besser machen als wir Alten."
Zeile 24 ff.: „Wir wollten uns damals noch gegenseitig totschießen, euer Vater und ich", sagt Herr Dupont.
Zeile 29 f.: „Damals im Krieg, da waren wir Feinde", erklärt Vater.
Zeile 36 f.: „Damals waren alle Franzosen meine Feinde."
Zeile 43 ff.: „Bei uns in Deutschland sagten damals fast alle Leute: 'Die Franzosen sind böse. Die Franzosen wollen uns alles wegnehmen. Die Franzosen sind eure Feinde.' So stand es damals in den Zeitungen."
Zeile 48 ff.: „Und bei uns in Frankreich", ergänzt Herr Dupont, „ da hat man uns gegen die Deutschen aufgehetzt: 'Alle Deutschen sind böse. Alle Deutschen sind Schweine. Alle Deutschen sind unsere Feinde."
Zeile 55 f.: „Wir lassen uns aber nicht aufhetzen!" sagt Peter mit überzeugter Stimme.
Zeile 57 ff.: „Hoffentlich!" sagt er (Vater). „Dann müßt ihr aber sehr wachsam sein. Früher hat man die Franzosen zu 'Feinden' gemacht. Heute sind es andere, die man zu 'Feinden' macht. Paßt gut auf!"

I: Analysieren der Geschichte. Nachdenken über den Satz des Vaters: „Heute sind es andere, die man zu 'Feinden' macht." Wen? Gastarbeiter, Arbeitslose, Zigeuner, Alte, Kranke, Behinderte etc. Warum: Weil sie andere Meinungen und Sitten, eine andere Einstellung zum Leben haben. Z: Die Schüler sollen den Mechanismus durchschauen, der Menschen mit konträren Meinungen und unterschiedlichen Standpunkten zu bösen Feinden werden läßt.	M: Unterrichtsgespräch.
Vertiefung	
I: Bildbeschreibungen und -besprechungen: 1) Ein Mann mit Gewehr bewacht eine Straße, auf der sich normales Leben abspielt. Autos fahren, eine Frau trägt ein Kind. Vielleicht herrscht hier Bürgerkrieg. b) Ein Mann schaut auf die unzähligen Kreuze (Gräber) eines Soldatenfriedhofes.	Me: Bilder WwMl S. 12. M: Unterrichtsgespräch.
c) Ein Mädchen beschmiert eine Wand mit Vorurteilen über die Polizei. d) Karikatur: Zwei große Männer ziehen zwei kleine Figuren, die schwer bewaffnet und in Uniform sind, auf und schicken sie aufeinander los: Die kleinen Soldaten werden gleich gegeneinander kämpfen, aber nicht etwa aus eigenem Antrieb, sondern als Handlanger der Großen, als Opfer von Vorurteilen und Gemeinplätzen.	Me: Bilder WwMl S. 13. M: Unterrichtsgespräch.
I: „Ihr Kinder" von Bertold Brecht.	M: Gedicht lesen und besprechen. Me: Gedicht WwMl S. 13. M: Unterrichtsgespräch.
Ergebnissicherung	
I: Text: Wir Menschen ...	M: Text lesen. Me: Text WwMl S. 13 links oben. TA: Wir Menschen sind manchmal Gegner, wenn wir verschiedene Meinungen haben und durchsetzen wollen. Oft machen wir aus einem Gegner einen bösen Feind. Viele Menschen glauben Vorurteilen und Verallgemeinerungen. So lassen sich viele Menschen aufhetzen. So fangen viele Menschen an zu hassen. So entsteht Feindschaft zwischen den Menschen.

So ist schon viel Unglück und Leid in die Welt gekommen.
M: Zusammenfassung.
Me: Tafeltext.

Anwendung
I: Nachdenken über die gestellten Aufgaben.

Me: Aufgaben 3 und 4, WwMl S. 13.
M: Unterrichtsgespräch.

2. Schritt
Anfangsphase
I: Aufgreifen und analysieren der „Feinde".

Me: Geschichte WwMl S. 12.
M: Unterrichtsgespräch.
Wie haben Gretes Vater und Herr Dupont die Feindschaft überwinden können?
Sie haben erkannt, daß sie an Vorurteile, Verallgemeinerungen und Verleumdungen geglaubt haben. Dadurch haben sie sich gegen das jeweils andere Volk aufhetzen lassen. Als sie diesen Mechanismus durchschaut hatten, war ihr Haß gebrochen und sie haben zueinander gefunden.

Erarbeitung
I: Wir wollen jetzt eine andere Geschichte kennenlernen, wo sich auch zwei Menschen wieder näherkommen.

M: Aufgabenstellung durch den Lehrer.
Me: 1.5.2.

Geschichte: Der erste Schritt ...
Fragen zur Besprechung:

M: Lehrervortrag.
M: Unterrichtsgespräch.

a) Wie stehen Max und Peter zu Beginn der Geschichte zueinander?
Sie sind Feinde.
b) Wie betitulieren sie sich und wie gehen sie miteinander um?
Sie rufen sich Schimpfwörter zu und drohen sich gegenseitig mit der Faust. Sie bewerfen sich mit Schmutzklumpen.
c) Was geschieht eines Tages, nachdem nach einem starken Regen die Straße unter Wasser steht?
Max sieht seinen Feind Peter mit einem Stein in der Hand am Hoftor stehen. Er sucht sich daraufhin zur Abwehr einen Ziegel. Aber Peter wirft den Stein nicht nach Max, sondern legt ihn ins Wasser. Als Max das sieht, legt er seinen Ziegel ebenfalls ins Wasser.
d) Was geschieht dann?
Die Jungen bauen von beiden Seiten aus weiter aufeinander zu. Schließlich bleibt nur

noch ein Schritt zwischen dem letzten Stein
und dem letzten Ziegel.
e) Wie könnte die Geschichte weitergehen?
Max und Peter gehen auch noch den entscheidenden letzten Schritt aufeinander zu, sie vertragen sich wieder, sie geben sich die Hand, sie unternehmen gemeinsam etwas etc.
f) Sucht eine passende Überschrift für diese Geschichte!

Der erste Schritt,
die Brücke,
Brückenbauen etc.

Ergebnissicherung

TA: dicke Freunde – Streit – böse Feinde,
der erste (Stein) Schritt,
der zweite (Stein) Schritt,
viele (Steine) Schritte aufeinander zu ...

eine Verbindung,
eine Brücke — PARTNER

Haß und Feindschaft lassen sich durchbrechen, wenn wir (wieder) aufeinander zugehen!
M: Zeichnerische Darstellung des Ablaufs der Geschichte.
Me: Tafeltext.
M: Zusammenfassung.
Me: Tafeltext.

Sechste Unterrichtseinheit: Der andere Weg (S. 14–15)

Lernziel

Die Schüler sollen erkennen, daß Jesus einen Weg beschritten hat, der Haß und Feindschaft überwindet, Begegnung ermöglicht und Frieden verwirklicht.

Inhalte (I) und Ziele (Z)	*Methoden (M) und Medien (Me)*
Anfangsphase	
I: Bild beschreiben und analysieren:	M: Bildbetrachtung.
Vor einer großen, langgestreckten schemenhaften Gestalt strecken sich geballte Fäuste in die Luft.	Me: Bild WwMl S. 14.
Mißtrauen und Verachtung, Unverständnis und Wut richten sich gegen Jesus, werden	

immer stärker und eskalieren in jenem Haß, der schließlich zu einer Anklage Jesu seitens der eigenen Landsleute führt. So steht Jesus vor dem Tribunal des römischen Präkurators, wird gequält und nach einigem Hin und Her vom Vertreter der Besatzungsmacht verurteilt, der dem Druck der öffentlichen Meinung nachgibt. Der Repräsentant einer Weltmacht kapituliert vor der Lautstärke und dem Haß einer randalierenden Masse.

Erarbeitung

I: Text „Der andere Weg".
Im Anschluß daran Bildbetrachtung: Menschen befinden sich auf einem Weg. Der Weg führt durch die Natur auf einen anderen Weg, an dessen Rand Wegweiser die Richtung angeben.

M: Text gemeinsam erlesen.
M: Unterrichtsgespräch.
Me: Bild WwMl S. 15.

Vertiefung

I: Bibelstellen: Aus einer Rede Jesu;
Aus dem Evangelium nach Lukas;
Aus dem Evangelium nach Matthäus.
Folgende Kerngedanken werden herausgearbeitet und diskutiert:
Lk 9, 51–56: „Ich bin nicht gekommen, um Menschen zu vernichten, sondern um sie zu retten."
Mt 26, 50–52: „Alle die zum Schwert greifen, werden durch das Schwert umkommen."

M: Lehrervortrag.

Me: Texte nach Lukas 6, 27–28,
nach Lukas 9, 51–56,
nach Matthäus 26, 50–52, WwMl S. 15.
M: Unterrichtsgespräch.

Ergebnissicherung

TA: Jesus geht nicht den Weg der Gewalt.
Er zeigt uns einen anderen Weg.
Er sagt:
Liebet eure Feinde,
tut denen Gutes, die euch hassen.
Segnet die, die euch verfluchen.
Betet für die, die euch mißhandeln.
Jesus geht den Weg des Friedens!
M: Zusammenfassung.
Me: Tafeltext.

Anwendung

I: Wir wollen uns, ebenso wie die Menschen auf dem Bild von S. 15, auch auf den Weg machen. Wir wollen dabei den Weg beschreiten, den Jesus uns vorangegangen ist.

M: Lehrervortrag.

Das ist oft ein anderer Weg als der, den viele Leute gehen.
Aber wir haben unser Ziel klar vor Augen.
Wir können es uns nicht leisten, krumme Wege, Umwege, Abwege, Irrwege, Stolperwege ... zu gehen.
Wir beschreiten einen geraden Weg, einen Weg, der Zwietracht, Haß und Feindschaft zurückläßt, einen Weg, der Menschen verbindet, der dem Leben dient, der Begegnung ermöglicht, der Zusammengerhörigkeit schafft, der Frieden verwirklicht.
Das ist unsere Aufgabe, das ist unser Ziel.
Jesus hat uns die Richtung abgesteckt und einen festen und tragfähigen Untergrund gelegt.
Darauf können wir bauen.
Oftmals aber befinden sich Hindernisse und „Stolpersteine" auf unserem Weg.
Sie lassen uns nur langsam vorankommen oder verbauen uns auch manchmal ganz den Blick aufs Ziel.
Wir wollen uns nun miteinander auf den Weg machen und solche „Stolpersteine" gemeinsam wegräumen, damit wir alle unserem Ziel näherkommen.

M: Steinspiel.
(Der Lehrer hat als „Stolpersteine" beschriftete Kartons vorbereitet. Diese Steine werden gut sichtbar auf einem Regal im Klassensaal angeordnet. Immer dann, wenn innerhalb der Klassengemeinschaft eine Situation im Sinne Jesu bewältigt wird, darf der entsprechende „Stolperstein" aus dem Weg geräumt werden. So versuchen Schüler und Lehrer dem Herrn den Weg zu bereiten, zu ebnen.)
Me: 1.6.1 (Lageplan) Arbeitsheft.
Materialien dazu: mit Packpapier umklebte und beschriftete Milchkartons.

Transfer

I: Die Schüler werden dazu geführt, ihren persönlichen Lebensweg auf solche „Stolpersteine" hin zu überdenken.

Beispiele dafür:

M: Jedes Kind erhält ein entsprechendes Arbeitsblatt.
Die hier abgebildeten Steine dürfen dann bei entsprechender Nachfolge Jesu ebenfalls aus dem Weg geräumt (sprich: mit

Diesen Stein darf ich wegräumen, wenn ich
- Verständnis zeige,
- Wut unterdrücke,
- Sorgen erkenne,
- Tränen abwische,
- Rat gebe,
- mitfühle,
- Mut mache,
- jemanden anlache,
- Aufmerksamkeit schenke,
- teile.

rotem Stift dick durchgestrichen) werden. Dabei bietet es sich an, daß jeder Schüler sein Arbeitsblatt um ganz „individuelle Stolpersteine" ergänzt, von denen gilt, sie im eigenen Leben auszumerzen.
Me: 1.6.2 Arbeitsheft.
M: Einzelarbeit.

Schlußphase
I: Lied: Ich will eine Brücke bauen.

M: Singen eines Liedes.
Me: Lied: Ich will eine Brücke bauen;
In: Lieder für den Gottesdienst Nr. 67, Kath. Jugendzentrale Mainz (Hrsg.).
Me: 1.6.3.

Siebte Unterrichtseinheit: Einer, der Frieden bringt (S. 16–17)

Lernziel

Die Schüler sollen erfassen, daß Menschen oft versuchen, Haß, Feindschaft und Streit zu überwinden, weil sie an Jesus Christus glauben. Gleichzeitig sollen die Kinder dazu ermuntert werden, in der Nachfolge Christi ebenfalls „Brücken" zu bauen und den „Weg des Friedens" zu gehen.

Inhalte (I) und Ziele (Z)

Methoden (M) und Medien (Me)

Anfangsphase
I: Bildbeschreibung.
Das Bild zeigt Menschen, die sich freundlich zulächeln. Die zwei Männer reden anscheinend miteinander, die Frau hält ihre Hand dem Mann im Mantel leicht ausgestreckt entgegen. Der eine Mann hat einen Blumenstrauß mitgebracht.

Me: Bild WwMl S. 16.
Mögliche Fragen dazu:
Wo spielt sich diese Szene ab?
In welchem Zusammenhang könnte der Besuch des Mannes stehen?
Wie könnte es weitergehen?

Erarbeitung
I: Einer, der Frieden bringt.

M: Geschichte mit verteilten Rollen (Herr Knecht, Frau Knecht, Sprecher) lesen.
Herausfinden der Kernaussage:
„Lothar", sagt sie (Frau Knecht), leise, „vielleicht gibt es doch einen Grund für

uns, mit ihm Frieden zu schließen – wenigstens für uns beide ...” Sie schaut verschämt auf das Kreuz, das an der Wand hängt. ... „Ja, der da! Der könnte für uns ein Grund sein.”
Me: Geschichte WwMl S. 16.
Me: Text S. 16 rechts unten.

Ergebnissicherung

M: Zusammenfassung.
TA: Oft versuchen Menschen, Haß, Feindschaft und Streit zu überwinden, weil sie an Jesus Christus glauben. Sie wollen ihm nachfolgen und deshalb möchten sie so leben, wie er es gesagt und gezeigt hat.

Vertiefung
I: Christusdarstellung.

M: Bildbetrachtung, Bildstelle und Text dazu lesen.
Me: Bild WwMl S. 17 Mitte,
Bildstelle nach Epheser 2, 14. 16–17,
Text WwMl S. 17 rechts unten.

Anwendung
I: Beschreibung und Interpretation.
Zwei Menschen reichen sich die Hände.
Dabei ist der Händedruck mehr als nur etwas Äußerliches.
Er betrifft die ganze Person.
Zwei Menschen teilen sich so einander mit.
Sie öffnen ihre Hand, manchmal sogar ihre ehemals aus Haß geballte Faust. Damit öffnen sie sich auch selbst.
Zwei Menschen geben sich die Hand und somit geben sie sich auch ein wenig dem anderen in die Hand. Sie trauen sich, vielleicht vertrauen sie sich sogar einander an.
Sie schließen Frieden.

Me: Abbildung WwMl S. 17 rechts oben.
M: Unterrichtsgespräch.

M: Text dazu lesen.
Me: Text WwMl S. 17 links oben.

Erweiterung
I: Puzzlespiel

Me: 1.7.1 Arbeitsheft.
M: Einzelarbeit.
Die Schüler schneiden die Puzzleteile aus. Sie setzen sie richtig zusammen und kleben sie in ihr Religionsheft ein. Bei richtigem Zusammenfügen entsteht ein Bild, worauf sich zwei Menschen die Hände reichen.

Transfer
I: In der dritten Unterrichtseinheit sind wir uns bewußt geworden, daß wir oft

M: Zusammenfassung durch den Lehrer und neue Problemstellung.

nur an uns selbst, an unsere eigenen Wünsche, Bedürfnisse und Interessen denken. Wir haben erkannt, daß jeder für sich möglichst viel erreichen und hoch hinaus will. Um das zu verdeutlichen, haben wir damals einen Turm gebaut.
Jetzt haben wir erfahren, daß wir mit Jesus einen anderen Weg gehen können. Auch dazu wollen wir passend bauen.
Wie könnten wir das machen?
I: Brücken bauen.
I: Ich möchte gerne Brücken bauen.

M: Spiel: Brückenbauen.
Als bauliche Demonstration für das, was Verbindung schafft, soll nun eine Brücke (Straße) erstellt werden.
Das Bauen einer Brücke mit den selben „Steinen" (mit anderer Beschriftung als beim Turmbau) soll das Zueinander und Miteinander verdeutlichen, auf das Menschen lebensnotwendig angewiesen sind.
Das Negative beim Turmbau wird also jetzt in positives Verhalten umgesetzt – eine ganz wichtige Anleitung für die praktische Lebensgestaltung der Kinder.
Turm- und Brückenbauen sind somit selbst zeichenhaftes Tun und nicht nur zusätzliche Illustration.
Me: 1.7.2.
Materialien dazu: mit Packpapier umklebte und beschriftete Milchkartons, dicke Filzschreiber.
M: Singen eines Liedes.
Me: Lied: Ich möchte gerne Brücken bauen; In: Lieder für den Gottesdienst Nr. 51, Kath. Jugendzentrale Mainz (Hrsg.).
Me: 1.7.3.

Achte Unterrichtseinheit: Der Gott des Friedens (S. 18–19)

Lernziel

Den Kindern soll bewußt werden, daß für Menschen, die an Jesus glauben, Gemeinschaft und Frieden am wichtigsten sind.
Sie sollen dazu angeleitet und ermutigt werden, Liebe und Versöhnung, Gemeinschaft und Frieden in ihrem Leben zu verwirklichen, um Jesu Botschaft hier und heute für die Mitmenschen erfahrbar werden zu lassen.

Inhalte (I) und Ziele (Z)	*Methoden (M) und Medien (Me)*
Anfangsphase I: Betrachtung der unterschiedlichen Bilder. Auf der linken Buchseite sehen wir Kinder, die an einem Zaun stehen. Ein Junge hat Rollschuhe an. Sicher haben die Kinder vorhin noch miteinander gespielt. Jetzt spielen sie aber nicht mehr. Ein Junge wendet sich sogar ab. Er blickt traurig, skeptisch, nachdenklich drein. Er überlegt etwas ... Auf der rechten Buchseite sehen wir eine Familie. Sie macht ein Picknick oder Camping in der freien Natur. Kinder und Eltern tun gemeinsam etwas, sie sind zusammen und beschäftigen sich miteinander. Der Vater erklärt etwas, die anderen schauen zu. Eltern und Kinder sitzen eng zusammen, sie sind eine Gemeinschaft. Sie freuen sich und haben miteinander Spaß.	Me: Bilder WwMl S. 18 und 19. M: Unterrichtsgespräch. Mögliche Fragen zu diesem Bild: Was könnte zwischen den Kindern vorgefallen sein? Wie könnte es dazu gekommen sein? Wie könnte es weitergehen?
Erarbeitung I: Der Gott des Friedens. Herstellen des Bezuges zu den beiden Bildern.	M: Besprechen und Diskutieren des Textes. Me: Text WwMl S. 18. M: Unterrichtsgespräch.
Vertiefung I: An vielen Stellen der Bibel wurde aufgeschrieben, was Jesus darüber gesagt hat, wie wir Menschen miteinander umgehen sollen. Einige Stellen davon wollen wir jetzt kennenlernen. Bibelstellen lesen und besprechen.	M: Aufgabenstellung durch den Lehrer. Me: Kolosser 3, 13–15, Matthäus 5, 23–24, S. 19.
Anwendung I: Gebet lesen und um Beispiele aus dem Leben der Kinder erweitern. Beispiele: Wo jemand ausgestoßen ist, laß mich mich seiner annehmen. Wo jemand einsam ist, laß mich mich um ihn kümmern. Wo jemand traurig ist, laß mich ihn trösten. Wo jemand Not leidet, laß mich helfen.	Me: Gebet des Franz von Assisi, WwMl S. 19. M: Unterrichtsgespräch. (Die Besprechung geht über in das freie Formulieren von Gebeten. Das Beten schließt mit der Bibelstelle Römer 15, 33.) M: Freie Gebete formulieren. Me: Römer 15, 33, S. 19.
Ergebnissicherung	TA: Für Menschen, die an Jesus glauben, sind am wichtigsten:

Gemeinschaft,
Zusammenhalt,
Freundschaft,
Versöhnung,
Liebe,
Frieden!

M: Zusammenfassung.
Me: Tafeltext.

Transfer

M: Netzspiel. Wir wollen jetzt ein Spiel machen, in dem all das zum Ausdruck kommt, worüber wir in den letzten Religionsstunden gesprochen haben.
(Bei der Durchführung des Netzspiels sind die Spielanleitungen zu beachten.)
Me: 1.8.1.

In diesem Sinne beten wir:
a) Gott, du hast uns Ohren gegeben.
Laß uns keine tauben Ohren haben, wenn jemand unsere Hilfe braucht!
b) Gott, du hast uns Augen gegeben.
Laß uns sehen, wo Menschen verzweifelt sind und nicht mehr aus und ein wissen!
c) Gott unser Herr! Laß uns nicht blind und taub sein, wo Unfrieden und Unrecht herrschen. Gib uns den Mut, uns für Frieden und Gerechtigkeit einzusetzen!
d) Gott unser Vater, du hast uns Hände gegeben. Wir können damit helfen oder schlagen, umarmen oder fortstoßen. Laß uns mit unseren Händen Gutes tun und Frieden stiften!
(Zwischen den einzelnen Fürbitten wird jeweils das Kyrie eleison gesungen.)

M: Fürbitten sprechen.
Me: Lied: Kyrie eleison.
Me: 1.8.2.

Schlußphase

I: Lied: Friedensnetz.

M: Singen eines Liedes.
Me: Lied: Friedensnetz.
In: Lieder für den Gottesdienst Nr. 45, Kath. Jugendzentrale Mainz (Hrsg.).
Me: 1.8.3.

In Anknüpfung an das Netzspiel wird das Netz auf Matrize übertragen, mit den Namen der Schüler versehen und ihnen ausgehändigt. So sollen die Kinder dazu angeleitet werden, Liebe und Versöhnung, Gemeinschaft und Frieden in ihrem Leben zu verwirklichen. Gleichzeitig sollen sie sich der Bedeutung ihres Einsatzes und ihrer Mitverantwortung bewußt werden.

Me: Lehrerkomm. 3, S. 184, 191: analog Me 8.5.2.

IV. MEDIENZUSAMMENSTELLUNG

1.1.1	Arbeitsheft: Ich lebe nicht allein	M. Paul
1.2.1	Arbeitsheft: Freundschaftspuzzle	M. Paul
1.2.2	Lied: Danke (besonders Strophe 1 und 2)	In: Lieder für den Gottesdienst Nr. 77/78 Kath. Jugendzentrale Mainz (Hrsg.)
1.2.3	Arbeitsheft: Erwartungen an Freunde	M. Paul
1.3.1	Spiel: Turmbauen	Gemeinschaftsarbeit
1.3.2	Arbeitsheft: Ich-Turm	M. Paul
1.5.1	Collage	Gruppenarbeit
1.5.2	Geschichte „Die Brücke"	N. Oettli
1.6.1	Arbeitsheft: „Der andere Weg"	M. Paul
1.6.2	Arbeitsheft: Steinspiel	M. Paul
1.6.3	Lied: Ich will eine Brücke bauen	überliefert. Quelle unbekannt
1.7.1	Arbeitsheft: Puzzlespiel	M. Paul
1.7.2	Spiel: Brückenbauen	Gemeinschaftsarbeit
1.7.3	Lied: Ich möchte gerne Brücken bauen	T: K. Rommel, M: P. Bischoff
1.8.1	Spiel: Unser Friedensnetz	M. Paul
1.8.2	Lied: Kyrie eleison	
1.8.3	Lied: Friedensnetz	T: H.-J. Netz, M: P. Janssens

V. LITERATURVERZEICHNIS

1) Homeyer, Josef (Hrsg.): „Der Religionsunterricht in der Schule". Ein Beschluß der Gemeinsamen Synode der Bistümer in der Bundesrepublik Deutschland. Heftreihe Synodenbeschlüsse Nr. 4, Bonn 1974.
2) Kluge, Jürgen: Freundschaft. In: Grosch, Heinz (Hrsg.): Religion in der Grundschule. Didaktische Reflexionen, Entwürfe und Modelle. Diesterweg, Frankfurt / Patmos, Düsseldorf 1971, S. 141–159.
3) Vierzig, Siegfried: Enttäuschte Freundschaft. Unterrichtsprojekt für das 4. Schuljahr. In: Esser, Wolfgang G. (Hrsg.): Zum Religionsunterricht morgen III. Pfeiffer, München 1972, S. 204–216.
4) Zentralstelle Bildung der Deutschen Bischofskonferenz, Zielfelderplan für den katholischen Religionsunterricht in der Grundschule. Teil II; Unterrichtsplanung. Heft 4: Hilfen zur Unterrichtsplanung für das 4. Schuljahr, München 1980.

MEDIEN

Medium 1.3.1

Spiel : Turmbauen

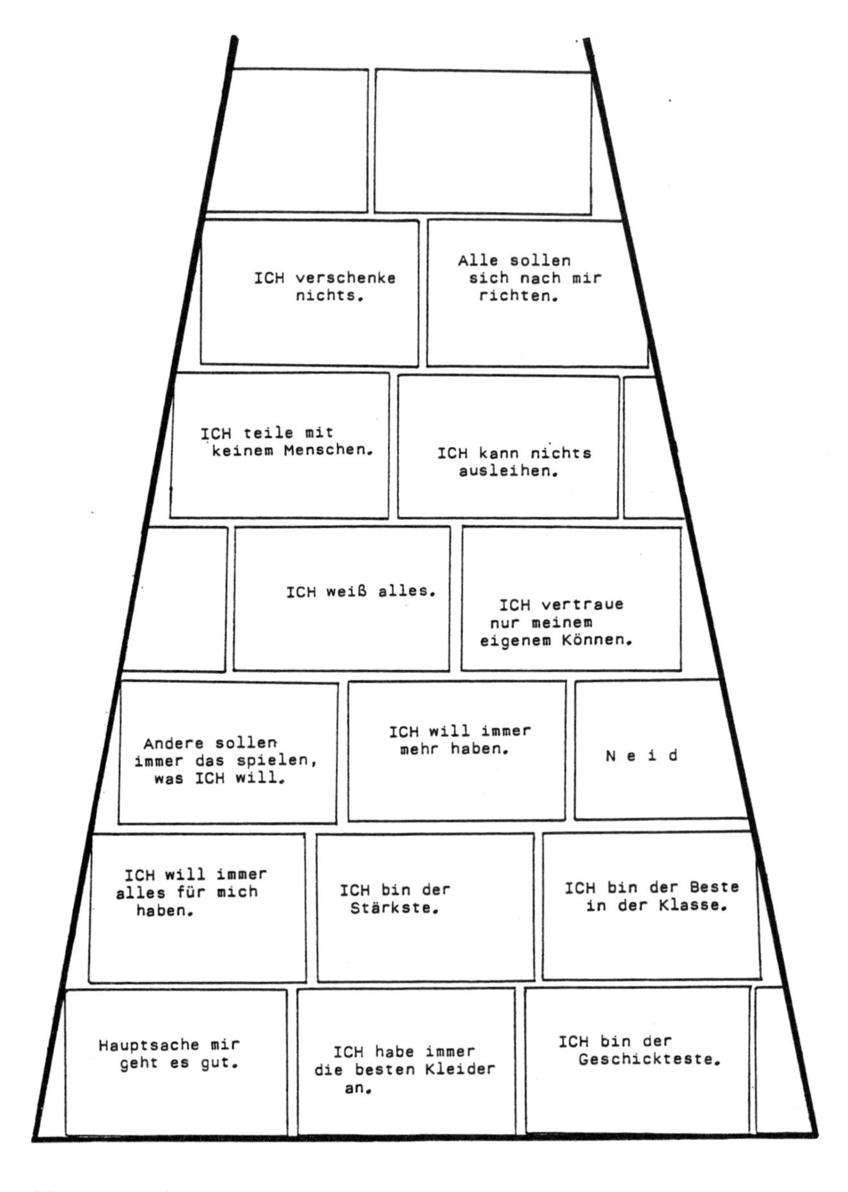

Medium 1.5.1

GEWALT

yrer besetzen ein weiteres Palästinenserlager
ngerblockade in Beirut beendet / Nach fünf Monaten wurden die ersten Verletzten evakuiert

Frau in der Neustadt überfallen und verletzt

Lebenslang hinter Gitter ...
... für Mord an Ehefrau / Leiche zerstückelt

EINS ÜBER DIE RÜBE ...

Eine Mutter ist in Fulda des Doppelmordes angeklagt.

Familientragödie

Lebenslang für Doppelmord

Verband führte auf die Spur der Kidnapper

Das Leid der Familie W.
RAF-ATTENTAT Terror – das ist nicht nur Tod. Terror – das ist auch Qual ohne Ende. Eine Witwe erzählt, warum Angehörige damit nie fertig werden

:hießerei auf
ıarktplatz

„ZUM TODE VERURTEILT"

Zehn Tote durch Autobombe

Nacht der Gewalt in Nordirland

In Tiefgarage brutal überfallen

KZ Bergen-Belsen

Bomben, Schüsse und Brände / Häftlinge als Geiseln genommen

Drogenbesitz: Todesurteil

Unglaublich!
Nach diesem schweren Unfall wurden die bewußtlosen Opfer auch noch ausgeraubt!

Zu dritt Mann getötet

Siegfried Bubacks Ermordung leitete die RAF-Offensive ein
Zehn Jahre danach: der Fanatismus der Terroristen ungebrochen

Attentat auf Bus
ATHEN. (rtr) Bombenanschlag auf einen Bus in der Nähe von Athen,

Überfall auf eine Tankstelle

Medium 1.5.2

Max und Peter waren Schüler der dritten Klasse. Sie wohnten einander gegenüber in derselben Straße einer kleinen Stadt. Früher waren sie dicke Freunde gewesen: dann war es aus einem unerfindlichen Grunde zu Streit gekommen, und sie hatten begonnen, einander wie böse Feinde zu hassen.
Lief Max aus dem Tor seines Hofes, so schrie er über die Straße: „He, du Dummkopf!" Und er zeigte dem früheren Freund die Faust.
Und Peter gab zurück: „Wie viele solche Mistkäfer, wie du einer bist, gehen wohl auf ein Kilo?" Dabei drohte auch er mit der Faust.
Ihre Schulkameraden versuchten mehrmals, die beiden zu versöhnen, aber alle Mühe war umsonst: Sie waren richtige Starrköpfe. Schließlich fingen sie an, einander mit Schmutzklumpen zu bewerfen.
Einmal regnete es besonders stark. Dann verzogen sich die Wolken, und die Sonne zeigte sich wieder, aber die Straße stand unter Wasser. Wer sie überqueren wollte, tastete mit dem Fuß ängstlich nach der Tiefe des Wassers und wich wieder zurück.

Max trat aus dem Haus, blieb beim Hoftor stehen und schaute mit Vergnügen um sich: Alles war so sauber und frisch nach dem Regen und glänzte in der Sonne. Plötzlich aber verfinsterte sich sein Gesicht. Er sah seinen Feind Peter am jenseitigen Hoftor stehen. Und er sah auch, daß Peter einen großen Stein in der Hand hielt.
So, so, dachte sich Max, du willst also einen Stein nach mir werfen. Nun gut, das kann ich auch! Er lief in den Hof zurück, suchte und fand einen Ziegel und lief wieder auf die Straße, zur Abwehr bereit.
Doch Peter warf den Stein nicht nach dem Feind. Er kauerte sich an den Straßenrand und legte ihn behutsam ins Wasser. Dann prüfte er mit dem Fuß, ob der Stein nicht wackle, und verschwand wieder.
Der Stein sah wie eine kleine Insel aus.
Ach so, sagte sich Max. Das kann ich auch. Und er legte seinen Ziegel ebenfalls ins Wasser. Peter schleppte schon einen zweiten Stein herbei. Vorsichtig trat er auf den ersten und senkte den zweiten ins Wasser, in einer Linie mit dem Ziegel seines Feindes. Dann holte Max drei Ziegelsteine auf einmal.
So bauten sie einen Übergang über die Straße. Leute standen zu beiden Seiten. Sie schauten den Knaben zu und warteten. Schließlich blieb nur ein Schritt zwischen dem letzten Ziegel und dem letzten Stein. Die Knaben standen einander gegenüber. Seit langer Zeit blickten sie sich zum erstenmal wieder in die Augen ...

Natalie Oettli

Aus: Vorlesebuch 1 Religion, S. 86 f., Dietrich Steinwede / Sabine Ruprecht (Hrsg.), Kaufmann / Vandenhoeck / Benziger / TVZ.

Medium 1.6.2

Dieser Stein
kann weggeräumt
werden, wenn

1) wir einen anderen nicht auslachen.
2) wir nachgeben.
3) wir einander aufmerksam zuhören.
4) wir Meinungsverschiedenheiten fair austragen.
5) wir uns gegenseitig nicht ärgern.
6) wir Streit schlichten.
7) man einen Fehler einsieht und sich entschuldigt.
8) wir uns wieder versöhnen.
9) wir jemanden trösten, der traurig ist.
10) wir nicht auf unserem Recht beharren.
11) wir auf Gewalt verzichten.
12) wir ein freundliches Wort sagen.

Medium 1.6.3

Ich will eine Brücke bauen

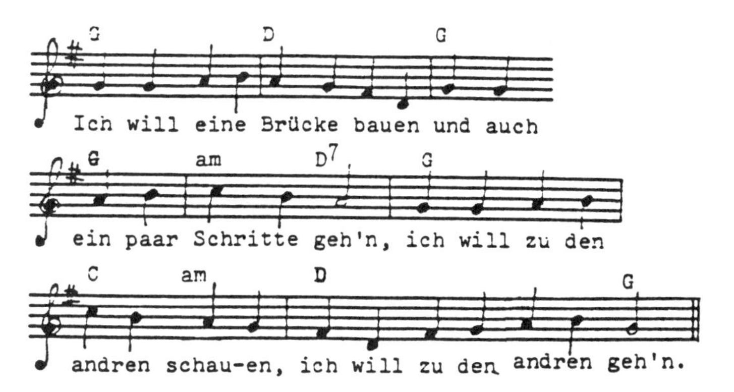

2. Ich will ein paar Schritte tanzen,
   eine Weile stille steh'n,
   ich will eine Blume pflanzen,
   ich will nach den Wolken sehn.
3. Ich will mit der Sonne lachen,
   ich will in's Gesicht dir seh'n,
   ich will große Sprünge machen,
   ich will bei den andren steh'n.
4. Ich will laute Lieder singen,
   ich kann mit dir traurig sein,
   ich will euch die Blumen bringen,
   ich kann mich von Herzen freu'n.
5. Gott, ich will dir dafür danken,
   daß mein Mund so singen kann,
   du, ich will dir dafür danken,
   daß und wie ich Mensch sein kann.
6. Ich will eine Brücke bauen ... (wie 1)

Medium 1.7.2

Spiel : Brückenbauen

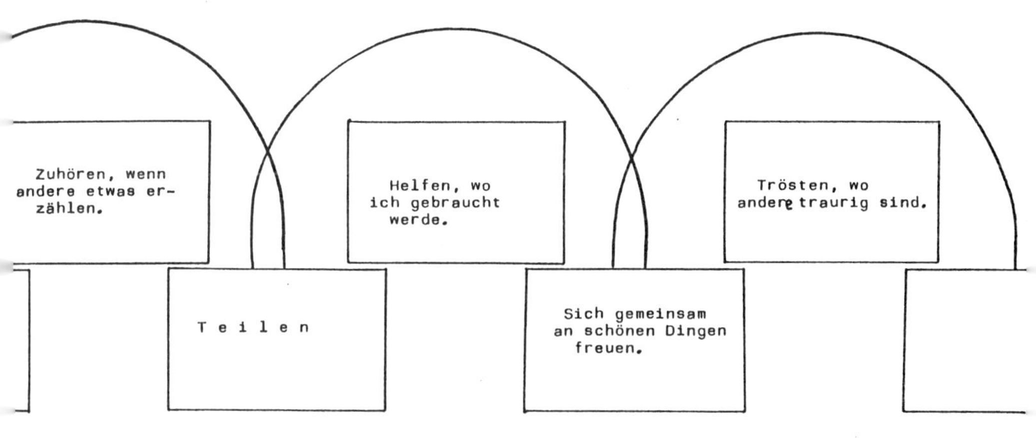

Ich möchte gerne Brücken bauen

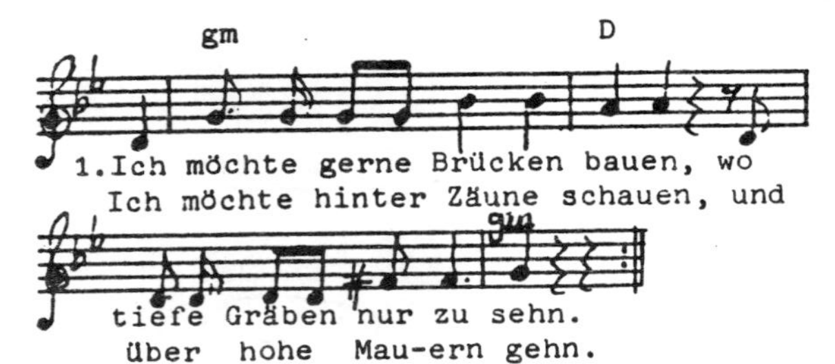

2.Ich möchte gerne Hände reichen, wo harte Fäuste sich geballt. Ich suche unablässig Zeichen des Friedens zwischen Jung und Alt.

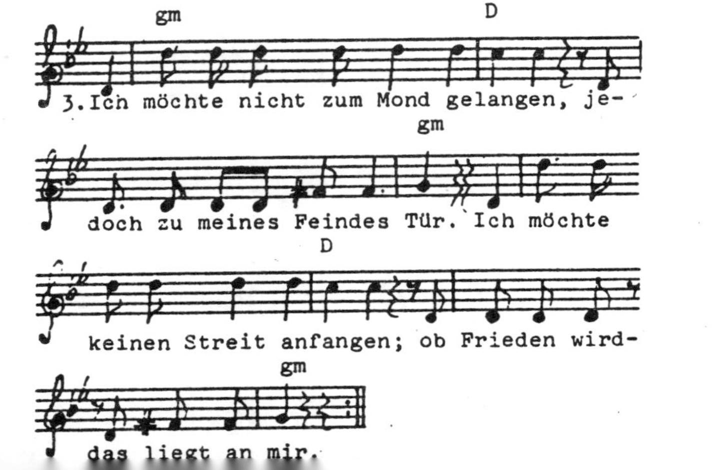

4.Ich möchte gerne wieder reden, wo vorher eisig Schweigen war. Und Blicke sollen nicht mehr töten; und Neid und Gier - fehlt ganz und gar.

Der Friede muß immer wieder neu geschaffen werden wie das Brot, von dem wir leben.

T: Kurt Rommel, M: Paul Bischoff
aus: Herr wir bitten (BE 222)

Medium 1.8.1

Unser Friedensnetz

Teil A

Sprecher: Wir haben einmal darüber nachgedacht, wie wir in unserer Schulzeit versuchen (während unserer Schulzeit versucht haben), Gottes Botschaft umzusetzen und wie wir sie miteinander leben.

1. Kind: Zunächst waren wir uns fremd.
2. Kind: Es kannte kaum einer den anderen.
3. Kind: Doch wir kamen uns näher.
4. Kind: Zunächst näherten wir uns vorsichtig.
(Die Kordel beginnt zu kreisen.)
5. Kind: Wir schafften untereinander eine erste, lose Verbindung.
(Kordel läuft weiter ...)
6. Kind: Jeder ging Schritt für Schritt auf den anderen zu.
7. Kind: Ab und zu riß die Verbindung auch wieder ab.
(Faden abreißen.)
8. Kind: Aber bald danach knüpften wir weiter aufeinander zu.
(Fadenenden werden wieder durch Knoten verbunden.)
9. Kind: Wir ließen uns nicht beirren.
(Schnur kreist weiter.)
10. Kind: Wir knüpften miteinander an.
11. Kind: Die Verbindung zwischen uns wuchs und wuchs.
12. Kind: Sie wurde stark und stärker.
(Die Schnur hat das Anfangskind wieder erreicht, alle umfassen sie nun.)
13. Kind: Jetzt halten wir uns alle an der Hand.

Teil B

Sprecher: Wenn wir uns an der Hand halten, wollen wir damit ausdrücken:

14. Kind: Wir gehören zusammen.
(Schnur wird ab jetzt über Kreuz gereicht.)
15. Kind: Wir helfen uns gegenseitig.
16. Kind: Wir sorgen füreinander.
17. Kind: Wir leisten uns Beistand.
18. Kind: Wir versuchen, den anderen glücklich zu machen.
19. Kind: Dabei verzichten wir auch manchmal auf unsere eigenen Interessen.
20. Kind: Wir unterstützen den, der es nötig hat.
21. Kind: Wir beschützen den, der uns ruft.
22. Kind: Wir führen den, der alleine nicht zurecht kommt.
23. Kind: Wir betreuen den, der sich nur ohne Worte bemerkbar machen kann.
24. Kind: Wir machen Frieden.
(Durch das Kreuzen der Kordel ist unterdessen ein Netz entstanden.)

Sprecher: Ein Netz ist entstanden. Was bedeutet das?

25. Kind: Wir könnten doch wie dieses Netz miteinander verbunden sein.
26. Kind: Wir sind es, wenn der Geist des Mannes aus Nazareth, Jesu Geist, in uns lebt.
27. Kind: Dann sind wir füreinander da.

28. Kind: Wir begleiten uns gegenseitig und gehen ein Stück des Lebenswegs gemeinsam.
29. Kind: Wir behüten uns, weil wir einander wichtig sind.
Sprecher: (Bald werden wir andere Leute kennenlernen und neue Klassenkameraden haben. Wir wollen das Netz dann weiterknüpfen.)
Wir wollen unsere Hände und Sinne dafür einsetzen, Jesu Botschaft zu leben, um sie hier und heute für unsere Mitmenschen erfahrbar werden zu lassen.

(Dieses Netzspiel läßt sich entsprechend der Anzahl der Schüler in der eigenen Klasse ergänzen bzw. kürzen.
Beim Spielen von Teil A ist zu beachten, daß nur jeder zweite bis dritte Schüler spricht, trotzdem aber alle (in diesem Fall) 30 Kinder (29 + 1 Sprecher) am Ende von Teil A an der Kordel angeknüpft sein sollen. Die Kinder, die in Teil A nichts zu sagen hatten, holen das während des Spiels in Teil B nach, so daß insgesamt doch jeder eine Sprechaufgabe hat.
Das Netzspiel eignet sich hervorragend für die Aufführung in einem Gottesdienst anläßlich eines Schulfestes – praxiserprobt! – oder für den Abschlußgottesdienst des 4. Schuljahres.)

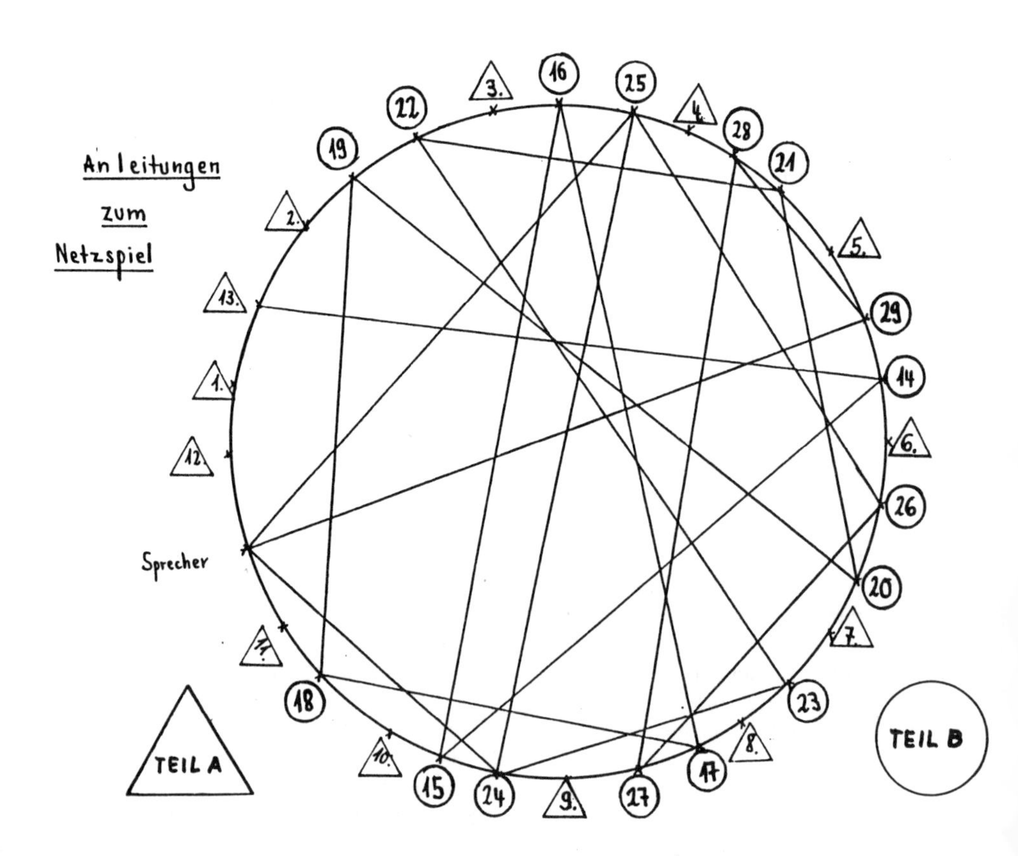

Medium 1.8.2

Kyrie eleison – Herr, erbarme dich

Medium 1.8.3: *Friedensnetz*

2. Jeder fängt ins eigne Netz, versucht einzufangen, was zu fangen ist.
   /:Wer denkt da an Frieden, wer denkt an Shalom:/ Wir ...
3. Einer hängt im fremden Netz, versucht noch zu retten was zu retten ist.
   /:Er denkt an den Frieden, er denkt an Shalom:/ Wir ...
4. Wir zappeln im alten Netz, versuchen zu tragen, was zu tragen ist.
   /: Wir suchen den Frieden, wir suchen Shalom:/ Wir ...
5. Wir knüpfen ein neues Netz, verbinden, was für Frieden ist.
   /: Wir bringen den Frieden, wir bringen Shalom:/ Wir ...

T: H.-J. Netz, M: P. Janssens
aus: Ich suche einen Sinn, 1975, Peter Janssens Musik Verlag, Telgte

2. Vom Hören und Gehorchen

VON ANITA HERZ

I. ANALYSE

Das Thema führt mitten in die alltägliche Welt des Kindes. Spielen-Wollen, sich dem Interessanten, Faszinierenden hingeben und es solange erleben, wie es gewünscht wird, sich nicht stören lassen, das sind Wünsche der Kinder im späten Schulkindalter. Die Vorstellungswelt ist noch beschäftigt mit der Absorption realistischer Erkenntnisse, die in das Spiel einzubeziehen erneut begeisternd ist. Aus der Welt des Spieles gerissen zu werden, ist jedesmal ein Einbruch in die Spielwelt und droht diese zu beschädigen und zu zerreißen. Ge- und Verbote der Erwachsenen werden als belästigend empfunden; Gehorsam fällt, da es das tägliche Leben des Kindes betrifft, schwer. Er ist eines der größten Probleme der Kinder dieser Entwicklungsstufe. Dennoch weiß das Kind, daß diese so lästigen und störenden Einbruchstellen der Erwachsenen Teile des wirklichen Lebens sind, die anzunehmen und aufzunehmen seine Aufgabe zum Erwachsenwerden ist; es ahnt, daß diese als Rahmen empfundenen Gebote und Verbote das Tor zur Realität des Lebens sind.
Diese Stundeneinheit muß die Einsicht des Kindes für die Notwendigkeit des Gehorsams wecken. Die Einsicht soll von der unabdingbaren Notwendigkeit des Gehorsams auch in der Welt der Erwachsenen herrühren. Sie muß Gehorsam als einen positiven Wert erkennen lassen, als einen Wert, der das Leben bereichert und verschönt. Die Überschrift weist auf den engen Zusammenhang von Hören und Gehorchen; nur wenn Hören gelingt, ist Gehorsam ein sinnerfülltes Geschehen. Es ist ein Geschehen, das durch die Vorerfahrung des In-Sich-Selbst-Hörens und des Sich-Selbst-Gehorchens in Analogie als Gehorsam zu Personen, Tatbeständen und Objekten möglich wird. Den Weg der Einsicht, den das Kind gehen soll, führt vom Hören zum Horchen in sich, in die Situation und die Umstände. Das Horchen soll ein für sich selbst erfahrenes Gehören, als ein 'Es gehört sich für mich' bewirken, an das sich ein Gehorchen von Imperativen der Außenwelt anschließen kann.
Das Kind hat zu erkennen, daß menschlich glückendes Zusammenleben immer an Normen, Gesetze und Regeln gebunden ist, die Gehorsam erheischen. Gehorsam wird konstituiert durch einen Bund, eine Übereinkunft. Die Übereinkunft ist der Bund Gottes mit den Menschen. Er dient den Menschen, weil er von einem liebenden Gott ausgeht. Die Gebote und Weisungen dieses Gottes sollen als Schutzgeleit durch das Leben verstanden werden. Sie müssen letztendlich in einem nochmaligen Rückbezug auf das Gott-Gehören hin, auf das Glück des Christen, in diesem Bund aufgenommene und geliebte Bundespartner Gottes zu sein, verankert werden. Es gilt klarzumachen, daß Jesu Wort „Meine Speise ist es, den Willen dessen zu tun, der mich gesandt hat", Joh. 4, 34, auch für uns Menschen Gültigkeit hat. Gehorsam ist Speise. Ein Handeln, das auf Gehorsam zu Gottes Weisung ausgerichtet ist, gleicht nach Jesu Aussage „einem klugen Mann, der sein Haus auf Felsengrund baute", Mat. 7, 24. Gehorsam, echter Gehorsam macht lebenstüchtig und läßt uns als Christen leben und handeln.
Der Aufbau der Stundeneinheit geht von dem Wissen der engen Bindung von Hören und

Gehorsam aus. Für den Christ gilt „Der Mensch lebt nicht vom Brot allein, sondern von jedem Wort, das aus dem Munde Gottes kommt", Mat. 4, 4. Das Leben kommt nach diesem Jesuswort vom Hören; die im Hören erfaßte Botschaft muß aufgenommen, gewogen, internalisiert und im Tun aktiviert werden.
Die Stundeneinheit beginnt – thematisiert in der ersten Stunde – mit der Darstellung des zwiegesichtigen Wunschtraums des Kindes, alles tun zu dürfen. In der Geschichte von Zolotow folgt dem Blick in die paradiesische Vorstellung die Ernüchterung, aufgespart in dem pointenhaft zugespitzten Satz „Meine Mutter sagt, das hätte sie auch immer gesagt, als sie noch ein Mädchen war", S. 21. Die Aussage motiviert zum Hinterfragen des Wunschtraums. Der Zwang der Realität stellt sich der Vorstellungswelt gegenüber mit der klaren Einsicht: Realität ist anders; es ist gut, der Realität zu folgen, die Realität verlangt Gehorsam. Die Motivation für das Thema ist geweckt und der Fragehorizont geöffnet zur Sinneinheit Gehorsam.
Die zweite Stunde läßt die Schwierigkeiten des Gehorsams wiedererkennen und gibt Hilfen zur Bewältigung.
Die dritte Stunde verdeutlicht, daß das Leben Regeln erfordert, wenn es Zusammenleben ermöglichen soll. Regeln verschaffen Recht und fundieren Freiheit. Diese Erkenntnis wird in der kindhaften Streitsituation auf dem Schulhof gewonnen und in der vierten Stunde in der Welt der Erwachsenen fixiert. Der Verkehrspolizist regelt den Verkehr, die Ambulanz hilft.
Die fünfte Stunde bezeichnet die Herkunft und Zugehörigkeit von Gesetzen zu einer Übereinkunft, einem Bund. Der Bund wird festgelegt in Gott. Gottes Bund mit den Menschen hat Gesetzeskraft.
In der sechsten Stunde werden die dem Bund mit Jahwe entsprungenen Weisungen bekanntgegeben. Die Entstehung der Weisungen bei der Rettung aus der Knechtschaft Ägyptens läßt die Weisungen als Sorge eines liebenden Gottes verstehen.
Die siebte Stundeneinheit vermittelt, daß Gehorsam kein wörtliches, sondern sinnbezogenes Befolgen verlangt. In Form einer den Eulenspiegelgeschichten gleichen Erzählung verdeutlicht der Text, daß Gehorsam einen Sinnbezug haben muß, der das Zusammenleben der Menschen betrifft. Der Darlegung des Sinnbezugs dient die Perikope der Heilung der gekrümmten Frau.
Die achte Stunde zeigt, daß Gehorsam eine Antwort auf einen Anruf ist, die mit dem Herzen geleistet wird. Echter Gehorsam macht viele Gebote und Verbote überflüssig und daher den Menschen frei.
Das Hauptproblem des kindlichen Gehorsams, der Gehorsam zu den Eltern, wird in der neunten Stunde nicht von dem Imperativ des vierten mosaischen Gebotes erklärt, sondern von dem Lebensbezug der Familie. Weil es den Lebensbezug gibt, muß es Gehorsam geben; Sich-Gehören und Sich-Lieben haben Gehorsam zur Folge. Das Sich-Gehören spaltet sich in ein In-Sich-Hören, um sich zu gehören und ein familiales Sich-Gehören auf und ist somit eine Fortsetzung der Folge 'Gehorsam ist Hören'. Auf der familialen Grunderfahrung des Sich-Gehörens liegt Gottes Weisung des vierten Gebotes, gleichsam als Verstärkung des naturgegebenen Beziehungsgefüges.
Die zehnte Stunde zeigt, daß Gottes Weisungen in menschliches Handeln übersetzt werden müssen. Das Gleichnis des barmherzigen Samariters ist paradigmatisch, denn „was ihr dem Geringsten meiner Brüder getan habt, das habt ihr mir getan", Mat. 25, 40.

II. LERNZIELBESTIMMUNGEN

Grobziel

Gehorsam als Teil des Gottesbundes, als Antwort auf die liebenden Weisungen Gottes erfahren.

Feinziele

1 Gehorsam als lebensnotwendige Realität erfassen.
   – Gehorsam als Schwierigkeit sehen.
   – Den Wunsch nach absoluter Freiheit als Unsinn verstehen.
   – Betroffenheit über den Mißklang der eigenen Wünsche mit der Realität in Verständnis für Gebote und Verbote verwandeln.

2 Widerstände gegen den Gehorsam im eigenen Leben erkennen.
   – Erkennen, daß Unmut aufkommt, wenn man gehorchen muß.
   – Den Unmut bei Gehorsamsakten als erste Reaktion annehmen lernen.
   – Gründe des Widerstandes bei sich erkennen.

3 Wissen, daß auch Erwachsene gehorchen.
   – Situationen des Gehorsams bei Erwachsenen kennenlernen.

4 Aufgabe von Geboten und Verboten erfassen.
   – Einen Streit zur Kenntnis nehmen.
   – Die Notwendigkeit von Regeln, Geboten zur Schlichtung des Streites sehen.
   – Aktualisierung der Hilfsfunktion von Regeln.

5 Gehorsam als Bindung an den mit Gott geschlossenen Bund erfahren.
   – Erkennen, daß der Gottesbund Aufgaben und Pflichten bringt.
   – Kennenlernen einiger Bundesgebote.
   – Vertiefende Aufnahme der Bundesgebote.

6 Aufbau eines positiven Bezugs zum mosaischen Gesetz.
   – Bekanntwerden mit dem mosaischen Gesetz.
   – Die zehn Gebote als Gottes liebende Weisung in dem Bund verstehen.

7 Die Schüler sollen erkennen, daß Erfüllen von Gesetzen nicht identisch mit Gehorsam ist.
   – Erfahren, was Gehorsam nach dem Wort,
was Gehorsam nach dem Sinn ist.
   – Annehmen, daß echter Gehorsam mehr ist als das Befolgen von Regeln.
   – Jesu Verhältnis zum Gehorsam kennenlernen.

8 Verstehen, was bedeutet: mit dem Herzen hören.
   – Erkennen, daß Gehorsam vom Hören kommt.
   – Gehorsam nicht als Zwang, sondern als Gabe empfinden.

9 Begreifen, daß den Eltern gehorchen ein Gehorchen aus einem Liebesbezug ist.
   – Erkennen, daß das Zusammengehören in der Familie ein Liebesbezug ist.
   – Die Verbindung Gehorsam-Vertrauen-Liebe sehen.

10 Lernen, Gehorsam als Erfüllung des Liebesgebotes aufzufassen.
   – Gehorsam als Anruf Gottes aufnehmen.
   – Die Früchte des Gehorsams sehen.
   – Gehorsam in der Erfüllung der Weisung Gottes als Austeilen Seiner Liebe erkennen und praktizieren lernen.

III. UNTERRICHT

Grobziel

Gehorsam als Teil des Gottesbundes, als Antwort auf die liebenden Weisungen Gottes erfahren.

Erste Unterrichtseinheit: Alles dürfen (S. 20–22)

Inhalte (I) und Ziele (Z)	*Methoden (M) und Medien (Me)*
Z: Gehorsam als lebensnotwendige Realität erfassen.	
Anfangsphase Z: Gehorsam als Schwierigkeit sehen. I: Was ich gern tue, worüber ich mich ärgere.	M: Sitzen im Kreis. Einteilung in drei Gruppen. Erste Gruppe: jeder einzelne erzählt, was er gern tut. Zweite Gruppe: jeder einzelne erzählt, worüber er sich ärgert.
Es werden eine Palette von Hobbies, aber auch Spiele vorgestellt werden. Sachzwänge, Regeln, aber auch Unterbrechungen von Erwachsenen werden zur Sprache gebracht.	Dritte Gruppe: jeder darf erzählen, was er gern tut und worüber er sich zuweilen dabei ärgert. (Es können auch jeweils zwei Kinder ausgewählt werden, die sich vor der Tür besprechen und ihre Überlegungen vor der Klasse darlegen.)
Erarbeitung Z: Den Wunsch nach absoluter Freiheit als Unsinn verstehen. I: Die Vorstellung einer Kinderwelt ohne Gesetze. Die Unmöglichkeit dieser Welt, ihre Zwiegesichtigkeit, ihre Gefahr.	Me: Geschichte von Zolotow, WwMl S.20–21. M: Lesen, besprechen: unterbrechen, wenn spontane Einwürfe der Kinder kommen, wie: das geht doch nicht, die wird doch krank usw. TA: Einige Wünsche des Mädchens sammeln. Folgen erarbeiten, z.B.: Das Mädchen möchte Schnee essen – es kann krank werden, es möchte jeden Hund streicheln – der Hund kann beißen usw.
Alles dürfen ist gefährlich und kann Unglück bringen.	Stichwort Unglück, Gefahr erarbeiten, unter die Rubrik Folgen in Bunt, eventuell gedruckte Großbuchstaben, anschreiben. GEFAHR

Notwendigkeit von Geboten und Verboten.
Welt der Erwachsenen als Realität.

M: Lesen des Schlußsatzes: Meine Mutter sagt, das hätte sie auch immer gesagt, als sie noch ein kleines Mädchen war.
Ergebnis: Erwachsene sehen die Welt anders, es ist gut, daß sie Gebote geben.

Vertiefung
Z: Betroffenheit über den Mißklang der eigenen Wünsche mit der Realität in Verständnis für Gebote und Verbote nutzen.
I: Verständnis für Gebote.
Alternativ:

M: Stillarbeit: Jeder darf aus der Geschichte zwei Wünsche des Mädchens herausschreiben und ein Gebot dazu formulieren.

Wünsche und Gebote auf Tapetenbahnen schreiben. Farblich voneinander abheben. Gegenüberstellung. Wünsche als Sätze, Gebote in Kurzform.
Diese Form der Vertiefung bietet die Möglichkeit, das Ergebnis dieser Stunde für die Dauer der Themenarbeit durch Aufhängen an der Wandleiste sichtbar zu haben.

Transfer
Gebetserziehung
I: Wünsche und Zwang vor Gott artikulieren und ihm anvertrauen.

1. Kind:
Großer Gott, ich wünsche mir, daß ich solange spielen kann, wie ich will.
Klasse: Laß uns die Gebote achten.
2. Kind:
Großer Gott, ich wünsche mir, daß ich nicht einkaufen gehen muß.
Klasse: Laß uns die Gebot achten.
3. Kind:
Großer Gott, ich wünsche mir, daß ich auf der Straße Fußball spielen kann.
Klasse: Laß uns die Gebote achten.

Zweite Unterrichtseinheit: Du sollst gehorchen (S. 22)

Ziele (Z) und Inhalte (I) | *Methoden (M) und Medien (Me)*

Z: Widerstände gegen den Gehorsam im eigenen Leben erkennen.

Anfangsphase
Z: Erkennen, daß Unmut aufkommt, wenn man gehorchen muß.
I: Situativ geforderter Gehorsam und meine Widerstände.
Bericht von Gehorsam heischenden Situationen.

M: Lehrerimpuls:
In der letzten Stunde wurde berichtet, was einige Kinder gern tun und was sie stört. Punktuelle Aussagen sammeln. Kinder, die von personbezogenen Gehorsamssituationen sprechen auffordern, ihre Aussagen in

zwei Sätzen an die Tafel zu schreiben:
z.B.: Ich spiele gern Eisenbahn. Wenn ich zusammenräumen muß wegen dem Abendessen, bin ich wütend.
Ich spiele gern mit dem Puppenhaus. Wenn Melanie nach Hause muß, bin ich böse.
Die Kinder nach dem Anschreiben über die Situationen berichten lassen.

Z: Den Unmut bei Gehorsamsakten als erste Reaktion annehmen lernen.
I: Vergegenwärtigung im Spiel und damit Möglichkeit für eigene Identifikation.

Me: Situationsspiel.
Ihr spielt die Situationen uns jetzt mal vor.
Kinder Spielpartner selbst aussuchen lassen.
Besprechung vor der Türe.
TA: Nach jedem Spiel anschreiben lassen, was Mutter, Vater sagte.
Reaktion des Kindes besprechen:
Trotz, Unmut, Widerstand, Zank usw.

Erarbeitung
I: Gehorsam ist schwer

Me: Bildbetrachtung, Mitte S. 22.
M: Unterrichtsgespräch:
Was seht ihr?
Was ist unmittelbar vorher geschehen?
Was sagen die beiden?
Was fühlen sie?
Welche Fragen hat das Mädchen?
Me: Lesen des Textes 'Gehorchen'.
Antippendes Besprechen, Fragehorizont erhalten.
Findet eine Überschrift zum Bild:
z.B.: Ich will nicht!
Warum soll ich ...?

Vertiefung
Z: Gründe des Widerstandes gegen den Gehorsam bei sich erkennen.
I: Widerstandsgründe

Me: Beschriftete Papierstreifen. Me 2.2.1
Bei dem Spiel konnten wir erkennen, daß X, Y mißmutig waren, als sie gehorchen sollten. Wer kann wiederholen, was sie sagten?
Entgegennahme der Antworten. In dem Kasten sind viele solcher Antworten. Ich kippe den Inhalt auf den Pult. Ihr könnt herauskommen und euch vier, fünf Streifen aussuchen. (Die Streifen, auch Wiederholungen, müssen in fünffacher Menge der Schüleranzahl vom Lehrer vorgefertigt sein.)
Vorlesen einiger Streifen von den Kindern.
Aufschichten der Streifen, auch Zerschneiden, zu einer Mauer des Widerstandes im

	Heft. Aufkleben. Nach Wunsch einzelne Steine ausmalen. Rot: das sage ich oft. lila: das sage ich, wenn ich sehr wütend bin. Grün: das sage ich, wenn es mir fast egal ist, usw. Überschrift finden lassen, etwa: Was ich sage, wenn ich gehorsam sein soll oder Meine Widerstandsmauer.
Gebetserziehung Einbeziehen der Widerstandsmauer in ein Gebet.	M: Stehen im Kreis. Kinder haben ihr Heft in den Händen. Ein Kind liest jeweils einen Widerstand vor. Kind: Ich will nicht. Klasse: Hilf uns, Herr! Kind: Das soll der Klaus machen! Klasse: Hilf uns, Herr!

Dritte Unterrichtseinheit: Auch Erwachsene gehorchen (S. 22)

Ziele (Z) und Inhalte (I)	*Methoden (M) und Medien (Me)*
Z: Wissen, daß auch Erwachsene gehorchen.	
Anfangsphase Z: Situationen des Gehorsams bei Erwachsenen erkennen. I: Ge- und Verbote für Erwachsene.	Me: Der Lehrer hat Dias ausgewählt, die den Gehorsam bei Erwachsenen aufzeigen. Dias von Verkehrsschild mit Autofahrer, Schild mit Ladenöffnungszeiten, Papier- oder Altkleidersammlung.
Erarbeitung Erwachsene üben Gehorsam aus verschiedenen Gründen.	M: Gelenktes Unterrichtsgespräch: Besprechung der Situation, Handlung, vorgegebene Handlung, Gehorsam. TA: als Ergebnis des Unterrichtsgesprächs: Viele Situationen erfordern Gehorsam. Auch Erwachsene gehorchen. Gehorsamsein erleichtert das Leben, spart Zeit, nimmt Rücksicht, achtet die Person des Mitmenschen.
Vertiefung I: Nachvollziehendes Erfassen einer Gehorsamssituation bei Erwachsenen.	Me: Malen einer Situation im Comicstil mit Sprechblasen. Situationen benennen lassen: Protokoll bei Parken im Parkverbot. Abkippen vom Müll am Waldrand.

Rauchverbot im Wald.
Alkohol am Steuer.
Abholzen eines gesunden Baumes, usw.

Vorstellen der fertigen Zeichnungen.
Besprechen.

Vierte Unterrichtseinheit: Gebote und Verbote regeln das Zusammenleben

Z: Die Aufgabe der Gebote und Verbote erkennen. (S. 23)

Ziele (Z) und Inhalte (I)	*Methoden (M) und Medien (Me)*
Anfangsphase	
Z: Einen Streit zur Kenntnis nehmen. I: Streit auf dem Schulhof.	Me: Geschichte aus S. 23 lesen. Bemerkungen und Überlegungen der Kinder annehmen.
Erarbeitung	
Z: Die Notwendigkeit von Regeln, Geboten zur Schlichtung des Streites sehen. I: Den Streit im Spiel erleben. Eine Lösung im Spiel suchen.	Me: Im Kreis sitzen. Spiel: Eine Gruppe von Mädchen vertritt ihr Recht, eine Gruppe von Jungen das ihre. Die Klassengemeinschaft sucht nach Lösungen: Zuweisung eines neuen Platzes für das Mädchenspiel, Mädchen spielen im Spiel der Jungen mit und umgekehrt, Zeitzuweisung: an diesem Tag (erste Pause, zweite Pause) dürfen Mädchen an der Stelle spielen, den nächsten Tag (andere Pause) Jungen usw.
Regeln als Hilfe erfahren.	M: Visualisierung des Besprochenen durch Tafelabschrieb. Bei Formulierung auf imperativische Form achten: Mädchen spielen im unteren Schulhof! Jungen spielen in der ersten Pause Fußball! Fußballspielen im Schulhof verboten! usw.
Regeln sind Gebote und Verbote	Die Kinder finden lassen, daß die Regeln Ge- und Verbote sind. Anschreiben: TA: GEBOTE VERBOTE
Herausfinden, was Gebote und Verbote bewirken.	TA: im Unterrichtsgespräch erarbeiten. Beispiele: Regeln helfen bei Streit.

Sie helfen Konflikte vermeiden, wenn sie bekannt sind und die Partner sich an sie halten. Ge- und Verbote sind hilfreich.
M: Stillarbeit: Übertragen des TA ins Heft.

Vertiefung
Z: Aktualisierung der Hilfsfunktion von Regeln.
I: Aufstellen einer Klassenordnung.

M: Unterrichtsgespräch.
Wir stellen eine Klassenordnung auf.
Stichpunktartig aufnotieren, welche Punkte aufgenommen werden müßten.
M: Gruppenarbeit:
Die Schüler dürfen in Gruppenarbeit die Formulierung entwerfen.
Vorstellung der Arbeit durch Gruppensprecher.
Der Lehrer bekommt die Konzepte, korrigiert Fehler, fotokopiert die beste Vorlage.
Die Kinder erhalten die Klassenordnung ausgehändigt, dürfen sie verzieren.
Die am schönsten Geschriebene wird als Bild in der Klasse aufgehängt.
Me: 2.4.1 Klassenordnung.

Fünfte Unterrichtseinheit: Wer zu Gott gehört (S. 25–26)

Z: Gehorsam als Bindung an den mit Gott geschlossenen Bund erfahren.

Ziele (Z) und Inhalte (I) — *Methoden (M) und Medien (Me)*

Anfangsphase
I: Erinnerung an den Bedeutungsgehalt von Bund.

M: In der dritten Klasse habt ihr von einem Bund gesprochen. Wer erinnert sich? Freundschaftsbund, Ehebund, Staatenbund, Völkerbund usw.
Wie entsteht ein Bund?
Warum wird er geschlossen?
Durch was wird er kenntlich gemacht?
Was erlegt er den Bundespartnern auf?

Intensivierung des Gedankens der Bindung und Verpflichtung.

M: Basteln
Das Zeichen für einen Bund ist oft ein Kreis, ein Ring. Warum?
Ohne sichtbaren Anfang und Ende = bedeutet: er dauert immer.
Alle miteinander verbunden = bedeutet: jeder wird benötigt, jeder ist wesentliches Teil.

Bedenkt, wenn ein Teil kaputtgeht = Unterbrechung, alles fällt auseinander. Jedes Teil neben dem anderen: alle sind notwendig, jeder hat den gleichen Rang.
Me: Aus mitgebrachten Blüten oder Blättern einen Ring/Kranz formen. Jedes Kind für sich, oder je zwei Kinder, eines reicht an, das andere knüpft.
Knüpftechnik vorher zeigen!
Möglichkeit: über einen Draht, Strick aus Strohhalmen Blumen, Blätter knüpfen. Es kann auch ein Styroporring gekauft werden, auf den mit Stecknadeln Blüten gesteckt werden. Diese Form beschleunigt die Arbeit, da sie als Klassenarbeit im Kreis sitzend durchgeführt werden kann. Die Symbolik der Stabilität der einzelnen Glieder aber leidet und kann nur über das Ästhetische (eine Stelle ist blank) eingeholt werden.
Me: 2.5.1

Erarbeitung
Z: Erkennen, daß der Gottesbund Aufgaben und Pflichten bringt.
I: Der Bundesschluß mit Gott ergab Gebote für die Menschen.
Bei Nichtbeachten der Gebote ergibt sich Gefahr der Auflösung des Bundes.

Me: Wer zu Gott gehört, WwMl S. 25–26 lesen.
M: Unterrichtsgespräch. Schwerpunkte:
Gefahr für Jerusalem, was der Prophet sagt
– der Bund erfordert Einhaltung der Gesetze
– wiegt euch nicht in falscher Sicherheit
– ihr sollt euch an den Vertrag erinnern:
lügt nicht mehr,
stehlt nicht,
betrügt nicht,
zahlt den Lohn pünktlich,
laßt für die Armen und Fremden auf euren Äckern Frucht stehen.
Haßt nicht und übt keine Rache.

Z: Kennenlernen einiger Bundes-Gebote.
I: Jeremia erinnert an Bundes-Gebote.

Vertiefung
Z: Vertiefende Aufnahme der Bundesgebote
I: Übernahme der Gebote

M: Stillarbeit:
Abschreiben von „Gott: auf der Seite des Menschen", WwMl S. 26
oder aus der Besprechung Gebote formulieren lassen, anschreiben, Übernahme ins Heft.
Z.B.: Der Bundesschluß besagte:
(s. oben: Was der Prophet sagt).

Es kann auch ein Hörspiel entworfen werden mit ausgearbeiteten Rollen für Erzähler, Nahum, Jakob, Jeremia, Gruppen nachdenklicher Menschen, Gegner Jeremias, Bekehrte.

Sechste Unterrichtseinheit: Gottes Gebote (S. 27–28)

Z: Aufbau eines positiven Bezugs zum mosaischen Gesetz.

Ziele (Z) und Inhalte (I)	*Methoden (M) und Medien (Me)*
Anfangsphase Z: Bekanntwerden mit den mosaischen Gesetzen. I: Entstehung und Umfeld der mosaischen Gesetze.	M: Lehrerimpuls Im letzten Jahr hörten wir von der Knechtschaft der Israeliten in Ägypten. – Erinnerungen entgegennehmen. Mose befreite die Israeliten und schrieb zu Beginn einer neuen Zukunft für das Volk die Gesetze auf. Er lebte etwa 500 Jahre vor Jeremia. Davon wollen wir heute hören. Me: Lesen 'Gottes Gebote' WwMl S.27–28.
Erarbeitung Z: Die zehn Gebote als Gottes liebende Weisung im Bund verstehen. I: Gottes Gebote sind liebende Weisungen.	Me: Lesen 'Ich bin dein Gott'. M: Erklärendes Besprechen der Gebote.
I: Wirkung der Weisungen	M: Erarbeitendes Unterrichtsgespräch mit Tafelanschrieb Gottes Weisungen bewirken Schutz Hilfe Zusammenhalt Gemeinschaft Abwendung von Gefahren Stärkung des Bundes Vertrauen Liebe zu Gott Liebe zum Nächsten gutes Leben Wegweisung usw.
Vertiefende Aufnahme	M: Stillarbeit: Abschreiben der 10 Gebote.
Gebetserziehung	M: Lernen des Kehrverses: Ich will immer und überall von Gott erzählen und singen. Musik: Edelkötter. Me: 2.6.1

M: Stehen im Kreis:
Alle singen den Kehrvers.
1. Kind: Deine Weisungen sind uns Schutz.
Alle: Wir wollen dir danken.
Kehrvers.
2. Kind: Deine Weisungen sind uns Hilfe.
Alle: Wir wollen dir danken.
usw. s. oben Tafelanschrieb.

Siebte Unterrichtseinheit: Gehorsam ist mehr (S. 29–30)

Z: Die Schüler sollen erkennen, daß Erfüllen von Gesetzen nicht identisch mit Gehorsam ist.

Ziele (Z) und Inhalte (I)	*Methoden (M) und Medien (Me)*
Anfangsphase Z: Die Schüler sollen erfahren, was Gesam nach dem Wort ist, was Gehorsam nach dem Sinn ist. Annehmen, daß Gehorsam mehr ist als Befolgen von Regeln. I: Gehorsam nach dem Wort.	M: Lesen und Besprechen. Me: Ich tue doch genau, was man mir sagt. WwMl S. 29. Herausarbeiten: Gehorsam des Mannes: mit Laterne des Abends ausgehen. mit Kerze in Laterne des Abends ausgehen. GEHORSAM nach dem WORT falscher Gehorsam. Weisung bedeutet: Laterne mit brennender Kerze GEHORSAM nach SINN richtiger Gehorsam An was erinnert euch diese Geschichte? Eulenspiegeleien, Schildbürgergeschichten. Warum sind sie so ulkig? Weil der Wortgehorsam den Sinngehorsam auf den Kopf stellt.
Erarbeitung Z: Jesu Verhältnis zum Gehorsam kennenlernen. I: Jesus zwischen 'Wortgehorsam' und 'Sinngehorsam'.	Me: Perikope von der gekrümmten Frau WwMl S. 30. M: Lesen, besprechen. Wortgehorsam: Es ist Sabbat, man darf nicht heilen. Gebot zum Schutz des Sabbat. PHARISÄER Sinngehorsam: Ein Mensch leidet. Du mußt helfen. JESUS
Vertiefung I: Gehorchen wie Knechte Gehorchen wie Freunde.	M: Jesus spricht vom „Gehorchen wie Knechte" und „Gehorchen wie Freunde".

Löse die Aufgaben im Arbeitsheft und fülle die Sprechblasen aus.
Me: 2.7.1 Arbeitsheft.

Achte Unterrichtseinheit: Mit dem Herzen hören (S. 31–32)

Z: Verstehen was bedeutet: mit dem Herzen hören.

Ziele (Z) und Inhalte (I)	*Methoden (M) und Medien (Me)*
Anfangsphase Z: Erkennen, daß Gehorsam vom Hören kommt. I: Hören. Rechtes Hören.	M: gehendes Erfassen. Ort: Schulhof. Zeichen: Ein großes Ohr ist mit Kreide auf den Boden des Schulhofs gemalt. Me: 2.8.1 Betrachten mit der Klasse. Erkennen der Gänge, Wege. Kind Gänge gehen lassen. Kind ein Gebot umhängen z.B. Du sollst deinen Nächsten lieben. Me: Schild zum Umhängen. Mit dem Gebot Gänge gehen lassen. Wird das Gebot gehört, wird es auch verstanden?
Erarbeitung I: Mit dem Herzen hören.	Me: Geschichte: Mit dem Herzen hören. WwMl S. 31. M: Lesen, besprechen, Klassensaal. Impulse: Wen hörten sie bei Abwesenheit der Lehrerin? Was erfühlten, ertasteten sie? Wonach richteten sie sich? Wissen von früherer analoger Situation? Ergebnis: Das Herz sagt ihnen, was zu tun sei.
Vertiefung Z: Gehorsam nicht als Zwang, sondern als Gabe empfinden. I: Echter Gehorsam ist: mit dem Herzen hören.	Me: Gebet Gott, lehre uns still zu werden, in uns zu hören, dein Wort in uns zu erspüren und danach zu handeln. Amen. Me: Lied:

Du Herr, gabst uns dein festes Wort
gib uns allen deinen Geist.
Du gehst nicht wieder von uns fort
Gib uns allen deinen Geist.
Gib das Leben, das im Glauben deine
Brüder hält.
Gib uns allen deinen Geist.
Auch 2. 4. und 5. Strophe.
Me: 2.8.2
Text: L. Schuhen, Mel.: nach einem Negro Spiritual.

Neunte Unterrichtseinheit: Den Eltern gehorchen (S. 33–34)

Z: Erkennen, daß den Eltern gehorchen ein Gehorchen aus einem Liebesbezug sein soll.

Ziele (Z) und Inhtalte (I)	*Methoden (M) und Medien (Me)*
Anfangsphase Z: Erkennen, daß das Zusammengehören in der Familie ein Liebesbezug ist. I: Familie beim Frühstück	Me: Malen. Jeder malt ein Bild der Familie beim sonntäglichen Frühstück. Zeigen, erzählen lassen. M: Erarbeiten: Wir gehören zusammen wir essen, wir erzählen, wir lachen, wir freuen uns, wir spielen, wir betrachten Bilder, manchmal gehen wir wandern usw. Ergebnis: Wir gehören zusammen. Ich habe Vater gern Mutter gern, meinen Bruder meine Schwester manchmal, im Grunde gern.
Erarbeitung Z: Die Verbindung Gehorsam-Vertrauen-Liebe sehen. I: Den Eltern gehorchen aus Liebe.	Me: Lesen, besprechen Den Eltern gehorchen? WwMl S. 33, 34. Überlegungen S. 34: Gehorchen weil wir zusammengehören weil weil usw.

Vertiefung

I: Das vierte Gebot

M: Stillarbeit:
Abmalen: Kasten
Text abschreiben
Foto von Vater und Mutter
rechts und links vom Text einkleben.
Me: 2.9.1 Arbeitsheft

I: Emotionales Erfassen

Me: Lied.
Ich bin so gern bei dir.
Drum geh ich jetzt auf dich zu,
dann bist du nah bei mir.
Me: 2.9.2
Text: R. Krenzer, Musik: Edelkötter.

Zehnte Unterrichtseinheit: Gott gehorchen (S. 35)

Z: Lernen, Gehorsam als Erfüllung des Liebesgebotes aufzufassen

Ziele (Z) und Inhalte (I) — *Methoden (M) und Medien (Me)*

Anfangsphase

Z: Gehorsam als Anruf Gottes aufnehmen.
I: Gott gehorchen bedeutet:
So handeln wie er.

Me: Impulsbild S. 35 betrachten.
Beantworten der Fragen:
z.B.
Gott hören heißt: ich spiele mit dem Kind. Ich lade es ein. Ich zeige ihm meine Spielsachen usw.
Gott hören heißt: Ich spare. Ich habe nicht so viele Wünsche. Ich brauche den neuen Pulli nicht.
Gott hören heißt: Ich habe Umweltbewußtsein. Ich benutze keine Sprays, weil sie die Ozonschicht der Erde zerstören, Kleintieren, (Insektensprays) die nützlich sind, die Lebensbedingungen nimmt usw.

Erarbeitung

Z: Die Früchte des Gehorsams erkennen.
I: Die Praxis des Liebesgebotes in einer Beispielerzählung kennenlernen.

M: Erzählen oder Vortrag der Perikope vom barmherzigen Samaritan.
Me 2.10.1
Alternative: Tonbildreihe
Eindrücke sammeln, Äußerungen entgegennehmen.
M: Besprechung. Schwerpunkt:
Der Samariter sieht,
geht hin

gießt Öl und Wein in Wunden,
verbindet,
hebt auf,
bringt zur Herberge,
pflegt,
gibt Geld für weitere Pflege.

HÖREN mit dem HERZEN

M: Stillarbeit: abschreiben.

Erweiterung

M: Singspiel: Der barmherzige Samariter
Me: 111 Kinderlieder zur Bibel, v. G. Watkinson, S. 51/53, Christophorus-Verlag, Freiburg;
Flöten, Orff-Instrumente, Gitarre.

Vertiefung
Z: Gehorsam in der Erfüllung der Weisung Gottes als Austeilen seiner Liebe erkennen und praktizieren lernen.
I: Transfer ins eigene Leben

Me: Gebetserziehung
Laß uns nicht blind sein – sehen
laß uns nicht stehen und zusehen –
sondern zum Notleidenden gehen,
laß uns nicht verwunden – heilen
laß uns Wunden verbinden
laß uns für andere sorgen
laß und spenden für die Armen.

Zwischen den einzelnen Bitten wird jeweils die weitere Strophe von „Wenn ich nicht brenne"(Text: Brücken, Mel.: Edelkötter) gesungen.
Me: 2.10.1
Me: Fadenlegen.
Mit ausgeteilten Wollfäden darf jedes Kind in sein Heft das Wort LIEBE legen und aufkleben.
Me: 2.10.2

IV. MEDIENZUSAMMENSTELLUNG

2.2.1	Streifen zur Widerstandsmauer	Anita Herz
2.4.1	Klassenordnung 4a	Anita Herz
2.5.1	Bastelarbeit: Unser Bund mit Gott (Jeder ist wichtig!) Blumen, Blätter, feiner Bindedraht, Strohhalme oder Draht zu Kreis gebogen, evtl. Styroporring, Stecknadeln	Anita Herz
2.6.1	Lied als Refrain: Ich will immer und überall von Gott erzählen und singen. „Deine Welt ist voller Wunder"	Text: Krenzer, Musik: Edelkötter Musikkassette: Halte zu mir guter Gott. Impulse Verlag Drensteinfurt.
2.7.1	Arbeitsheft: Jesus zeigt, was es heißt: Gott gehorchen	
2.8.1	Ohr, Kreidezeichnung im Hof	
2.8.2	Lied: Du Herr gabst uns dein festes Wort	Text: Schuhen, Musik nach einem Negrospiritual. Edition Werry, Mühlheim/Ruhr
2.9.1	Arbeitsheft: Das vierte Gebot. Fotos von Vater und Mutter.	
2.9.2	Lied: Ich bin so gern bei dir	Text: Krenzer, Musik: Edelkötter Musikkassette: Ich gebe dir die Hände Impulse Verlag Drensteinfurt.
2.10.1	Lied: Wenn ich nicht brenne	Text: Bücken, Musik: Edelkötter Musikkassette: Geh mit uns. Impulse Verlag Drensteinfurt
2.10.2	Fadenlegarbeit, Wollfäden in Schreibschrift: *Liebe*	

V. LITERATURHINWEISE

1) Bours, J., Kamphaus, F.: Leidenschaft für Gott. Ehelosigkeit – Armut – Gehorsam. Freiburg 1981, S. 121–176, bes. S. 124, 130 ff.

2) Brandscheidt, R.: Der Dekalog – Gottes Gebote als Weisungen. In: Senfkorn. Handbuch für den katholischen Religionsunterricht. Stuttgart 1986, II, 1, S. 121-124 .

3) Fischer, G.: Gehorsam. In: Lexikon für Theologie und Kirche. Freiburg 1960, Bd. 4, Sp. 605 f.

4) Nieder, L.: Gehorsam in der Schrift. In: Lexikon für Theologie und Kirche. Freiburg 1960. Bd. 4, Sp. 601 f.

5) Schneider, Theodor: Was wir glauben. Eine Auslegung des Apostolischen Glaubensbekenntnisses. Düsseldorf 1985, S. 212.

6) Watkinson, G.: 111 Kinderlieder zur Bibel, Christophorus-Verlag, Freiburg 1974.

MEDIEN

Medium 2.2.1 *Streifen zum Mauerbau*

Immer ich!

Ich will nicht

Miriam braucht das auch nicht zu tun.

Dann kommt mein Freund nicht mehr zum Spielen.

Nein, huhu!

Ich habe Sport (Fußball, Tennis) heute.

Ich habe gestern erst geholfen.

Du störst mich!

Der Max kann auch einmal was tun.

Ich habe keine Zeit!

Das kann man auf morgen verschieben.

Ich habe so viel Hausaufgaben.

Morgen schreiben wir eine Klassenarbeit.

Bei X, Y ist es viel schöner.

Medium 2.4.1

Klassenordnung 4 a

1. Wir helfen einander.
2. Das Mobiliar wird sorgsam behandelt.
3. Wir lassen keine Essensreste oder Taschentücher unter den Tischen.
4. Die Klassenhefte werden termingerecht abgegeben.
5. Wir sind rücksichtsvoll anderen Klassen gegenüber.
6. Papierkörbe werden benutzt.
7. Im Bücherregal ist Ordnung.
8. Kreide ist für die Schultafel da.

Marika
Klaus Denis
Yvonne Anne
Jennifer Sarah
Sascha Johannes
Alex 4a Paul
Patrick Philip
Kirsten Monika
Brigitte Elisabeth
Oliver Barbara
Sascha Jens
Christiane Swen

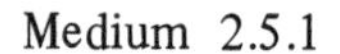

Medium 2.5.1

Unser Bund mit Gott

Medium 2.6.1

T: R. Krenzer, M: L. Edelkötter
aus: IMP 1021 „Halte zu mir heute guter Gott".
Impulse-Musikverlag 4406 Dreinsteinfurt

Medium 2.8.1: *Ohr*

Medium 2.8.2

Du Herr gabst uns dein festes Wort

Refrain

2. Deinen Atem gabst du uns jetzt schon als Unterpfand,
   denn als Kinder deines Vaters sind wir anerkannt.
3. Nähr die Kirche, alle Glieder, stets mit deiner Kraft,
   stärk uns täglich, immer wieder in der Jüngerschaft.
4. Von den Mächten dieser Weltzeit sind wir hart bedrängt,
   doch im Glauben hast du uns schon Gottes Kraft geschenkt.
5. Immer wieder will ich singen: Gib uns deinen Geist,
   der die Herzen, auch die trägen, mit der Freude speist.

Hoffmann/Mausberg/Norres/Schuhen/Edition Werry, 4330 Mülheim 13

Medium 2.9.2

T: Rolf Krenzer, M: L. Edelkötter
aus: IMP 1017, Impulse Musikverlag, Drensteinfurt

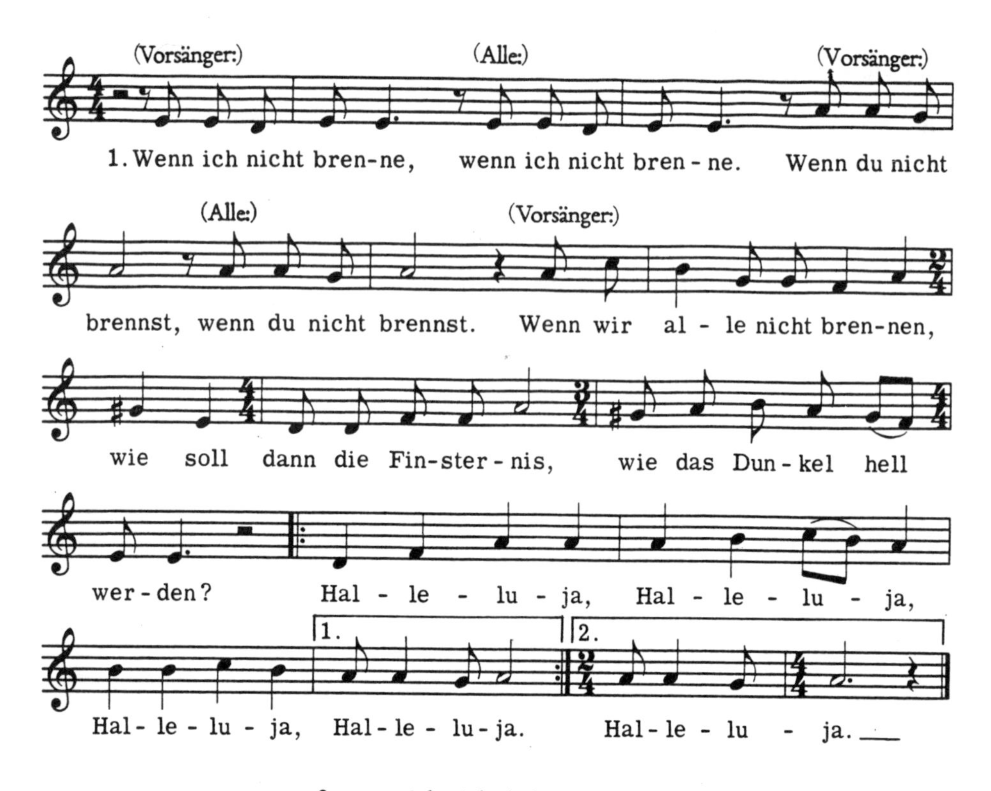

2. wenn ich nicht liebe,
 wenn du nicht liebst,
 wenn wir alle nicht lieben,
 wie soll dann die zuversicht
 wie die hoffnung bestehen?

3. wenn ich nicht lache,
 wenn du nicht lachst,
 wenn wir alle nicht lachen,
 wie soll dann die heiterkeit
 wie die freude einkehren?

4. wenn ich nicht glaube,
 wenn du nicht glaubst,
 wenn wir alle nicht glauben,
 wie soll dann gerechtigkeit
 wie der friede entstehen?

T: Eckart Bücken, M: L. Edelkötter
aus: IMP 1019 „Geh mit uns" Impulse Musikverlag, Drensteinfurt

3. Von Menschen, die glauben

VON ROSEMARIE REHM-STEPHAN

I. ANALYSE

Dieses Kapitel ist ebenso wie die vorangehenden und nachfolgenden nach den Prinzipien der Korrelation aufgebaut. Dies bedeutet, daß Bibeltexte herangezogen sind zur Deutung der Lebenssituation der Schüler, ebenso wie Erfahrungen aus dem Bereich des Kindes zugrundegelegt werden, um biblische Aussagen zu erklären.
„Von Menschen, die glauben" beginnt mit einer Klärung des Begriffes „glauben". Vom „Nicht-genau-wissen", „Vermuten", wird weggeführt, hin zum „Vertrauen" als Synomym für GLAUBEN. Dem Verständnis der Schüler entsprechend wird über „einem Menschen vertrauen", „einem Menschen glauben", „an eine Sache glauben" der Begriff HOFFNUNG aufgebaut, so daß sich die Verbundenheit von GLAUBE-HOFFNUNG-LIEBE im paulinischen Sinne ergibt, als den innerweltlichen Gaben, die verweisen auf die Vollendung in Gott. „Für jetzt bleiben Glaube, Hoffnung, Liebe, diese drei, doch am größten unter ihnen ist die Liebe" (1 Kor. 13, 13). Dieser Grundtenor zieht sich duch das ganze Kapitel.
Von der Situation der Schüler ausgehend, wird am Beispiel des „Vaters der Glaubenden" aufgezeigt, wie radikal Abraham auf Gottes Anruf voller Vertrauen neue unbekannte Wege geht, wie er das Vertrauen, das Gott in ihn setzt, mit unbeirrbarem Glauben beantwortet und im Glauben seine Liebe zum Herrn bekundet. Denn „Glaube ist die Antwort des Menschen auf die Selbstoffenbarung Gottes" (Kath. Erwachsenen-Katechismus, S. 42). Seine Hoffnung gegen alle Hoffnung (Röm. 6, 18 f) ist unbegrenzt, was sich besonders in der schwierigen Situation zeigt, die das Opfer des Sohnes Isaak und Trägers der Verheißung ihm abverlangt. „Er zweifelte nicht ... an der Verheißung Gottes, darum wurde der Glaube ihm als Gerechtigkeit angerechnet" (Glaubt ihr nicht, so bleibt ihr nicht, S. 83). Daß zum Glauben auch das Ringen um den Segen gehören kann, das dem Herrn Anerkennung entlockt, wird aufgezeigt am Beispiel des „Kampfes am Jabbok", den Jakob gewinnt.
Den Schülern wird der Unterschied des jüdischen und des moslemischen Glaubens zum christlichen Glauben in Respekt den anderen Religionsgemeinschaften gegenüber vermittelt an einer Beispielgeschichte, die zunächst Gemeinsamkeiten herausarbeitet. Als das wesentliche des christlichen Glaubens wird der Glaube an Jesus Christus herausgestellt und GLAUBE-HOFFNUNG-LIEBE auf seine Person bezogen. Über den Unglauben der Menschen seiner Heimatstadt, den Vowurf der Gotteslästerung seitens der frommen Zeitgenossen, den Zweifel in der eigenen Jüngerschar hinweg, wird der Höhepunkt gesetzt im Bekenntnis des Petrus: „Du bist der Messias, der Sohn des lebendigen Gottes". Von hier geschieht der Ausblick auf die lebendige Gemeinschaft der Kirche.
Entsprechend dem Schlußdokument der Außerordentlichen Bischofssynode 1985 gilt: „Weil Jesus Christus der Sohn Gottes ist, hat er gleichzeitig das Geheimnis Gottes und das des Menschen und seiner höchsten Berufung enthüllt. Der Sohn Gottes wurde Mensch, um die Menschen zu Söhnen Gottes zu machen. Durch diesen persönlichen Umgang mit Gott

wird der Mensch zu seiner höchsten Würde geführt. Deshalb kündet die Kirche, wenn sie Christus predigt, den Menschen das Heil" (Glaube zum Leben, S. 331).
Die Taufe besiegelt das Bekenntnis des Glaubens an Jesus, den Messias und Sohn Gottes (a.a.O., S. 703). Alle Glieder der Kirche haben aufgrund ihres Glaubens und der gemeinsamen Taufe demnach teil am „königlichen Priestertum" und sind „lebendige Steine" (1 Petr. 2, 5; 1 Petr. 2, 9) im geistigen Gebäude der Kirche, derjenigen, die zum Herrn gehören, die an Jesus Christus glauben, der in ihrer Mitte und ihre Mitte ist.

II. LERNZIELBESTIMMUNGEN

Grobziel

An Beispielen des Alten und Neuen Testaments herausfinden, daß GLAUBEN nicht mit Vermutung, Unwissenheit, Ahnung, usw. gleichzusetzen ist, sondern daß Glauben im religiösen Sinn zu tun hat mit Vertrauen; daß Glaube, Hoffnung und Liebe sich gegenseitig bedingen und daß der Glaube an Jesus Christus und die Taufe zusammengehören.

Feinziele

1 – Differenzieren zwischen dem, was alles mit dem Wort „glauben" gemeint sein kann und dem, was mit „vertrauen" gemeint ist
– Suchen, welche Formulierungen anstelle „glauben" besser passen, wenn „etwas nicht genau wissen" gemeint ist
– „GLAUBEN" als „VERTRAUEN" deuten
– Erkennen, daß Menschen ohne Vertrauen nicht leben können

2 – Lernen, daß „Glauben" bedeuten kann: Miteinander verbunden sein, Freundschaft, Liebe
– Sensibilisieren für den Wert der Freundschaft
– Feststellen, daß Zuneigung zwischen Menschen mit dem Glauben zu tun hat

3 – Erkennen, daß man auch an etwas glauben kann, was man nicht sieht; daß Glauben etwas mit Hoffnung zu tun hat; daß Glaube, Hoffnung und Liebe einander bedingen
– Transfer: an Menschen glauben – an etwas glauben – an Gott glauben
– Erkennen, daß das Handeln der Menschen von ihrem Glauben spricht

4 – Am Beispiel Abrahams lernen, daß Menschen, die sich auf Gott verlassen, auf ihn hoffen, ihn lieben, nicht enttäuscht werden, daß Gott sich mit ihnen verbündet, einen Bund schließt; Abraham als „Vater des Glaubens" kennenlernen
– Nachvollziehen des Weges Abrahams anhand der Karte
– Kennenlernen der Berufung Abrahams
– Emotionales Erfassen des Rufes Gottes an Abraham und Abrahams Bereitschaft zu folgen

5 – Darüber nachdenken, daß es auch zwischen guten Freunden zum Streit um den besseren Teil kommen kann; daß die Wahl des scheinbar schlechteren Teils dennoch Segen bringen kann

– Erfahren, daß der, der auf Gott vertraut, andere nicht übervorteilen muß
– Hören, daß Gott den belohnt, der seinem Ruf folgt

6 – Darauf aufmerksam werden, daß die Verheißung der Nachkommenschaft für Abraham und Sarah problematisch war, da sie schon alt waren
– Erkennen, daß Gottes Versprechen mit menschlichen Maßstäben nicht gemessen werden kann
– Erkennen, daß Gott von Menschen, denen seine Verheißung zuteil wird, erwartet, daß sie ihm glauben, auch wenn es ihr Verstand nicht begreift; daß Gott solchen Glauben anerkennt und belohnt

7 – Erkennen, daß bei Gott nichts unmöglich ist, daß Gott handelt wider vermeintlich besseres Wissen der Menschen
– Lernen, daß Gott sich mit den Menschen verbündet, wenn sie ihm voll vertrauen
– Feststellen, daß es Unterschiede gibt in der Auslegung menschlicher Reaktionen
– Überleitung zur Jakobs-Geschichte
– Information zum Leben des zweiten „Stammvaters" in der Geschichte Israels

8 – Kennenlernen wichtiger Stationen im Leben des Stammvaters Jakob; sein Ringen um den Segen
– Lernen, die Symbolsprache von Kunstbildern zu deuten
– Erkennen, daß Jakob im Traum die künftige Verheißung sieht
– Mit bildnerischen Mitteln den Traum Jakobs darstellen und verinnerlichen
– Das Ringen Jakobs im Bild deuten

9 – Erfahren, daß Menschen um den Segen Gottes ringen können
– In rhythmischen und Tanz-Bewegungen Jakobs Kampf nachvollziehen

10 – Erkennen, daß auch in anderen Religionen Menschen an Gott glauben und ihr Leben Gott anvertrauen; deren Gläubigkeit anerkennen und achten lernen; den wesentlichen Unterschied zum christlichen Glauben herausfinden und bewußt akzeptieren
– Schüler erfahren, daß Juden und Christen an einen einzigen Gott glauben
– Herausfinden, was uns bekannt ist von den Religionen der Menschen, die aus anderen Ländern kommen
– Lernen, worin der Unterschied zwischen der christlichen Religion und anderen Religionen besteht
– Beispiele suchen aus dem Leben Jesu, die uns den Weg für unser Leben weisen

11 – An Beispielen des Neuen Testaments erfahren, daß viele Menschen an Jesus als den Sohn Gottes glaubten, daß manche aber ihn nicht anerkennen wollten
– Erkennen, daß es Menschen gab, die Jesus nicht glaubten, weil sie meinten, ihn genau zu kennen
– Überlegen, wie wir über Menschen urteilen, die wir aus der Nähe kennen
– Realisierung der Auseinandersetzungen im Spiel

12 – Lernen, daß einfache Leute, die Jünger, Jesus als den erwarteten Messias, den Sohn Gottes erkannten; erfahren, daß Jesus diese Erkenntnis auf die Offenbarung des Vaters zurückführt, daß er Petrus für seinen Glauben belohnt und ihm eine Verheißung gibt
– Aufmerksam werden darauf, daß Jesus Petrus eine Verheißung gibt, so wie im AT Gott den Stammvätern; erkennen, daß der Glaube des Petrus Voraussetzung dafür ist
– Erfahren, daß auch die Jünger nach dem Tod Jesu Schwierigkeiten mit dem Glauben hatten

– Herausfinden, wie Künstler das Thema darstellen
– Erkennen, daß Jesus von den Menschen Glauben erwartet ohne Beweise
– Befähigen zur Umsetzung der Perikope in Gebete

13 – Lernen, daß nach Jesu Tod und Auferstehung die Menschen sich zum Zeichen der Umkehr und des Glaubens an Jesus Christus von den Aposteln taufen ließen; daß der Glaube an Jesus Christus und die Taufe bis auf den heutigen Tag zusammengehören
– Erkennen, daß nicht nur Juden, sondern auch Fremde für die neue Lehre aufgeschlossen sind und sich taufen lassen
– Erfahren, daß sich nicht nur einzelne Personen taufen ließen, sondern daß ganze Familien und Gruppen getauft wurden
– Erkennen, daß wir durch die Taufe mit Jesus Christus verbunden sind
– Sinn und Ablauf der Tauffeier besser kennenlernen
– Sich beim Weihwassernehmen an die eigene Taufe erinnern

14 – Bewußtmachen, daß alle, die zu Christus gehören, eine Gemeinschaft bilden
– Unterscheiden lernen, was das Wort „Kirche" bedeuten kann
– Emotionales Erfassen der Zugehörigkeit und Wichtigkeit jedes Einzelnen

III. UNTERRICHT

Grobziel

An Beispielen des Alten und Neuen Testaments herausfinden, daß GLAUBEN nicht mit Vermutung, Unwissenheit, Ahnung, usw. gleichzusetzen ist, sondern daß Glauben im religiösen Sinn zu tun hat mit Vertrauen; daß Glaube, Hoffnung und Liebe sich gegenseitig bedingen und daß der Glaube an Jesus Christus und die Taufe zusammengehören.

Erste Unterrichtseinheit: Glauben – was heißt das? (S. 38–40)

Inhalte (I) und Ziele (Z)	*Methoden (M) und Medien (Me)*

Z: Differenzieren zwischen dem, was alles mit dem Wort „glauben" gemeint sein kann und dem, was mit „vertrauen" gemeint ist

Anfangsphase

I: Fragen nach der Bedeutung des Begriffs „glauben"	M: U-Gespräch Me: Tafelanschrieb: Wortsammlung „ich glaube – ich vermute ich weiß nicht ich ahne ich nehme an ... ich vertraue"

M: Schülervortrag:
Me: Text WwMl S. 38
M: U-Gespräch

Erarbeitung
I: Etwas glauben ...
Z: Suchen, welche Formulierungen anstelle „glauben" besser passen, wenn „etwas nicht genau wissen" gemeint ist

M: Schülervortrag
„Zwei Jungen ..."
Me: WwMl S. 39 o.
M: Lehrervortrag:
„Immer wieder kommt es vor, ...
Ich meine es."
Me: WwMl S. 39 m.
M: Lehrerimpuls: Sucht weitere Beispiele, zu „etwas glauben, weil man es nicht genau weiß"
M: Stegreifspiele

Vertiefung
I: Einer weist den Weg
Z: „Glauben" als „Vertrauen" deuten

M: Bildbetrachtung – Text lesen
Me: WwMl S. 40 o.
M: U-Gespräch entsprechend „Einem etwas glauben"
Impulse: Ohne einem anderen etwas zu glauben, könnten wir nicht miteinander leben; könnten wir uns mit keinem Freund verabreden; in keinem Geschäft etwas kaufen; keine Reise machen, ...
Me: WwMl S. 40 u.

I: Das Kind vertraut dem Vater
Z: Erkennen, daß Menschen ohne Vertrauen nicht leben können

M: Bildbetrachtung
Impulse: dunkler Hintergrund, Kind: Haltung unsicher, fragend, erwartend, Vater: nachdenklich, ruhig, sicher, beschützend, beruhigend
Me: WwMl S. 41 Bild

Ergebnissicherung

TA: Glauben! Das ist etwas, was zwischen Menschen geschieht, die einander vertrauen. Glauben! Das hat etwas mit Vertrauen zu tun.
M: Stillarbeit:
Abschreiben der TA ins Heft
HA: 1) Sucht weitere Beispiele, die zeigen, daß Glauben etwas mit Vertrauen zu tun hat.
2) Überlegt, wie es wäre, wenn man keinem anderen vertrauen könnte.

Zweite Unterrichtseinheit: Ich glaube Dir (S. 42–43)

Z: Lernen, daß „Glauben" bedeuten kann: Miteinander verbunden sein, Freundschaft, Liebe

Anfangsphase

M: Schülervortrag: Vorlesen der HA
Ergebnisse vergleichen, besprechen

Erarbeitung
I: Alle verdächtigen ihn – einer glaubt ihm
Z: Sensibilisieren für den Wert der Freundschaft

M: Lehrervortrag „Ulrich ist in einen schlimmen Verdacht geraten ..."
Me: WwMl S. 42 o.
M: U-Gespräch
Impulse: Was bedeutet für ein Kind solch ein Verdacht? Was bedeutet es ihm, wenn einer zu ihm hält?
Erlebnisberichte: Ist euch das auch schon passiert? Sowohl ... als auch ...
Me: WwMl S. 42 u.

Vertiefung
I: Zuneigung zwischen Erwachsenen
Z: Feststellen, daß Zuneigung zwischen Menschen mit Glauben zu tun hat

M: Bildbetrachtung – Vermutungen dazu
Me: WwMl S. 43 o.
Impulse: Mann und Frau, Ehepaar, ausruhen, miteinander sprechen, lächeln, glücklich sein, zusammengehören, sich liebhaben;
Kleidung der Frau: erwartet Baby ... vertrauen einander, sich anvertrauen, trauen – Trauung, glauben einander, glauben aneinander – Glauben: sind miteinander verbunden, halten zusammen, sind befreundet, lieben einander, sind verheiratet

Ergebnissicherung

TA: Wenn zwei Menschen fest aneinander glauben – das hat etwas zu tun
mit Zusammenhalten,
mit Verbundensein,
mit Freundschaft
mit Liebe

M: Stillbeschäftigung
Abschreiben der TA ins Heft
HA: Verschiedene Gruppen schreiben Beispiele auf für

1. Glauben und Freundschaft
2. Glauben und Liebe
3. Glauben und Zusammenhalten
4. Glauben und Verbundensein
5. Geht es ohne Glauben an einen anderen Menschen?

Dritte Unterrichtseinheit: An Gott glauben (S. 44–45)

Z: Erkennen, daß man auch an etwas glauben kann, was man nicht sieht; daß Glauben etwas mit Hoffnung zu tun hat; daß Glaube, Hoffnung und Liebe einander bedingen

Anfangsphase	M: Lehrervortrag Kolumbus geht auf Reisen Me 3.3.1 Me: WwMl S. 44 o. M: U-Gespräch Impulse: Einer hat eine Idee, einer forscht, einer kämpft gegen Armut und Not, Krankheit und Elend; er weiß nicht, ob er Erfolg hat – er glaubt an seine Sache – er hofft
Ergebnissicherung	TA: Wenn ein Mensch fest an seine Sache glaubt – das hat etwas zu tun mit dem, was entscheidend wichtig ist für sein Leben, – mit dem, was er am meisten wünscht und woran er sich hingibt – mit dem, worauf er all seine Hoffnung setzt M: Stillbeschäftigung: Abschreiben der TA
Erarbeitung I: An Gott glauben Z: Transfer: an Menschen glauben – an etwas glauben – an Gott glauben	M: U-Gespräch Impulse: Kolumbus konnte zunächst und lange Amerika nicht sehen – Forscher und Wissenschaftler können oft lange den Erfolg nicht sehen – sie geben nicht auf; wir können Gott nicht sehen – können wir an ihn glauben? Einer hat es in einem Gebet zum Ausdruck gebracht. M: Vortrag verschiedener Schüler „Gott! Ich vertraue dir. Ich verlasse mich auf dich. ..." Me: Gebet WwMl S. 44/45 M: Partnerarbeit Me: 3.3.2 Arbeitsheft Arbeitsauftrag: Unterstreiche, was von dem Gebet zu Gott auch auf Menschen zutrifft und setze es ein. Schreibe die Sätze in dein Religionsheft, die man zu Menschen nicht sprechen kann. Hilfen: „Nur du bist für mich ganz wichtig. Nur von dir erwarte ich Heil. Du bist mein Alles. Ich bete dich an."

Ergebnissicherung

TA: Es gibt Menschen, denen wir vertrauen – aber Menschen können nicht alles.
Wo Menschen nicht mehr weiterhelfen können, vertrauen wir auf Gottes Hilfe.
Wir glauben an Gott – wir hoffen auf Gott.
Wir schenken Gott unsere Liebe.
M: Stillbeschäftigung: TA abschreiben.

Vertiefung
I: Menschen, die auf Gott vertrauen, geben Zeugnis von ihrem Glauben, ihrer Hoffnung, ihrer Liebe
Z: Erkennen, daß das Handeln der Menschen von ihrem Glauben spricht

M: Bildbetrachtung
Me: WwMl S. 45
Impulse: Kirche, Dom, Kathedrale – Priester – Gläubige – Altar – Licht
M: Lehrgespräch
Menschen in der Kirche sind auf dem Weg zu Gott. Sie bezeugen damit, daß sie an Gott glauben. Der Priester ist Zeuge für seinen Glauben an Gott, die Gottesdienstbesucher sind Zeugen, die Statuen der *Heiligen* sind Zeugen, daß sie in ihrem Leben auf der Erde an Gott glaubten, – die Steine, die Säulen des Domes geben Zeugnis, – der Dom, die Kathedrale selbst ist Zeugnis des Glaubens der Erbauer
Me: 3.3.3

Ergebnissicherung

TA: Zu allen Zeiten gaben Menschen in Worten und Taten Zeugnis von ihrem GLAUBEN an Gott, ihrer HOFFNUNG auf Gott, ihrer LIEBE zu Gott
M: Stillbeschäftigung: Abschreiben der TA
HA: Schreibt auf, wieso die Dome und Kathedralen des Mittelalters Zeugen vom Glauben an Gott sind.

Vierte Unterrichtseinheit: Es begann mit Abraham (S. 46–47)

Z: Am Beispiel Abrahams lernen, daß Menschen, die sich auf Gott verlassen, auf ihn hoffen, ihn lieben, nicht enttäuscht werden, daß Gott sich mit ihnen verbündet, einen Bund schließt. Abraham als „Vater des Glaubens" kennenlernen.

Anfangsphase
I: Beispielhafter Glaube

M: Lehrerimpuls: In den mittelalterlichen Berichten von der Baugesinnung der gläubigen Menschen war davon die Rede: Ihr könntet glauben, die alten Juden durch den Jordan schreiten zu sehen.
M: U-Gespräch

Hinweis: Richtiger müßte es heißen: „Ihr könntet meinen, die..."
Bedeutung klären:
die alten Juden: das Volk Israel; durch den Jordan ziehen sehen: unterwegs sein im Vertrauen auf Gott
Mit diesem Satz wird ausgesagt: schon viel früher als im Mittelalter glaubten die Menschen an Gott, so daß es ein Beispiel war für andere Völker und später Lebende: das Volk Israel.
M: Lehrervortrag: „Viele Erfahrungen, die das Volk Israel im Laufe seiner Geschichte gemacht hatte, hatten das Volk dazu gebracht, seinem Gott Jahwe zu vertrauen und an ihn zu glauben. ..."
Me: WwMl S. 46 o. (kursiv)

Ergebnissicherung

TA: Abraham, Isaak und Jakob sind die Stammväter des Volkes Israel. Das Volk sagt von ihnen: Sie sind unsere „Stammväter im Glauben"
M: Stillbeschäftigung: Abschreiben der TA

Erarbeitung
I: Von Ur in Chaldäa nach Kanaan
Z: Nachvollziehen des Weges anhand der Karte
I: Abraham hört Gottes Ruf
Z: Kennenlernen der Berufung Abrahams

M: Abrahams Weg von Ur in Chaldäa nach Kanaan suchen
Me: Landkarte
M: Lehrererzählung
Me: Bibeltext Gen. 11, 31 – 12, 9
M: Schüler wiederholen den Inhalt
U-Gespräch
Me: Text „Zieh weg", WwMl S. 46 u.l.

Ergebnissicherung

M: Einzelarbeit: Text einsetzen, aus- und weitermalen
Me: 3.4.1 Arbeitsheft

Vertiefung
I: Zieh weg, Abraham
Z: Emotionales Erfassen des Rufes Gottes an Abraham und Abrahams Bereitschaft zu folgen

M: Klangspiel
Me: 3.4.2, Orff-Instrumente

Erweiterung
I: Abraham gehorcht – Gott segnet Abraham

M: Gemeinsames Singen und Musizieren
Me: Lied: Habt ihr schon gehört von Abraham; in: 111 Kinderlieder zur Bibel, Christophorus-Verlag
Flöten, Orff-Instrumente

Fünfte Unterrichtseinheit: Das will ich dir schenken (S. 46)

Z: Darüber nachdenken, daß es auch zwischen guten Freunden zum Streit um den besseren Teil kommen kann; daß die Wahl des scheinbar schlechteren Teils dennoch Segen bringen kann

Anfangsphase I: Streit zwischen Freunden	M: U-Gespräch Impulse: Du spielst friedlich mit deinem Freund. Plötzlich will der andere mit dem gleichen Spielzeug spielen wie du; einer will das größere Stück Kuchen; dein Bruder will die gleiche Cassette hören – wie reagierst du? Was ist, wenn keiner nachgibt? Was ist, wenn du nachgibst?
Erarbeitung I: Abraham und Lot Z: Erfahren, daß der, der auf Gott vertraut, andere nicht übervorteilen muß	M: Lehrervortrag Me: Bibeltext Gen. 13, 5–12 M: U-Gespräch Lehrerimpulse: Streit zwischen Knechten Abrahams und Lots um das bessere Land – Abraham läßt Lot die Wahl – Lot sucht sich das fruchtbarere Land aus „...war wie der Garten des Herrn ...“
Weiterführung I: Gott hält sein Versprechen Z: Hören, daß Gott den belohnt, der seinem Ruf folgt	M: Schülervortrag Me: Bibeltext Gen. 13, 14–18 WwMl S. 46, r.o. Me: U-Gespräch: Wiederholen des Textes; Einlösen des Land-Versprechens – Hinweis auf Nachkommenschaft – Dank Abrahams: Altar Me: 3.5.1 Vorbereitete Sprechzeichnung
Vertiefung und *Ergebnissicherung*	M: Einzelarbeit, Eintragen des Versprechens: „Blicke auf und schau...“ (Arbeitsblatt) Me: 3.5.2 Arbeitsheft

Sechste Unterrichtseinheit: Abraham glaubte (S. 46)

Z: Darauf aufmerksam werden, daß die Verheißung der Nachkommenschaft für Abraham und Sarah problematisch war, da sie schon sehr alt waren

Anfangsphase I: Nachkommen, so zahlreich wie der Staub der Erde	M: U-Gespräch

Lehrerimpulse: Nachdem Abraham im verheißenen Land angekommen war, erhielt er eine neue Verheißung von Gott – Bedeutung: so zahlreich, wie der Staub der Erde – zählbar? Hatte Abraham einen Sohn oder eine Tochter, Enkel, Urenkel? Ohne Kinder, keine eigenen Nachkommen – Abraham war alt, seine Frau auch – 75 Jahre! Konnte Abraham die Verheißung verstehen – mit seinem Verstand? – im Vertrauen auf Gott – Glauben!

Erarbeitung
I: Abraham glaubte
Z: Erkennen, daß Gottes Versprechen mit menschlichen Maßstäben nicht gemessen werden kann

M: Lehrervortrag
Me: WwMl S. 46 r.u.
Hilfen: Im Laufe der Jahre kamen Abraham Zweifel – konnte sie überwinden – Glaube siegte – „der Herr rechnete es ihm hoch an."

Vertiefung
I: Gott spricht mit Abraham – Abraham glaubt
Z: Erkennen, daß Gott von Menschen, denen seine Verheißung zuteil wird, erwartet, daß sie ihm glauben, auch wenn es ihr Verstand nicht begreift; daß Gott solchen Glauben anerkennt und belohnt

M: Rollenspiel
evtl. als Hörspiel
Personen, Abraham, Sarah, Stimme des Herrn
Me: 3.6.1 Rollenspiel (Arbeitsheft)
Lesen mit verteilten Rollen, sprechen auf Tonband oder spielen nach Auswendiglernen (evtl. als HA)

Ergebnissicherung

TA: Der Herr verheißt Abraham eine große Nachkommenschaft. Abraham glaubt den Worten des Herrn: „Sieh doch zum Himmel hinauf! Zähle die Sterne, wenn du sie zählen kannst! So zahlreich werden deine Nachkommen sein."
M: Einzelarbeit: TA abschreiben ins Heft

Siebte Unterrichtseinheit: Unmöglich? (S. 47)

Z: Erkennen, daß bei Gott nichts unmöglich ist, daß Gott handelt wider vermeintlich besseres Wissen der Menschen

Anfangsphase
I: Der Herr erscheint Abraham in Gestalt von drei Männern bei den Eichen von Mamre

M: Sprechzeichnung
Me: 3.7.1
Bibeltext Gen. 18, 1–16
M: Spontanäußerungen

Vertiefung
I: Warum lacht Sara?

M: U-Gespräch und Nacherzählen durch Schüler mit Hilfe der Tafelzeichnung
Me: 3.7.1
Hilfen: Verhalten Abrahams: gastfreundlich – sehr bemüht um Fremde, Brot bakken, Kalb schlachten, bedienen;
Versprechen der Fremden; Dank,
Belohnung – Sara lacht, weiß es besser, zum Gebären zu alt, leugnet; Abraham glaubt, das Versprechen wird bestätigt

Erweiterung
I: Gott schließt mit Abraham einen Bund
Z: Lernen, daß Gott sich mit den Menschen verbündet, wenn sie ihm voll vertrauen

M: Lehrervortrag
Me: Text WwMl S. 47
M: U-Gespräch zum Text
Impulse: Gottes Zusage wird wiederholt, mit welchen Worten?
1) Abraham als Stammvater
2) Landverheißung
Neu: B u n d (Vorwissen abrufen;
zur Begriffsklärung s. auch Kap. 2)
Ehebund, Freundschaftsbund: gegenseitige Treue, trauen, vertrauen, sich anvertrauen

Ergebnissicherung
I: Er tat, was er versprochen hatte

M: Einzelarbeit
Text abschreiben ins Religionsheft (Platz für Überschrift freilassen)
Me: WwMl Text S. 47 r.u.

Schlußphase
I: Lachen ...
Z: Feststellen, daß es Unterschiede gibt in der Auslegung menschlicher Reaktionen

M: U-Gespräch
Impuls: Öfter ist in der Geschichte von Abraham vom LACHEN die Rede.
Ist es das gleiche Lachen?
Sara LACHT, als sie hört, sie solle im Alter noch ein Kind bekommen.
Bedeutung – ungläubiges Lachen, verwundert, erstaunt, mißtrauisch sein, auslachen, besserwisserisches Lachen;
Isaak heißt: GOTT LACHT, Bedeutung: Wer zuletzt lacht, lacht am besten?
Gott lacht: Das Glück lacht ihm;
Sarah sagt: Gott ließ mich lachen: Gott ließ mich glücklich sein – machte mich glücklich (Gegensatz: auslachen ...)
Jeder wird mitlachen: verwundert lachen, vor Freude lachen, glücklich lachen, teilhaben am Glück.

Ergebnissicherung
I: Überschrift zum Text

TA: Gott macht die Menschen, die an ihn glauben, glücklich

M: Stillbeschäftigung: Überschrift eintragen über Text WwMl S. 47 r.u.

Erweiterung
I: Abrahams Sohn Isaak
Z: Überleitung zur Jakobs-Geschichte

M: Sprechzeichnung (Me 3.7.3)
Me: Abraham soll Isaak opfern, S. 39 ff., Bildtafel 2, in: Riedel/Stachel: Erzählen und Sprechzeichnen; nach Gen. 22, 1–19

I: Eine Frau für Isaak
Z: Information zum Leben des zweiten „Stammvaters" in der Geschichte Israels

M: Erzählung und Sprechzeichnung
Me: dto. S. 47 ff.

Achte Unterrichtseinheit: Ich lasse dich nicht los (S. 48)

Z: Kennenlernen wichtiger Stationen im Leben des Stammvaters Jakob; sein Ringen um den Segen

Anfangsphase

M: Lehrervortrag; auszugsweise Erzählen nach Bibeltexten
Me: Gen. 25–34; 27, 1–45, 28, 1–5
Me: Lehrerinformation: Thomas Mann: Joseph und seine Brüder, S. Fischer-Verlag, Berlin 1966, S. 121 ff.

Erarbeitung
I: Jakobs Traum
Z: Lernen, die Symbolsprache von Kunstbildern zu deuten

M: Bildbetrachtung
Me: Zeichnung nach Marc Chagall Fenster der Fraumünsterkirche Zürich, in: Vogelsanger-de Roche: Die Chagall-Fenster in Zürich
Me: 3.8.1 Arbeitsheft
Hilfen: Farben – blau, gelb, rot, grün, Farbe des Himmels, der Freude, des göttlichen Feuers, der Hoffnung; Treppe, Leiter: Verbindung zwischen Himmel und Erde; Diagonale: Dynamik; Engel: Gottes Boten, Botschaft
(Vorweggenommen: Schau des Kampfes zwischen Jakob und dem Engel – kann angedeutet, besser zurückgestellt werden)

I: Jakob erhält die Verheißung
Z: Erkennen, daß Jakob im Traum die künftige Verheißung sieht

M: Schülervortrag mit verteilten Sprechrollen
Me: WwMl S. 48 l.
Me: U-Gespräch
Hilfen: Ähnlichkeiten mit der Verheißung an Abraham feststellen; Ähnlichkeiten im Verhalten Jakobs

Ergebnissicherung

TA: Gott verheißt Jakob eine große Nachkommenschaft und das Land:
„Ich bin der Herr, ...” bis „... was ich dir versprochen habe.”
M: Einzelarbeit: Abschreiben der TA und weiterführen anhand des Textes im Buch
M: U-Gespräch: Antwort Jakobs?
TA: Jakob errichtet Gott einen Altar und nennt den Ort Bet-el, das heißt:
Haus Gottes.
Jakob gibt Gott die Ehre.
M: Stillbeschäftigung: Tafelabschrift.

Vertiefung
I: Jakob sieht die Himmelsleiter
Z: Mit bildnerischen Mitteln den Traum Jakobs darstellen und verinnerlichen

M: Bildnerische Darstellung
Zeichnung nach eigenen Vorstellungen nach vorgegebener Farbsymbolik ausmalen, evtl. Ausschnittvergrößerungen vornehmen, in Gruppenarbeit zusammentragen und Senkrechtfries herstellen;
Ausschnitte als Hinterglasbilder gestalten
Me: Zeichnung als Vorlage
Me: 3.8.2 Arbeitsheft
DIN A 5 – Glasscheiben, ungeschliffene Ränder mit farbigem Tesaband umkleben, Pinsel, Plakafarben, dunkler Konturenstift oder Konturenpaste für Glasmalerei, Lack, Selbstklebende Aufhänger
HA: Fertigstellen der Einzelarbeiten oder Weiterarbeit daran

Neunte Unterrichtseinheit: Jakobs Kampf am Jabbok (S. 48)

Anfangsphase
I: Jakob ringt um den Segen
Z: Das Ringen Jakobs im Bild deuten

M: Bildbetrachtung
Me: 3.8.2 oder Schülerarbeit der vorangegangenen Stunden
M: Lehrerhinweis: Die Gruppe über dem im Dunkel schlafenden Jakob: Jakob – Engel – Umarmung, Kampf, Ringen, Stärke, Macht, – Anlehnen, Geborgenheit, Versöhnung? – Tanz

Erarbeitung
I: Jakobs Kampf um den Segen
Z: Erfahren, daß Menschen um den Segen Gottes ringen können

M: Lehrervortrag: Erzählung zur Vorbereitung
Me: Bibeltexte Gen. 30, 1–32, 22 auszugsweise
M: Schülervortrag
Me: WwMl S. 48 r. nach Gen. 32, 23–30

M: Bildbetrachtung und Deutung
Me: WwMl S. 48, Holzschnitt
M: U-Gespräch
Impulse: Unbekannter – Engel – Mann: Bote, Botschaft von Gott, das Unbekannte, überirdische Macht – Kampf, Ringen, Tanz um Gottes Segen

Ergebnissicherung

TA: Jakob kämpft mit dem Unbekannten um den Segen. Er erhält den Namen ISRAEL, das bedeutet GOTTESSTREITER oder STREITER GOTTES. Der Herr erkennt Jakobs Ringen an und belohnt ihn, indem er ihm seinen Segen gibt.
M: Stillbeschäftigung: Abschreiben der TA ins Heft

Vertiefung
I: Wir sind alle Jakob
Z: In rhythmischen und Tanz-Bewegungen Jakobs Kampf nachvollziehen

M: Tänzerisch-thematische Darstellung
Me: Jakobs Kampf mit dem Unbekannten – Gott, in H.M.Lander: Tanzen will ich ..., Verlag Pfeiffer, München, 1983, S, 230 ff
Me: 3.9.1

Schlußphase
I: Jakobs Versöhnung mit Esau

M: Lehrervortrag: Erzählung
Me: Bibeltext, Gen. 22, 1–20

Zehnte Unterrichtseinheit: Was ist christlich? (S. 49–52)

Z: Erkennen, daß auch in anderen Religionen Menschen an Gott glauben und ihr Leben Gott anvertrauen; deren Gläubigkeit anerkennen und achten lernen; den wesentlichen Unterschied zum christlichen Glauben herausfinden und bewußt akzeptieren

Anfangsphase
I: Auch in anderen Religionen glauben Menschen an Gott
Z: Schüler erfahren, daß Juden und Christen an einen einzigen Gott glauben

M: Bildbetrachtung/ U-Gespräch
Me: WwMl S. 49–52, Fotos
Hilfen:
1) Buddhisten beten
2) Moslems beten
3) Juden verehren die Thora (Gesetzesrolle)
4) Christen feiern Gottesdienst
5) Muslime beten in der Moschee
6) Juden feiern das Pessach
7) Humanisten setzen sich für die Menschheit ein

Ergebnissicherung

TA: Juden und Christen glauben an einen einzigen Gott

Erarbeitung
I: Was wissen wir von anderen Religionen?
Z: Herausfinden, was uns bekannt ist von den Religionen der Menschen, die aus anderen Ländern kommen

M: U-Gespräch zu den Bildern und Texten S. 49–52
Me: Weiteres, vom Lehrer bereitgestelltes Bild- und Zeitschriftenmaterial; Erlebnisberichte mit ausländischen Mitbürgern, -schülern etc.

Ergebnissicherung

TA: Auch in den anderen Religionen, die es auf der Erde gibt, leben unzählige Menschen, die an Gott glauben, die ihr Leben Gott anvertrauen, die Gott ganz ernst nehmen und nach seinem Willen leben wollen.
M: Abschreiben der TA ins Religionsheft Einzelarbeit
HA: Berichte und Bildmaterial suchen zum Thema in Zeitungen und Zeitschriften; Text im Schülerbuch vorbereitend lesen; Gemeinsamkeiten in den einzelnen Religionen unterstreichen oder notieren
Me: WwMl S. 49–52

Vertiefung
I: Der Unterschied
Z: Lernen, worin der Unterschied zwischen der christlichen Religion und anderen Religionen besteht.

M: Schülervortrag:
Lesen des vorbereiteten Textes mit verteilten Rollen
(Erzähler, Jude, Christ, Moslem)
Me: WwMl S. 49/50
M: U-Gespräch und Schülervortrag: Gemeinsamkeiten und Unterschiede
TA: Tabelle (etwa wie folgt)

Moslems	*Juden*	*Christen*
einziger Gott	einziger Gott	einziger Gott
Gott der Liebe	Gott der Liebe	Gott der Liebe
Gott als Vater?	Gott als Vater	Gott als Vater
Gott als Schöpfer	Gott als Schöpfer	Gott als Schöpfer
Propheten	Propheten	*Sohn Gottes Jesus Christus*

Ergebnissicherung

TA: Der Unterschied zu anderen Religionen ist in der christlichen Religion: CHRISTEN GLAUBEN AN JESUS CHRISTUS, DEN SOHN GOTTES

Zusammenfassung
I: Was bedeutet christlich?
Z: Beispiele suchen aus dem Leben Jesu, die uns den Weg für unser Leben weisen

M: Schülervortrag:
„Das Wort „christlich" kommt von Christus ... Das ist das, was den christlichen Glauben von allen anderen Religionen unterscheidet."
Me: WwMl S. 52 u. Text (gelb)
M: Stillbeschäftigung: Übertragen der TA ins Religionsheft
HA: Abschreiben des Buchtextes ins Religionsheft; gesammelte Bilder und Berichte zu anderen Religionen zum Text „Gemeinsamkeiten und Unterschiede" einkleben.
Unter der neuen Überschrift: EIN BEISPIEL WILL ICH EUCH GEBEN: Szenen aus dem Leben Jesu malen (Zuwendung zu Armen, Kranken, Kindern, Frauen, Fußwaschung ...)

Elfte Unterrichtseinheit: Glauben an Jesus Christus (S. 53)

Z: An Beispielen des Neuen Testamentes erfahren, daß viele Menschen an Jesus als den Sohn Gottes glaubten, daß manche aber ihn nicht anerkennen wollten

Anfangsphase

M: U-Gespräch:
Überlegen, wann wir schon vom Glauben an Jesus gehört haben, in welchem Zusammenhang – Spontanäußerungen –
Hilfen: „Dein Glaube hat dir geholfen", Heilungen: Gelähmte, Aussätzige, Knecht des Hauptmannes
M: Einzelne Berichte nachlesen
Me: Grundschulbibel S. 56/57, Stichwort: Glauben an Jesus Christus: S. 130

Ergebnissicherung

TA: Viele Menschen glaubten, daß Jesus besondere Macht von Gott hatte, daß er in der Kraft Gottes Menschen heilte, daß er von Gott gesandt war, daß er Gottes Sohn war.

Erarbeitung
I: Nicht alle Menschen glaubten an Jesus
Z: Erkennen, daß es Menschen gab, die Jesus nicht glaubten, weil sie meinten, ihn genau zu kennen

M: Lehrerdarbietung:
„Sie waren empört über ihn"
Me: WwMl S. 53 l.
Mk. 6, 1–6a
M: U-Gespräch

Impulse: In seiner Heimatstadt konnte er keine Wunder wirken?
Voraussetzung für Wunderheilungen: Glaube; warum nicht in Nazaret?

Transfer
I: Trauen wir NN etwas besonderes zu?
Z: Überlegen, wie wir über Menschen urteilen, die wir aus der Nähe kennen

M: U-Gespräch
Impulse: Nennt berühmte Leute, die ihr bewundert; nennt berühmte Leute aus dem Ort, in dem ihr geboren seid oder jetzt wohnt, aus eurer Straße –
Wem von den Mitschülern traut ihr zu, daß er einmal etwas Aufsehenerregendes vollbringt? Würdet ihr euch darüber freuen? Wer traut es sich selbst zu?
Können wir daraus schließen, wie den Leuten in Nazaret zumute war?

Ergebnissicherung

TA: In Nazaret traute man dem Sohn eines Zimmermannes nicht zu, daß er in der Kraft Gottes handelte

Vertiefung
I: Auseinandersetzung Jesu mit frommen Juden
Z: Realisierung der Auseinandersetzungen im Spiel

M: Lehrervortrag „Wer bist du?"
M: Klangspiel / Me: WwMl S. 53 r.
Me: 3.11.1
Orff-Instrumente, Flöten, etc.

M: Stillarbeit: Abschreiben der TA ins Religionsheft

Zwölfte Unterrichtseinheit: Für wen haltet ihr mich? (S. 54)

Z: Lernen, daß einfache Leute, die Jünger, Jesus als den erwarteten Messias, den Sohn Gottes erkannten; erfahren, daß Jesus diese Erkenntnis auf die Offenbarung des Vaters zurückführt, daß er Petrus für seinen Glauben belohnt und ihm eine Verheißung gibt

Anfangsphase

M: Lied: König im Tanz, 2. Strophe:
„Ich tanzt für die Gelehrten und die festgefahrnen Frommen ..."
Me: Kommentar 3 zu WwMl S. 132/133
evtl. Tanzschritte, a.a.O., S. 124
M: U-Gespräch. Was will diese Liedstrophe aussagen?

Erarbeitung
I: Das Bekenntnis des Petrus
Z: Aufmerksam werden darauf, daß Jesus Petrus eine Verheißung gibt, so wie im AT Gott den Stammvätern;

M: Sprechzeichnung zum Text
Me: WwMl S. 54 l.u.
Me: 3.12.1
M: Spontanäußerungen

erkennen, daß der Glaube des Petrus Voraussetzung dafür ist

Nacherzählen
Nachlesen, Stillbeschäftigung: Passenden Text in Arbeitsblatt eintragen

Ergebnissicherung

Me: 3.12.2 Arbeitsheft

Erweiterung
I: Mein Herr und mein Gott
Z: Erfahren, daß auch die Jünger nach dem Tod Jesu Schwierigkeiten mit dem Glauben hatten

M: Lehrervortrag:
„Es war gar nicht so selbstverständlich, daß die Jünger glaubten. Auch sie waren nach Jesu Tod hilflos, verzweifelt, zweifelten daran, ob er der erwartete Messias sei.–
Wie wir aus den biblischen Berichten wissen, erschien Jesus nach seiner Auferstehung den Jüngern bei verschiedenen Gelegenheiten und an verschiedenen Orten.
M: U-Gespräch (Kreis-Gespräch)
Impulse: Frauen am Grab, Jünger am Grab, Maria von Magdala und der Gärtner, Gang nach Emmaus, Jünger in Jerusalem ...
Me: Grundschulbibel S. 70/71
Bild S. 72/73

Erarbeitung (2)
I: Der ungläubige Thomas
Z: Herausfinden, wie Künstler das Thema darstellen

M: Bildbetrachtung
Me: WwMl S. 55 (Bild)
Hilfen: Hintergrund Gold – nicht irdisch; Jesus beugt sich vor, hebt den Schleier hoch (oder den Stein vom Grab), wendet sich Thomas zu; Wunden an Händen und Füßen; Thomas kniet nieder, legt den Finger in die Seite, berührt Jesus, macht große Augen, öffnet eine Hand, ist offen für das Neue; sein Gewand ist in Bewegung, er ist bewegt von der Erkenntnis

Vertiefung
I: Thomas glaubt;
Jesus preist die, die nicht sehen und doch glauben
Z: Erkennen, daß Jesus von den Menschen Glauben erwartet ohne Beweise

M: Schülervortrag (mit verteilten Rollen)
Me: WwMl S. 54 o.
M: U-Gespräch
Impulse: Thomas glaubt, weil er gesehen hat, Johannes glaubt, weil er gesehen hat, Maria Magdalena glaubt, weil sie gesehen hat –

Ergebnissicherung

TA: Jesus sagt: Weil du mich gesehen hast, glaubst du. SELIG SIND, DIE NICHT SEHEN UND DOCH GLAUBEN
M: Lehrerimpuls:
Wen preist Jesus selig? Wer ist damit gemeint?

Anwendung
I: Gebet
Z: Befähigen zur Umsetzung der Perikope in Gebete

Gebet einzelner Kinder
(nach Gebetsvorschlag des Lehrers)
Jesus, wir glauben an dich,
auch wenn wir dich nicht sehen;
Jesus, wir glauben an dich,
auch wenn wir dich nicht hören;
Jesus, wir glauben an dich,
auch wenn wir dich nicht berühren.

Zusammenfassung
I: Wenn wir an Christus glauben ...

M: Stillbeschäftigung: Abschreiben der TA, Ergänzen durch den Text „Wenn wir an Christus glauben ...”
Me: WwMl S. 54, r.u.
HA: Zuordnung des Textes in Arbeitsheft
Me: 3.12.3 Arbeitsheft

Dreizehnte Unterrichtseinheit: Ein Zeichen für den Glauben (S. 56/57)

Z: Lernen, daß nach Jesu Tod und Auferstehung die Menschen sich zum Zeichen der Umkehr und des Glaubens an Jesus Christus von den Aposteln taufen ließen; daß der Glaube an Jesus Christus und die Taufe bis auf den heutigen Tag zusammengehören

Anfangsphase
I: Die Apostel verkünden Jesus den Christus. Wer umkehrt und an ihn glaubt, läßt sich taufen.

M: Lehrervortrag:
Die Apostel, allen voran Petrus, verkündedeten, nachdem der Geist Jesu, der Heilige Geist, über sie kam, mutig die neue Lehre von dem Auferstandenen. Die Menschen, die ihnen zuhörten, ließen sich von dem Geist, von der Begeisterung der Apostel, anstecken. Sie fragten: „Was sollen wir tun?” Die Antwort: „Laßt euch taufen!”

Erarbeitung
I: Philippus tauft den Kämmerer der Königin von Äthiopien
Z: Erkennen, daß nicht nur Juden, sondern auch Fremde für die neue Lehre aufgeschlossen sind und sich taufen lassen

M: Bildbetrachtung
Impulse: Einfacher Mann am Wegrand, weist erklärend mit den Händen, große begeisterte Augen – Mann in dem Wagen reich gekleidet, Sonnenschutz, hört zu; Wagen steht leer auf der Brücke, beide Männer im Wasser, der bärtige Mann legt die Hand auf den Kopf des anderen, der Vornehme hat seine Gewänder abgelegt neigt das Haupt, hält Hände geöffnet nach oben, empfangend (Taufe durch Untertauchen in fließendem Wasser – lebenspendendes Wasser)

Me: WwMl S. 56 Zeichnungen
M: Lehrervortrag
Me: WwMl S. 56 Text

Vertiefung
I: Paulus tauft Lydia, die Purpurhändlerin
Z: Erfahren, daß sich nicht nur einzelne Personen taufen ließen, sondern daß ganze Familien und Gruppen getauft wurden

M: Lehrervortrag
Me: Bibeltext Apg 16, 11–15
M: U-Gespräch
Hilfen: ... alle, die zu ihrem Haus gehörten ... ganze Familie: Kinder, Eltern, Großeltern; alle Mitarbeiter; Frauen, Männer, Diener, Helfer, ...

Ergebnissicherung

TA: Alle, die zum Glauben kamen durch die Apostel, ließen sich taufen, Juden und Fremde. Ein hoher Beamter der Königin von Äthiopien ließ sich von Philippus taufen. Die Purpurhändlerin Lydia ließ sich mit allen, die zu ihrem Haus gehörten, taufen und nahm Paulus auf.
M: Stillbeschäftigung: Abschreiben der TA, Bilder dazu ins Religionsheft malen

Erarbeitung (2)
I: Bis auf den heutigen Tag
Z: Erkennen, daß wir durch die Taufe mit Jesus Christus verbunden sind

M: Bildbetrachtung
Me: WwMl S. 57 o. Bild
Impulse: Erinnerung an die eigene Taufe, welche Zeichen sind noch vorhanden (Eltern fragen): Taufkerze, Taufkleid – Taufpate, Taufurkunde, Bilder von der Taufe, Taufwasser, in der Osternacht geweiht
M: Lehrervortrag
Me: WwMl S. 47 u.

Ergebnissicherung

TA: Der Glaube an Jesus Christus und die Taufe gehören zusammen. Durch die Taufe schließt Gott einen Bund mit uns durch Jesus Christus.
M: Stillbeschäftigung: Abschreiben der TA ins Religionsheft, Bild von der eigenen Taufe einkleben, Taufdatum aufschreiben, Taufpaten, Kirche, in der die Taufe stattfand, notieren

Vertiefung
I: Die Kindertaufe
Z: Sinn und Ablauf der Tauffeier besser kennenlernen

M: Lehrer-Schülervortrag:
Taufe – Eingliederung in Christus
Taufe – Eingliederung in die Kirche
Die Tauffeier
Die Kindertaufe
Aufgaben der Eltern und der Gemeinde

Die Paten
Der Namenspatron
Die Feier der Kindertaufe
Me: Gotteslob Nr. 43–48
M: Lehrervortrag:
An unsere Taufe erinnern wir uns immer, wenn wir in der Kirche Weihwasser nehmen. Es ist das gleiche Wasser wie das Taufwasser, das in der Osternacht gesegnet, geweiht wurde. Es wird im Taufbecken und im Weihwasserbecken aufbewahrt und in einem Krug, aus dem Gläubigen auch Wasser mit nach Hause gegeben wird. – Möglicher Erfahrungsbericht von Kindern –

Anwendung
I: Kreuzzeichen und Weihwasser nehmen
Z; Sich beim Weihwassernehmen an die eigene Taufe erinnern

M: Lehrervortrag:
Bei der Taufe seid ihr alle mit Namen gerufen worden. Der Priester hat gesprochen: „NN, ich taufe dich im Namen des Vaters und des Sohnes und des Heiligen Geistes"
Wir können das Versprechen, zu Christus gehören zu wollen, das damals die Paten für uns gaben, immer wieder erneuern, wenn wir zu Beginn des Gottesdienstes am Eingang der Kirche Weihwasser nehmen. Wir machen mit der Hand ein Kreuzzeichen und sprechen leise: „Ich bin getauft im Namen des Vaters und des Sohnes und des Heiligen Geistes". Wir können das üben:
Me: Bereitstellung einer Taufkerze, eines Krügchens Weihwasser durch den Lehrer, eines Schälchens zum Eingießen, eines Tisches mit weißem Tuch, evtl. Vase mit Blumen, in der Mitte eines Stuhlkreises
M: Schüler gehen einzeln zur Mitte, nehmen Weihwasser, führen das Kreuzzeichen korrekt aus und sprechen: „Ich bin getauft ..." Anschließend evtl. Lied: Fest soll mein Taufbund ..., oder: O Seligkeit, getauft zu sein
Me: Gotteslob Nr. 867, 852
Empfehlung: Teilnahme an einer Tauffeier mit der Klasse, evtl. bei Geschwisterkind

Vierzehnte Unterrichtseinheit: Die Gemeinschaft der Glaubenden (S. 58)

Z: Bewußtmachen, daß alle, die zu Christus gehören, eine Gemeinschaft bilden; daß diese Gemeinschaft die Kirche ist

Anfangsphase	M: Lehrerimpuls Durch die Taufe gehören wir zu Christus, tragen seinen Namen, sind Christen. Wir sind es nicht für uns allein, sondern mit anderen zusammen.
Erarbeitung I: Kirche aus Steinen – Kirche aus lebendigen Steinen Z: Unterscheiden lernen, was das Wort „Kirche" bedeuten kann	M: Bildbetrachtung Impulse: Gottesdienst – Gemeinde – Gemeinschaft – lebendige Gemeinschaft (Unterscheiden: Gotteshaus – Kirche aus Steinen; Gemeinschaft derjenigen, die zu Christus gehören – Kirche aus lebendigen Steinen (Menschen);
Vertiefung I: Wir sind Kirche Z: Emotionales Erfassen der Zugehörigkeit und Wichtigkeit jedes Einzelnen	M: Lied: Gott baut ein Haus das lebt v.Waltraud Osterlad / Elisabeth Unkel Orff-Instrumente, Flöten
Schlußphase I: Der Herr ist unsre Mitte	M: Schülervortrag Me: WwMl S. 58 u., Text M: Stillbeschäftigung: Text übertragen ins Religionsheft Arbeitsblatt „Kirche ist ..." ausfüllen, evtl. in Partnerarbeit Me: 3.14.2 Arbeitsheft M: Gemeinsames Lied: Du bist es, Herr, Du bist unsre Mitte ... v. Franz Kett/Klaus Gräske Me: 3.14.3

IV. MEDIENZUSAMMNSTELLUNG

3.3.1	Text: Kolumbus geht auf Reisen	R. Rehm-Stephan
3.3.2	Arbeitsheft: An Gott glauben	R. Rehm-Stephan
3.3.3	Texte: Baugesinnung im 12. Jdt.	nach Jantzen „Kunst der Gotik"
3.4.1	Arbeitsheft: Zieh weg, Abraham	R. Rehm-Stephan
3.4.2	Klangspiel: Zieh weg, Abraham	J. Munz
3.5.1	Sprechzeichnung: Das will ich dir schenken	R. Rehm-Stephan

3.5.2	Arbeitsheft: Das will	R. Rehm-Stephan
3.6.1.	Arbeitsheft: Rollenspiel: Zahlreich wie die Sterne am Himmel	R. Rehm-Stephan
3.7.1	Sprechzeichnung: Der Herr erscheint Abraham bei den Eichen von Mamre	R. Rehm-Stephan
3.7.2	Arbeitsheft: Gott macht die Menschen, die an ihn glauben, glücklich	R. Rehm-Stephan
3.7.3	Sprechzeichnung und Text zu: Abraham soll Isaak opfern	Riedl/Stachel: „Erzählen und Sprechzeichnen"
3.8.1	Arbeitsheft: Zeichnung nach Marc Chagall Jakobsfenster in der Fraumünsterkirche Zürich	R. Rehm-Stephan nach Vogelsanger/de Roche: „Die Chagallfenster in Zürich"
3.8.2	Arbeitsheft: Ausschnitt-Zeichnung dazu	R. Rehm-Stephan
3.9.1	Tanz: Jakobs Kampf mit dem Unbekannten	nach H.M. Lander: „Tanzen will ich"
3.11.1	Klangspiel: Wer bist du?	J. Munz
3.12.1	Sprechzeichnung: Bekenntnis des Petrus	R. Rehm-Stephan
3.12.2	Arbeitsheft: Bekenntnis	R. Rehm-Stephan
3.12.3	Arbeitsheft: An Jesus Christus glauben	R. Rehm-Stephan
3.14.1	Lied: Gott baut ein Haus das lebt	W. Osterlad/E. Unkel
3.14.2	Arbeitsheft: Kirche ist ...	Zeichnung
3.14.2	Text: Kirche ist ...	Text: R. Rehm-Stephan
3.14.3	Lied: Sonnen und Monde ...	F. Kett/K. Gräske

V. LITERATURHINWEISE

1) Glaubt ihr nicht, so bleibt ihr nicht (Hrsg. Walter Seidel), Echter-Verlag, Würzburg, 1983
2) Hans Jantzen: Kunst der Gotik, Rowohlt-Verlag, Hamburg, 1957
3) Riedl/Stachel: Erzählen und Sprechzeichnen im Bibelunterricht, Benziger-Verlag, Köln, 1975
4) Thomas Mann: Joseph und seine Brüder, Verlag Fischer, Berlin, 1966
5) Vogelsanger/de Roche: Die Chagall-Fenster in Zürich, Belser-Verlag, Stuttgart, 1971
6) H.M. Lander: Tanzen will ich ... Verlag Pfeiffer, München, 1983
7) Kett/Gräske: Gott befreit durch Jesus Christus, Don Bosco-Verlag, München, 1982
8) Kath. Erwachsenen-Katechismus, 1985
9) Glaube zum Leben (Hrsg. Günter Biemer), Verlag Herder, 1986

Medium 3.3.1

Kolumbus geht auf Reisen

Christoph Kolumbus aus Genua war fest davon überzeugt, daß die Erde eine Kugel sei. Traf dies zu, so mußte auf der anderen Seite des Weltmeeres Asien liegen. Also brauchte ein Schiff, wenn es nach Indien segeln wollte, immer nur in westliche Richtung zu fahren. Kolumbus hatte selbst als Seemann die Meere befahren und darüberhinaus viel gelesen. Er versuchte, die portugiesische Regierung in Lissabon für seine Pläne zu interessieren. Einst hatte nämlich ein Protugiese, Prinz Heinrich der Seefahrer, vermutet, daß ein Seeweg um Afrika herum nach Indien führen müsse. Seitdem waren protugiesische Seeleute an der Westküste Afrikas in immer kühneren Fahrten nach Süden vorgestoßen. Jedes Jahr machten sie neue Entdeckungen. Lange hoffte Kolumbus darauf, im Auftrag der Regierung Portugals die Entdeckungsfahrt antreten zu dürfen. Die Portugiesen aber nahmen Kolumbus nicht ernst und versuchten eigene Entdeckungsfahrten zu unternehmen. Was tun? –
Kolumbus begann, mit Frankreich zu verhandeln. Dort zeigte man Interesse an seinen Plänen. Daraufhin beschloß er, aus Portugal zu fliehen. Nach einer abenteuerlichen Flucht gelangte er in die Nähe der spanischen Hafenstadt Palos. Von dort aus wollte er mit dem Schiff nach Frankreich segeln. Auf dem Weg nach Palos machte er Rast im Kloster LA RABIDA. Dort kam er mit dem Bibliothekar ins Gespräch. Dieser war erstaunt über die klugen Gedanken des Gastes. Sein Klostervorsteher hörte sich das Vorhaben an und interessierte den spanischen Hof dafür. Königin Isabella ließ sich für die Pläne des Christoph Kolumbus gewinnen. Zunächst aber wollte sie den Krieg gegen die Mauren noch siegreich zu Ende führen. Was tun? –
Endlich, am 3.8.1492, durfte er mit drei Segelschiffen (Karavellen) und 120 Mann Besatzung die Reise ins Ungewisse antreten. In der Morgendämmerung verließ die kleine Flotte den Hafen von Palos mit Kurs auf die Kanarischen Inseln. Der spanische Staat hatte die Kosten für die Expedition übernommen. Ein Priester, ein Arzt und königliche Beamte fuhren mit an Bord der SANTA MARIA, dem größten der drei Segelschiffe, dem Flaggschiff des Kolumbus. Auf den Kanarischen Inseln gab es einen Aufenthalt, weil unterwegs das Steuerruder eines Schiffes ausgefallen war. Was tun? –
Am 6. September schließlich konnte die Fahrt weitergehen. Damit ließ Kolumbus den letzten Stützpunkt der alten Welt hinter sich. Er segelte im Vertrauen auf die Kompaßnadel und sein Glück in westliche Richtung. Er hatte es schwer, seine Seeleute bei guter Laune zu halten. Die Ungewißheit, ob sie die abenteuerliche Fahrt heil überstehen würden, beunruhigte die Mannschaft. Fast kam es zu offener Meuterei. Was tun ? –

Umkehren?

Medium 3.3.3

Berichte über die Baugesinnung während des Baues der Kathedralen im 12. Jahrhundert

Robert von Mont-Saint-Michel (1144)

„In diesem Jahre zum ersten Mal sah man zu Chartres die Gläubigen sich vor Karren spannen, die mit Steinen, Holz, Getreide und wessen man sonst bei den Arbeiten an der Kathedrale bedurfte, beladen waren. Wie durch Zaubermacht wuchsen ihr Türme in die Höhe. So geschah es nicht nur hier, sondern fast allenthalben in Francien und der Normandie und anderorts. Überall demütigten sich die Menschen, überall taten sie Buße, überall vergaben sie ihren Feinden. Männer und Frauen sah man schwere Lasten mitten durch Sümpfe schleppen und unter Gesängen die Wunder Gottes preisen, die er vor ihren Augen verrichtete."

Abt Haimon von St. Pierre-sur-Dive

„Wer hat jemals Ähnliches gesehen und gehört, daß mächtige Herren und Fürsten der Welt, aufgebläht von Reichtum und Ehren, daß selbst Frauen von edler Geburt ihre stolzen Häupter gebeugt und gleich Zugtieren sich an Karren gespannt haben, um Wein, Getreide, Öl, Kalk, Steine, Holz den Werkleuten einer Kirche zuzuführen? Und ob doch viel mehr als tausend Köpfe zusammen sind, herrscht doch tiefes Schweigen, man hört kein Wort, nicht einmal ein Flüstern. Wenn sie dahinziehen unter Posaunenschall und unter geweihten Bannern, kann nichts sie aufhalten, weder Berg noch Wasser; ihr könntet glauben, die alten Juden durch den Jordan schreiten zu sehen. Gott der Herr scheint sie selbst anzuführen. ... Augenzeugen von Sainte-Marie-du-Port haben es versichert. Sind die Pilger an der Kirche angelangt, bei deren Bau sie helfen wollen, so machen sie eine Wagenburg und wachen die ganze Nacht und singen Psalmen. Auf jedem Karren zündet man Kerzen und Lampen an, zu den mitgebrachten Kranken werden Reliquien getragen, und alles Volk hält Bittgänge um ihre Heilung."

(Nach Dehio-Bezold, Kirchliche Baukunst des Abendlandes, VI, S. 21, in: Hans Jantzen: Kunst der Gotik, Rowohlt, Hamburg, 1957)

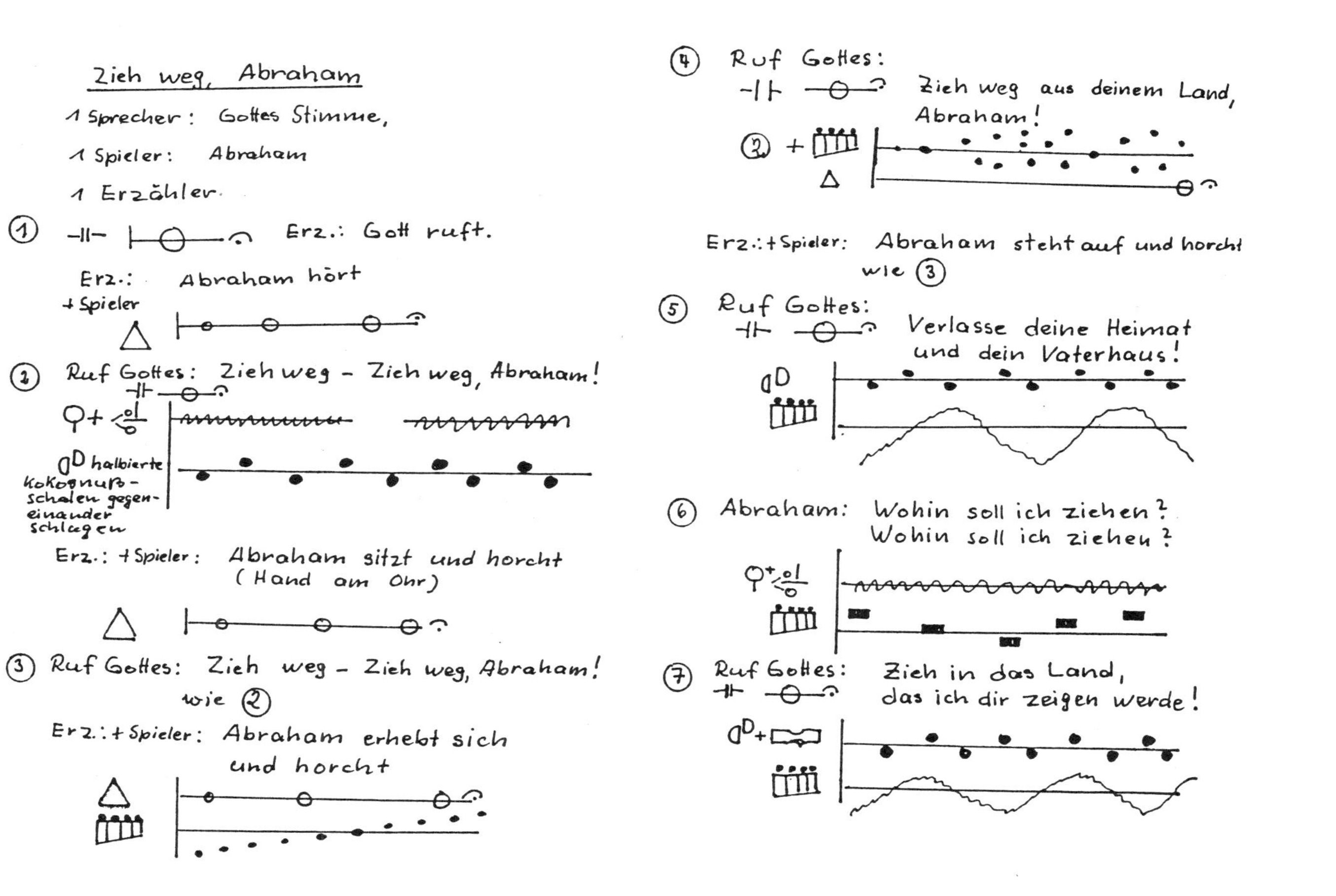
Zieh weg, Abraham
1 Sprecher: Gottes Stimme,
1 Spieler: Abraham
1 Erzähler
① Erz.: Gott ruft.
Erz.: + Spieler Abraham hört
② Ruf Gottes: Zieh weg – Zieh weg, Abraham!
halbierte Kokosnuß-schalen gegeneinander schlagen
Erz.: + Spieler: Abraham sitzt und horcht (Hand am Ohr)
③ Ruf Gottes: Zieh weg – Zieh weg, Abraham! wie ②
Erz.: + Spieler: Abraham erhebt sich und horcht
④ Ruf Gottes: Zieh weg aus deinem Land, Abraham!
Erz.: + Spieler: Abraham steht auf und horcht wie ③
⑤ Ruf Gottes: Verlasse deine Heimat und dein Vaterhaus!
⑥ Abraham: Wohin soll ich ziehen? Wohin soll ich ziehen?
⑦ Ruf Gottes: Zieh in das Land, das ich dir zeigen werde!

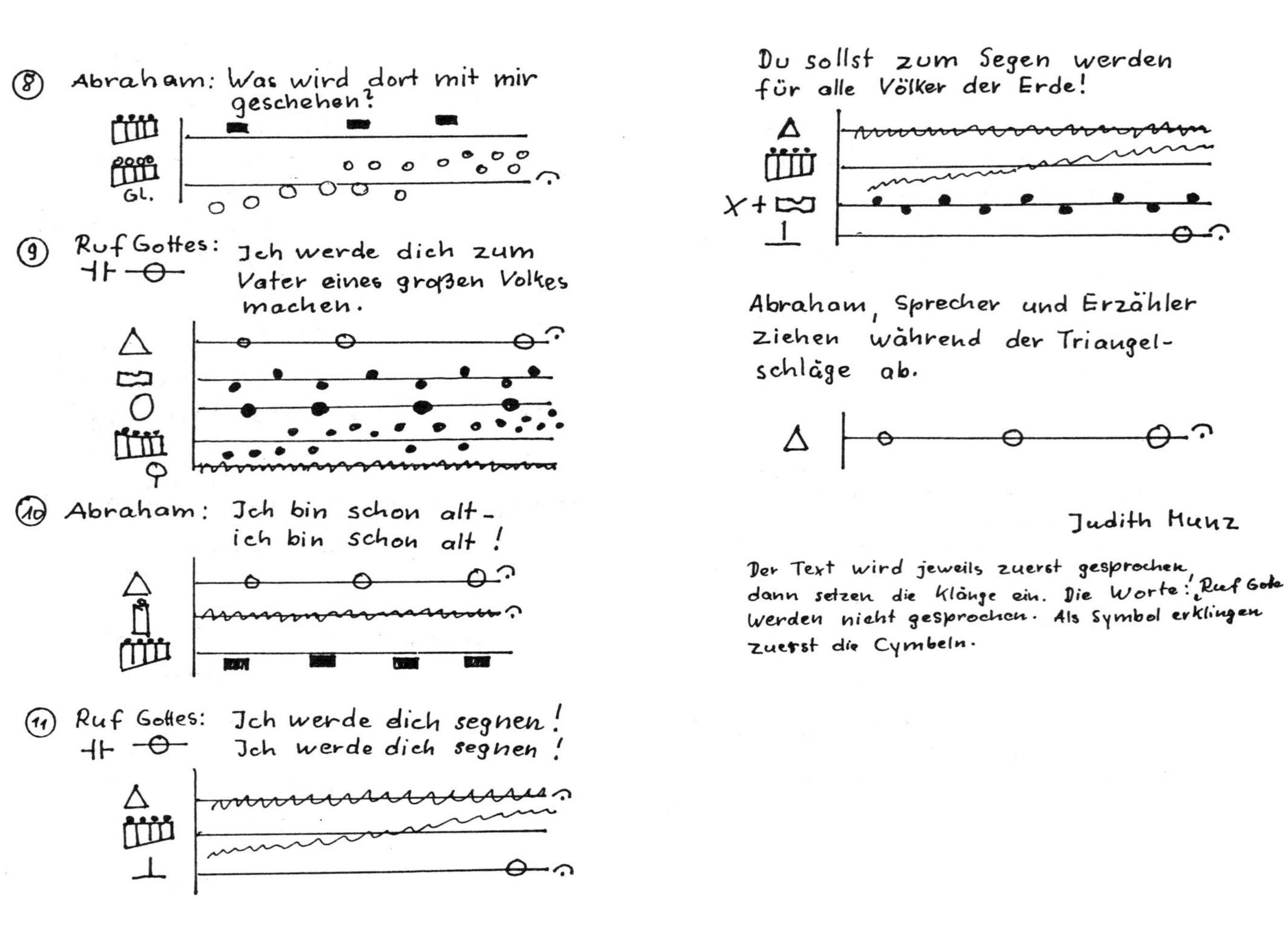

8 Abraham: Was wird dort mit mir geschehen?
Gl.
9 Ruf Gottes: Ich werde dich zum Vater eines großen Volkes machen.
10 Abraham: Ich bin schon alt – ich bin schon alt!
11 Ruf Gottes: Ich werde dich segnen! Ich werde dich segnen!
Du sollst zum Segen werden für alle Völker der Erde!
X +
Abraham, Sprecher und Erzähler ziehen während der Triangelschläge ab.
Judith Munz
Der Text wird jeweils zuerst gesprochen, dann setzen die Klänge ein. Die Worte: „Ruf Gottes" werden nicht gesprochen. Als Symbol erklingen zuerst die Cymbeln.

Medium 3.5.1

Medium 3.7.1

„So gingen die beiden miteinander. Da sprach Isaak zu seinem Vater Abraham: 'Vater!' Abraham antwortete: 'Was willst du, mein Sohn?' Er sprach: 'Siehe, hier ist wohl der Feuerbrand und das Holz. Wo ist aber das Lamm zum Opfer?' Abraham antwortete: 'Gott wird sich das Lamm zum Opfer selbst ersehen, mein Sohn.' So gingen die beiden miteinander."

Dieses *Herzstück der Geschichte*, dieser herbe und einfache Text, braucht nicht entfaltet zu werden, er muß sich aber *einsenken*. Am besten senkt er sich ein, indem wir das „So gingen die beiden miteinander" *zum Bild werden lassen*. Isaak wird gezeichnet, das Holz auf der Schulter, das ihm sein Vater aufgeladen hat. Sein Vater neben ihm, beide von hinten gesehen, damit ihr „Miteinander-Gehen" deutlich wird. Abraham trägt das Becken mit dem Feuer. Das Messer eigens zu zeichnen, dürfte sich in der Kreidetechnik der Sprechzeichnung nicht empfehlen. Es mußte in der Proportion des ganzen zu klein ausfallen oder – groß gezeichnet – überbetont werden. Während der Zeichnung wiederholt der Lehrer selbst die entscheidenden Worte: „Er lud das Holz zum Opfer seinem Sohne Isaak auf. Er selbst nahm den Feuerbrand." Während der Zeichnung kann er auch die Worte des Gesprächs aus dem Gedächtnis wiederholen oder von Schülern wiederholen lassen: „'Vater!' 'Was willst du, mein Sohn?' 'Hier ist das Holz, hier der Feuerbrand. Wo ist das Lamm zum Opfer?' 'Gott wird sich das Lamm zum Opfer selbst ersehen, mein Sohn.' So gingen die beiden miteinander."

Medium 3.9.1

WIR SIND ALLE JAKOB

Tänzerisch-thematische Darstellung
(Musik: schwermütig - Sirtaki)

Nach: Hilda Maria Lander
"Tanzen will ich.."

1) Ausgangssituation:

Sammeln an zentralem Platz

2) Dunkelheit: Am Boden kauern

3) Suchende Bewegungen, zuweilen erstarrend

4) Kampf: Aufrichten, angreifen, verteidigen

5) Segen holen, erzwingen

6) Namen erhalten: Tuch überwerfen

7) Licht - Morgen

Wer bist du?
1 Erzähler, mehrere Sprecher für die Juden,
1 Sprecher für Jesus.
①
Erzähler: In Jerusalem war ein Fest.
Jesus ging im Tempel umher.
Symbolmusik für Jesus.
Flöten
Met.
Gl.
② Erz. Die Juden stellten ihn zur Rede.
Juden: Sage es uns – sage es uns!
X+
Sage es uns endlich
X+
Wer bist du?
③ Symbolmusik für Jesus
Flöten
Met.
Gl.
Juden: Bist du der Messias?
Met.
sage es uns – sage es uns!
X+
laß uns nicht im Ungewissen!
(②+③ gesprochener Text und Verklanglichung erfolgen gleichzeitig)
④
Jesus: Ich habe es euch gesagt.
aber, ihr glaubt mir nicht.
Met.
Ihr glaubt nicht.
Met.
gliss.
gliss.
⑤ Erz.: Die Juden werden mürrisch.
Stimmen durcheinander mürrisch
u bu o au ho bla he m
⑥ Jesus: Ich und der Vater sind eins!
Flöten als Liegeklang setzen nacheinander ein u. bilden einen Schichtklang
Ich und der Vater sind eins!
wie oben.

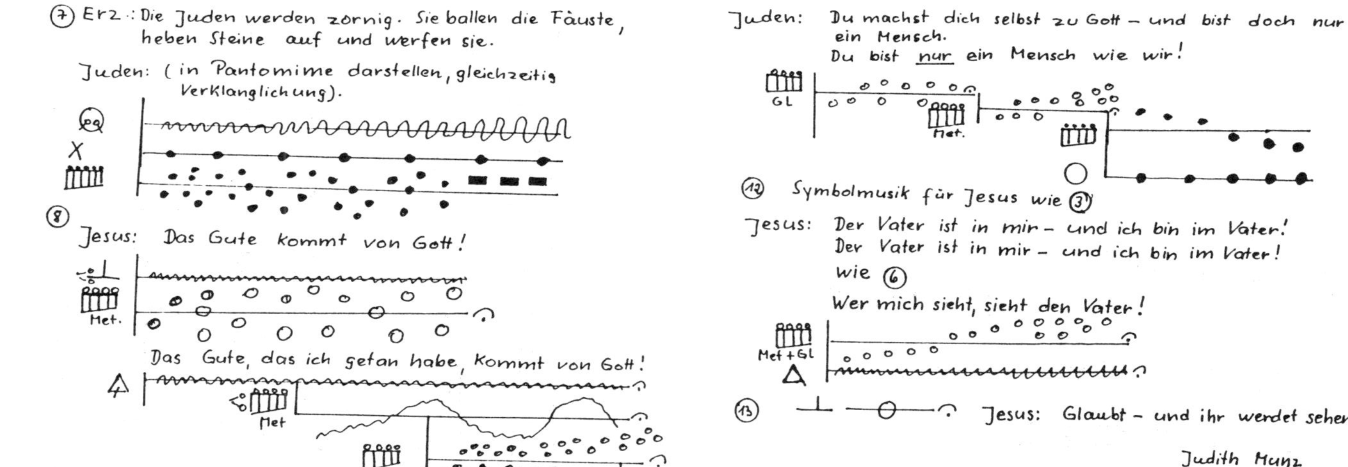

Juden: Du machst dich selbst zu Gott – und bist doch nur ein Mensch.
Du bist <u>nur</u> ein Mensch wie wir!

GL Met.

⑫ Symbolmusik für Jesus wie ③

Jesus: Der Vater ist in mir – und ich bin im Vater!
Der Vater ist in mir – und ich bin im Vater!
wie ⑥
Wer mich sieht, sieht den Vater!

Met + Gl

⑬ Jesus: Glaubt – und ihr werdet sehen!

Judith Munz

Medium 3.12.1

Medium 3.14.1

Gott baut ein Haus

1. Gott baut ein Haus, das lebt,
aus lauter bunten Steinen,
aus großen und aus kleinen,
eins, das lebendig ist.

2. Gott baut ein Haus, das lebt;
wir selber sind die Steine,
sind große und auch kleine,
du, ich und jeder Christ.

3. Gott baut ein Haus, das lebt,
aus ganz, ganz vielen Leuten,
die in verschiednen Zeiten
hörten von Jesus Christ.

4. Gott baut ein Haus, das lebt;
er sucht in allen Ländern,
die Menschen zu verändern,
wie's dafür passend ist.

5. Gott baut ein Haus, das lebt,
er selbst weist dir die Stelle,
in Ecke, Mauer, Schwelle,
da, wo du nötig bist.

6. Gott baut ein Haus, das lebt;
er gibt dir auch das Können,
läßt dir den Auftrag nennen,
damit du nützlich bist.

7. Gott baut ein Haus, das lebt.
Wir kennen seinen Namen
und wissen auch zusammen,
daß es die Kirche ist.

Medium 3.14.2

Du bist es, Herr, du bist unsre Mitte

Medium 3.14.3: *Du bist unsere Mitte*

2. Auch unsre Erde, auf der wir alle leben,
rund ist sie, rund zieht sie ihre Bahn.
Rund gehn auch wir jetzt. Wir gehen im Kreise.
Wir fassen die Hände und sagen dann:
Du bist es, Herr, ...

aus: Kett/Gräske, Gott befreit durch Jesus Christus, Tl. 1,
Don Bosco Verlag, München

4. Von der Welt und von dem, der sie erschaffen hat

VON ROSEMARIE REHM-STEPHAN

I. ANALYSE

Ausgehend von einem Blick vom hohen Berg herab ins Tal, von wo aus die Welt sehr klein erscheint, werden die Kinder zum Fragen und Hinterfragen zunächst der sichtbaren Dinge angeregt. Dies führt hin zur Frage: „Woher kommt die Welt?", „Woher kommen die Menschen?" Sie wird beantwortet mit den auch Kindern heute zugänglichen Informationen aus Wissenschaft und Forschung über die Entstehung der Welt, die Entwicklung des Lebens in der Welt. Dazu gehört auch die Kenntnis, daß Menschen schon sehr früh an Gott glaubten, daß schon die Eiszeitjäger ihre eigene Religiosität hatten, in der sie mit ihrer magischen Denkweise sich die Gunst der Mächte und Gewalten zu erwerben suchten, – wie Höhlenfunde und Höhlenzeichnungen beweisen.
Mit dem Fragen nach dem „Wie" ist aber menschliches Fragen nicht erschöpft. Die Fragen, warum es entstanden ist, welchen Sinn das Leben hat, verlangen eine Antwort, die die Evolutionslehre nicht geben kann. Die Frage nach dem Sinn des Lebens ist die Frage nach Gott. Hier sind wir verwiesen auf Erfahrungen von Menschen, die seit altersher gesucht, gefragt, gelauscht, hingehört, gehorcht haben und Antwort erhielten. Diese Erfahrungen haben sie aufgeschrieben in der Bibel. Das Volk Israel wußte, daß es sich zu verdanken hat, daß es sein Leben Gott zu verdanken hat, und es hat dies in Gebeten und Liedern zum Ausdruck gebracht.
So wird der Schöpfungsbericht den Kindern nahegebracht als das Loblied des Volkes Israel auf den Schöpfer aller Dinge, aller Tiere, aller Menschen, als Schöpfer des Himmels und der Erde. Die Entstehung des Schöpfungsberichtes wird aber auch als Antwort Israels gedeutet auf die „Götterwelt" der es umgebenden Völker, besonders der Babylonier. Israel bezeugt damit seinen Glauben an den *einen* Gott und bekräftigt seinen „Ein-Gott-Glauben" gegenüber dem herrschenden „Mehr-Gott-Glauben" und hebt sich damit auch geistig von den übrigen Völkern ab.
Unter Zuhilfenahme des ptolemäischen Weltbildes wird den Kindern begreiflich gemacht, daß der Schöpfungsbericht den Menschen nicht erklären will, *wie* die Welt entstanden ist, sondern daß er Antwort geben will auf Fragen und Probleme ihres eigenen Lebens, daß er Mut und Hoffnung geben will, daß er den Glauben stärken will. Auch die Christen beten in ihrem Glaubensbekenntnis: „Wir glauben an den einen Gott, den Vater, den Allmächtigen, der alles geschaffen hat, Himmel und Erde, die sichtbare und unsichtbare Welt." Dieser Glaube verbindet Juden und Christen.
Besonders in der heutigen Zeit stellt der Glaube daran, daß Gott die Welt erschaffen hat, den Christen in hohe Verantwortung. „Wir Menschen sind vom Schöpfer berufen, als seine Beauftragten der Welt in Ehrfurcht vor dem Geschaffenen zu begegnen, sie zu gestalten, zu nutzen und ihrer Erhaltung zu dienen", bekundet die Gemeinsame Erklärung des Rates der Evang. Kirche in Deutschland und der Deutschen Bischofskonferenz und führt weiter aus:„Innerhalb der Schöpfungsordnung kommt dem Menschen in Unterschei-

dung von den Mitgeschöpfen eine Sonderstellung zu. 'Macht euch die Erde untertan und herrscht über alle Tiere', so läßt sich der göttliche Weltauftrag in knapper Form wiedergeben. Die beiden Schlüsselworte 'untertan machen/unterwerfen' und 'herrschen' müssen weit behutsamer gedeutet werden, als dies vielfach geschah. Sie dürfen nicht im Sinne von 'Unterdrückung' und 'Ausbeutung' verstanden werden". Das zur Zeit der Entstehung der Texte geltende Naturverständnis war geprägt von der Furcht vor der übermächtigen Natur. Dem biblischen Autor ging es um die Befreiung des Menschen aus der Übermacht der Natur. Heute ist die Problematik die, daß die Natur in hohem Maße vom Menschen bedroht ist.
„Entschiedener und umsichtiger als bisher müssen Christen und Kirchen ihren Beitrag zur Erhaltung und Verbesserung der Lebensbedingungen in ... unserer Welt leisten", fordern die Bischöfe in ihrer Erklärung „Verantwortung wahrnehmen für die Schöpfung". In der Erziehung der Kinder zur Mitverantwortung wird ein Schritt zur Erreichung dieses Zieles in die Zukunft getan.

II. LERNZIELBESTIMMUNGEN

Grobziel

Die Kinder lernen, daß der biblische Schöpfungsbericht nicht als Entwicklungsgeschichte der Welt zu verstehen ist, daß die Priesterschrift nicht mit der modernen Evolutionstheorie verwechselt werden darf, und sie erkennen den Schöpfungsbericht als das große Loblied der Israeliten auf den Schöpfergott an, das von den Christen im Glaubensbekenntnis übernommen und bestätigt worden ist.

Feinziele

1 – Ereignisse und Situationen auf ihren Sinn hinterfragen lernen
– Hinführen zum Fragen
– Nachdenken lernen über die Ursachen
– Lernen, weiterzufragen über das Sichtbare hinaus

2 – Erkennen, daß das Unbekannte uns Angst macht, daß Wissen um den Ursprung Sicherheit gibt
– Lernen, daß Wissen um die Dinge uns die Angst nimmt
– Die Notwendigkeit anerkennen, daß Menschen die Vergangenheit erforschen und Techniken zur Bewältigung der Zukunft entwickeln
– Aus den Funden und Zeichnungen in den Höhlen schlußfolgern auf Religiosität der Eiszeitmenschen
– Nachvollziehen der religiösen Handlungsweisen der Eiszeitmenschen mittels Materialien aus der Natur

3 – Herausfinden, daß die Erfahrung des Volkes Israel, die es im Laufe seiner Geschichte gemacht hat, zu dem starken Glauben an den einen Gott führte

4 – Lernen, daß Israel im Gegensatz zu den meisten Völkern seiner Zeit, einen Ein-Gott-Glauben hatte

- Kennenlernen der Antwort Israels auf die „Götter" der Babylonier
- Israels Treue erkennen zum Ersten Gebot

5 – Kennenlernen des Schöpfungsberichtes als ein Lied zum Lob Gottes
- Zusammenstellen von Übereinstimmungen zwischen biblischem Schöpfungsbericht und selbst verfaßtem Lob Gottes
- Be-greifen von Elementen der Schöpfung durch bildnerisches Gestalten
- Emotionales Erfassen des Schöpfungsberichtes und Hinordnung auf Jesus Christus, das Licht der Welt, in Lied und Bewegung

6 – Verstehen, daß die Priester das Schöpfungslied nicht gedichtet haben, um den Menschen zu sagen, wie die Welt entstanden ist, sondern daß sie damit den Menschen Antwort auf die Frage nach dem Sinn des Lebens geben wollten. Lernen, daß das Lob der Israeliten auf Gott im Schöpfungsbericht von den Christen im Glaubensbekenntnis übernommen und bestätigt worden ist.
- Lernen, welche Vorstellung die Menschen der damaligen Zeit von der Welt hatten
- Die gemeinsame Wurzel des jüdischen und christlichen Glaubens im Glauben an den Schöpfer-Gott erkennen
- Das eigene Leben einbeziehen und annehmen im Glauben
- Konsequenzen des Glaubens erkennen

III. UNTERRICHT

Grobziel:

Die Kinder lernen, daß der biblische Schöpfungsbericht nicht als Entwicklungsgeschichte der Welt zu verstehen ist, daß die Priesterschrift nicht mit der modernen Evolutionstheorie verwechselt werden darf, und sie erkennen den Schöpfungsbericht als das große Loblied der Israeliten auf den Schöpfergott an, das von den Christen im Glaubensbekenntnis übernommen und bestätigt worden ist.

Erste Unterrichtseinheit: Woher kommt das? (S. 60–61)

Inhalte (I) und Ziele (Z)	*Methoden (M) und Medien (Me)*
Z: Ereignisse und Situationen auf ihren Sinn hinterfragen lernen	
Anfangsphase	
I: Die Welt von oben sehen	Me: „Über den Wolken..." von Reinhard Mey intercord, INT. 460.191, S. 2 M: U-Gespräch über Lied-Inhalt M: Bildbetrachtung Vergleich mit Lied-Text Me: Bild WwMl S. 59

M: Lehrerimpulse: Wir sehen mehr, wir sind freier, der Wind weht frischer, alles auf der Erde ist kleiner, die Wolken sind näher, die Sonne scheint heißer, wir sind ungeschützter, auch gefährdet;
Von oben sieht die Welt ganz anders aus: Menschen, Häuser, Autos... sind ganz klein

Ergebnissicherung

TA: Von oben gesehen, ist alles, was Menschen gemacht haben, ganz klein.

Erarbeitung
I: Woher kommt das?
Z: Hinführen zum Fragen

M: Schülerberichte (Erfahrungsberichte)
Empfindungen schildern beim Blick aus dem Flugzeug oder vom Berggipfel
Lehrerimpulse: Kommen uns dabei Gedanken oder Fragen? Zu uns selbst – zu dem, was uns umgibt – zu dem, was wir sehen?
Mögliche Antworten: Glückliche Landung, guter Abstieg, reicht der Proviant, haben wir noch genug zu trinken, – dafür können wir selber sorgen, vorsorgen, vieles können wir machen von dem, was wir von oben sehen – aber vieles davon können Menschen nicht machen (aufzählen).
Woher kommt das?

I: Frage nach dem Ursprung
Natur; Fröhlichsein,
Schmerzen, Streit ...
Z: Nachdenken lernen
über die Ursachen

M: Bildbetrachtung,
Lehrer-Schüler-Gespräch
Me: WwMl S. 60/61
Lehrerhilfen: Schichten im Gestein
(Sachberichte der Schüler);
Schmerzen, Streit, Lustigsein
Me: Was ist was, Bd. 1 „Unsere Erde", Neuer Tessloff-Verlag, Hamburg, 1975

Vertiefung
I: Frage nach dem Sinn
Z: Lernen, weiterzufragen
über das Sichtbare hinaus

M: Lehrerimpuls: Wir wissen auf jede Frage eine Antwort – oder?
M: Schüler lesen Text
Me: WwMl S. 61 u.l. und r.

Ergebnissicherung

TA; Menschen können vieles erfragen, erforschen, beantworten.
Wer gibt Antwort auf die Frage nach dem Ursprung und dem Ziel, nach dem Sinn des Lebens?
M: Stillbeschäftigung: Abschreiben der TA

Erweiterung

M: Bildbetrachtung. Lehrerimpuls:
Der Maler hat seinem Bild den Titel gege-

	ben: Woher kommen wir, was sind wir, wohin gehen wir? Me: Paul Gauguin „Woher kommen wir Was sind wir? Wohin gehen wir?" in: Paul Gauguin, Verlag Dumont, Köln, 1957, S. 124–129; Epidiaskop, Umrißzeichnung, Lehrerinformation Me: 4.1.1, 4.1.2 M: Stillbeschäftigung: Ausmalen der Umrißzeichnung in hellen und dunklen Farbtönen Impuls: Was wir wissen und sehen können, malen wir in hellen, leuchtenden Farben; was uns unbekannt ist, liegt im Dunkel, wird mit dunklen Farben gemalt. – Wenn wir Menschen fragen, woher kommt die Welt? Woher kommen wir Menschen? Was wollen wir dann eigentlich wissen?
Vorbereitende Hausaufgabe	M: Lesen der Texte WwMl S. 64/65

Zweite Unterrichtseinheit: Alles ist geworden (S. 62/63)

Inhalte (I) und Ziele (Z)	*Methoden (M) und Medien (Me)*
Z: Erkennen, daß das Unbekannte uns Angst macht, daß Wissen um den Ursprung Sicherheit gibt	
Anfangsphase I: Wovor wir Angst haben	M: Lehrergespräch Impulse: Angst haben – wovor? Gefahr – Unbekanntes (Flug, Bergbesteigung, hohe Wellen, – Nacht, Traum, Drachen, wilde Tiere, ...) Woher kommt das? (Mythen, Legenden, Märchen)
Erarbeitung I: Wissen verhilft uns zur Klarheit Z: Lernen, daß Wissen um die Dinge uns die Angst nimmt	M: U-Gespräch Impulse: Am Tag, im Hellen haben wir keine Angst; vor dem, was wir kennen, fürchten wir uns nicht. Wir brauchen keine schlimmen Träume vor Drachen und Monstern zu haben, wenn wir wissen, wo sie herkommen.–

Vor Millionen Jahren lebten Saurier auf der Erde. Wissenschaftler haben erforscht, wie sie möglicherweise ausgesehen haben, wie die ersten Menschen ausgesehen haben könnten.
M: Beiträge der Schüler aus dem Sachunterricht oder aus Sachbüchern
Me: Was ist was, Bd. 15 „Dinosaurier", Neuer Tessloff-Verlag, Hamburg, 1972

Vertiefung
I: Forschung und Technik
Z: Die Notwendigkeit anerkennen, daß Menschen die Vergangenheit erforschen und Techniken zur Bewältigung der Zukunft entwickeln

M: Lesen von Texten und Besprechen der Bilder
Me: WwMl S. 62, 63
M: U-Gespräch über die Entwicklung des Lebens auf der Erde, die Zeit der Saurier, die Entwicklung des Menschen, Forschung durch den Menschen, technische Entwicklungen

Ergebnissicherung

TA: Wir können fast alles in der sichtbaren Welt besser verstehen, wenn wir wissen, wie es sich entwickelt hat. Deshalb ist es notwendig, daß Menschen untersuchen, forschen, erfinden und weiterentwickeln
M: Stillbeschäftigung: Abschreiben der TA ins Heft
HA: Collage zum Text oder malen zum Text: Bilder vom Leben auf der Erde vor Millionen Jahren

Erweiterung
I: Vom Leben der Eiszeitmenschen
Z: Aus den Funden und Zeichnungen in den Höhlen schlußfolgern auf Religiosität der Eiszeitmschen

M: Lehrervortrag:
Von den Eiszeitmenschen haben die Wissenschaftler erforscht, daß sie durch Erlegen großer Tiere für Nahrung und Kleidung sorgten und daß sie in Höhlen wohnten. Aber nicht nur ...
Me: Sachtext, Diaserie, Höhlenzeichnungen
Me: 4.2.1; 4.2.2 Arbeitsheft

Ergebnissicherung

TA: Die Forscher haben herausgefunden, daß schon die Menschen in der Eiszeit (190 000–120 000 Jahre v.Chr.) an Gott glaubten. Sie verehrten Gott in ihren Höhlen und brachten ihm Opfer
M: Stillbeschäftigung: Abschreiben der TA

Realisierung
I: Arbeiten im bildnerischen Bereich mit Ton oder Gips,

M: Einzel- oder Partnerarbeit: entsprechend der Umrißzeichnungen (Me 4.2.2)

Stein und Schmirgelpapier
Z: Nachvollziehen der religiösen Handlungsweisen mittels Materialien aus der Natur

Scraffito in Ton- oder Gipsplatten anfertigen; Herstellen kleiner Tonfigürchen nach Me 4.2.1
Me: Gips in Plastikteller anrühren (1 Tag vor Verwendung) oder Ton zu Platten glattrollen; mit spitzem Gegenstand (Nagel, Taschenmesser, Spatel) Umrisse nachziehen, in Fläche feinen Sand eindrücken; oder mit angefeuchtetem spitzen Stein Umrisse auf Schmirgelpapier zeichnen, Fläche mit feuchter Breitseite des Steines bestreichen

Dritte Unterrichtseinheit: Israels Glaube deutet die Welt (S. 65)

Inhalte (I) und Ziele (Z)

Methoden (M) und Medien (Me)

Z: Herausfinden, daß die Erfahrung des Volkes Israel, die es im Laufe seiner Geschichte gemacht hat, zu dem starken Glauben an den einen Gott führte

Anfangsphase
I: Die Menschen glaubten an Götter

M: Lehrervortrag: So wie die Eiszeitjäger und ihre Nachfahren einen Gott verehrten, verehrten viele Völker von altersher Götter: in Gestalt von Tieren, Sonne, Mond, Sternnen, Wasser, Meer, Feuer – von Naturgewalten, die stärker waren als der Mensch, denen er ausgeliefert war, die er nicht beherrschen konnte, vor denen er Furcht hatte, die er aber zwingen, sich gefügig und nutzbar machen wollte.
Mit magischen Zeichen, Zaubersprüchen und Opfern versuchten die Menschen, sich die Gottheit oder „Götter" wohlgesonnen zu stimmen.

Erarbeitung
I: Wer steht dahinter, hinter der Welt und allem, was da ist?

M: Schülervortrag und U-Gespräch
Me: WwMl S. 65
Schwerpunkte: Wir wollen nicht nur wissen, wie die Welt entstanden ist, sondern w a r u m und w o z u , ob das Leben einen Wert hat, ob es einen gibt, der die Welt gewollt hat, der m i c h gewollt hat.

Wer steht dahinter?
M: Hinweis auf Gauguin-Bild
Me 4.1.1
Der Maler stellte sich diese Frage und drückte sie in seinem Bild aus, als sein Leben in großer Gefahr war. Er stellte damit die Frage nach dem Sinn seines Lebens;
die Frage nach Gott

Ergebnissicherung

TA: Die Frage nach dem Sinn unseres Lebens ist die Frage nach Gott.

Weiterführung
I: Israels Antwort auf die Frage nach Gott

M: Lehr-Gespräch
Me: WwMl S. 65
Impulse: Um die Antwort zu finden auf die Frage nach Gott, müssen wir uns mit den Erfahrungen beschäftigen, die Menschen der Bibel in vielen Jahrhunderten ihrer Geschichte mit Gott gemacht haben. Sie sind vom Volk Israel in der Bibel aufgeschrieben.

I: Israels Rettung aus der Knechtschaft in Ägypten (Wiederholung)

Denkanstöße: Der „Ich bin da", Auftrag an Mose beim brennenden Dornbusch, Auszug aus Ägypten, Rettung am Schilfmeer, Wanderung durch die Wüste
Me: WwMl 3, S. 32 ff,
LK 3, S. 41 ff.
evtl. Erinnerungshilfen anhand von Collagen LK 3; Me 4.3.6 (S. 46/49)
M: Lehrervortrag:
Und auch später, als sie schon lange in Kanaan wohnten, wurde ihnen immer stärker bewußt: Alles, was wir haben, verdanken wir Jahwe, unserem Gott.
Me: WwMl S. 65 u.

Ergebnissicherung

TA: Das Volk Israel glaubte: ALLES VERDANKEN WIR JAHWE UNSEREM GOTT. ALLES STAMMT VON IHM. ALLES IN DER WELT KOMMT VON GOTT.

Vertiefung
I; Israel dankt seinem Gott in Liedern

M: Einsatz von Liedern, Gebeten, Psalmen
Me: Ps 90,2; 89, 9–17, 104, 148 in Grundschulbibel, S. 5, 9, 21, 27
Me 4.3.1: Vom Aufgang der Sonne
Me 4.3.2: Klangspiel zu Ps. 104/148

Anwendung

M: Stillbeschäftigung: Abschreiben der TA ins Heft; Psalm nach Auswahl ins Heft oder in Schriftenrolle eintragen
(s. LK 3, S. 54/71)
Vorbereitende HA: Lesen WwMl S. 66–67

Vierte Unterrichtseinheit: Ist der Mond ein Gott? (S. 66–67)

Inhalte (I) und Ziele (Z)	*Methoden (M) und Medien (Me)*
Z: Lernen, daß Israel, im Gegensatz zu den meisten Völkern seiner Zeit, einen Ein-Gott-Glauben hatte	
Anfangsphase I: In babylonischer Gefangenschaft	M: Lehrervortrag: Der König von Babylon hatte Jersualem erobert und die Gefangenen nach Babylon verschleppt. Sie lebten in der Fremde unter Menschen, die andere Götter anbeteten. Me: Klangspiel Me: 4.4.1
Erarbeitung I: Ist der Mond ein Gott? Z: Kennenlernen der Antwort Israels auf die „Götter" der Babylonier	M: Schülervortrag Me: WwMl S. 66–67, 1. Spalte bis „ ... Aber sie sind keine Götter. Sie sind Geschöpfe Gottes." M: U-Gespräch zu den Texten Hilfen: So könnte sich ein Gespräch entwickelt haben. – Die Israeliten beteten zu ihrem Gott. Die Babylonier aber beteten zu Marduk, zu einem Standbild von einem Gott, zu einer Götterfigur. Er ist der Größte, sagten die Babylonier. Marduk ist der Herr der Welt. Er hat Tiamat getötet, das Tier, die Urgöttin. Aus ihren Gliedern hat er Himmel und Erde gemacht. Das glauben wir.
Ergebnissicherung	TA: Viele Völker glaubten in ihren Religionen an mehrere Götter. Sie hatten einen *Mehr-Gott-Glauben*. Die Israeliten hielten allen anderen Religionen stand in ihrem Glauben an den einen, unsichtbaren Gott. Sie bewahrten ihren *Ein-Gott-Glauben.*
Vertiefung I: Das 1. Gebot Z: Israels Treue zum 1. Gebot erkennen	M: U-Gespräch: Wiederholung der gelernten 10 Gebote (WwMl S. 28); insbesondere des 1. Gebotes M: Lehrervortrag: Im Bibeltext steht noch mehr: „Du sollst neben mir keine anderen Götter haben. Du sollst dir kein Gottesbild machen und keine Darstellung von irgendetwas am Himmel droben, auf der Erde unten oder im Wasser unter der Erde. Du sollst dich

nicht vor anderen Göttern niederwerfen und dich nicht verpflichten, ihnen zu dienen. Denn ich, der Herr, dein Gott, bin ein eifersüchtiger Gott: Bei denen, die mir feind sind, verfolge ich die Schuld der Väter an den Söhnen, an der dritten und vierten Generation; bei denen, die mich lieben und auf meine Gebote achten, erweise ich Tausenden meine Huld."

Bei gläubigen Juden war es Pflicht, auf der Stirn und auf dem Arm (vor dem Herzen) kleine Kapseln zu tragen, in denen Zettel aufbewahrt wurden, auf denen Abschnitte der 10 Gebote aufgeschrieben waren. Am wichtigsten schien ihnen dies:

„Höre Israel! Jahwe, unser Gott, Jahwe ist einzig. Darum sollst du den Herrn, deinen Gott, lieben mit ganzem Herzen, mit ganzer Seele und mit ganzer Kraft."

M: U-Gespräch

Me: G. Weber: „Die zehn Gebote", Herder, S. 8, 10, 16 ff.

Ergebnissicherung

TA: Du sollst neben mir keine anderen Götter haben. Du sollst dir von Gott kein Bild machen.

Höre Israel! ...

M: Stillbeschäftigung: Abschreiben der TA, das 1. Gebot und „Höre, Israel..." evtl. mit verschiedenen Farben, „Höre, Israel..." auswendig lernen.

Erweiterung

I: Vorgeschichte des Schöpfungsberichtes in der Priesterschrift

M: Schülervortrag

Me: WwMl S. 67, Spalte r. von „Daniel hat aufmerksam zugehört..." bis „ ... Ich werde einmal mit den anderen Priestern darüber sprechen."

M: Lehrervortrag: Die Priester haben ein Loblied auf Gott, den Schöpfer, gedichtet. Wir finden es heute noch auf den ersten Seiten der Bibel. Es ist lang, und vieles ist schwer zu verstehen.

HA: Schreibt ein Loblied auf Gott mit eigenen Worten über das, was euch an der Natur, an allem, was ihr sehen könnt, gut gefällt.

Vorbereitend: Schöpfungsbericht lesen

Me: WwMl S. 68/69

Fünfte Unterrichtseinheit: Ein Lied zum Lobe des Schöpfers (S. 68–69)

Inhalte (I) und Ziele (Z)	*Methoden (M) und Medien (Me)*
Z: Kennenlernen des Schöpfungsberichtes als ein Lied zum Lob Gottes	
Anfangsphase	M: Schülervortrag der als HA entworfenen Loblieder M: U-Gespräch und Zusammenstellen der schönsten Texte zur TA (linke Tafelseite) und Stichwörter zum Schöpfungsbericht (vorbereitete rechte Tafelseite)
Erarbeitung I: Schöpfungsbericht und Loblied der Schüler Z: Zusammenstellen von Übereinstimmungen zwischen biblischem Schöpfungsbericht und selbst verfaßtem Lob Gottes	TA: (links) / (rechts) — siehe Tafelanschrift
Ergebnissicherung	M: Abschreiben der TA, dazu malen oder Arbeitsblatt Me: 4.5.1 Arbeitsheft
Vertiefung I: Gestalten einer Kerze mit	M: Gruppenarbeit

Tafelanschrift:

TA: (links)	(rechts)
Unser Loblied	*Schöpfungsbericht* Das Loblied der Priester Israels
————————	1. Gott sprach: Es werde Licht
————————	2. Gott sprach: Eine Wölbung soll entstehen
————————	3. Gott sprach: Das Wasser fließe zusammen
————————	4. Gott sprach: Lichter sollen am Himmelsgewölbe sein.
————————	5. Gott sprach: Das Wasser soll wimmeln von lebendigen Wesen, und Vögel sollen fliegen über dem Land
————————	6. Gott sprach: Tiere sollen da sein auf dem Land. Laßt uns den Menschen machen.
————————	7. Am siebten Tag ruhte Gott

Symbolen der Schöpfung
Z: Be-greifen von Elementen der Schöpfung durch bildnerisches Gestalten

Auftrag: in 6 Gruppen aus farbigem Wachs Symbole anfertigen; in der Reihenfolge des Schöpfungsberichtes von oben nach unten auf große, weiße Kerze kleben
Me: Kerze, ca. 25 cm hoch, ca. 8 cm Ø
Kerzenverzierwachs
Me: 4.5.2 (Muster)

Schlußphase
I: Gebetserziehung
Z: Emotionales Erfassen des Schöpfungsberichtes und Hinordnung auf Jesus Christus, das Licht der Welt, in Lied und Bewegung

M: Stehen im Kreis, Kerze in der Mitte entzünden, Lied singen
Me: Lied: Du bist es Herr,
du bist unsre Mitte.
du bist das Leben,
ja, du machst uns froh.

1. Sonne und Monde, die unzähl'gen Sterne,
sie ziehen am Himmel im Kreis ihre Bahn.
Wer ist der Anfang und wer ist das Ende?
Wer ist das A und wer das O?
Du bist es Herr ...
2. Auch unsre Erde, auf der wir alle wohnen,
rund ist sie, rund zieht sie ihre Bahn.
Rund gehn auch wir jetzt, wir gehen im Kreise
wir fassen die Hände und sagen dann:
Du bist es Herr ...

M: Zum Liedtext an den Händen fassen, im Kreis gehen, nach rechts, nach links, am Ende Hände zum Stern erheben
Me: 3.14.3
Flöten, Orff-Instrumente

Sechste Unterrichtseinheit: Wenn Gott die Welt erschaffen hat (S. 70/71)

Inhalte (I) und Ziele (Z) | *Methoden (M) und Medien (Me)*

Z: Verstehen, daß die Priester das Schöpfungslied nicht gedichtet haben, um den Menschen zu sagen, wie die Welt entstanden ist, sondern daß sie damit den Menschen Antwort auf die Frage nach dem Sinn des Lebens geben wollten.
Lernen, daß das Lob der Israeliten auf Gott im Schöpfungsbericht von den Christen im Glaubensbekenntnis übernommen und bestätigt worden ist.

Anfangsphase I: Das ptolemäische Weltbild Z: Lernen, welche Vorstellung die Menschen der damaligen Zeit von der Welt hatten	M: Lehrervortrag Me: vorbereitete Tafelzeichnung analog Zeichnung und Text in WwMl S. 70 o.
Ergebnissicherung	M: Stillbeschäftigung, Einzelarbeit: Ergänzen des Arbeitsblattes Me: Arbeitsblatt Me: 4.6.1 Arbeitsheft
Erarbeitung I: Was die Priester den Menschen mit dem Schöpfungslied sagen wollten ...	M: Lesen der Texte durch verschiedene Schüler Me: Texte in WwMl S. 70 u. M: Dazu Erstellen einer Tafelanschrift
Ergebnissicherung	TA: Mit dem Schöpfungslied wollten die Priester den Menschen – Antwort geben auf Fragen und Probleme in der Gefangenschaft im fremden Land mit fremden Göttern; – Mut und Hoffnung geben; sie ermahnen, dem Bund mit Gott treu zu bleiben und nicht anderen Göttern nachzulaufen M: Stillbeschäftigung: Übertragen der TA ins Heft oder im Arbeitsheft Me 4.6.1 ergänzen
Transfer I: Die Christen haben den Glauben an Gott, den Schöpfer, von den Juden übernommen Z: Die gemeinsame Wurzel des jüdischen und christlichen Glaubens im Glauben an den Schöpfer-Gott erkennen	M: Lehrervortrag: Was die Priester den Menschen damals sagten, wurde von den Juden als etwas sehr Wichtiges und Gutes angesehen ... Und auch heute noch kann es Menschen helfen, Antwort zu finden bei vielen Fragen nach dem Grund, dem Weg, dem Sinn und dem Ziel ihres Lebens. Me: WwMl S. 70 u. M: Lehrervortrag: Die Christen haben den Glauben an Gott, den Schöpfer, von den Juden übernommen. Sie bekennen im Glaubensbekenntnis:
Ergebnissicherung	TA: WIR GLAUBEN AN DEN EINEN GOTT, DEN VATER, DEN ALLMÄCHTIGEN, DER ALLES GESCHAFFEN HAT, HIMMEL UND ERDE, DIE SICHTBARE UND DIE UNSICHTBARE WELT. M: Unterrichtsgespräch: Impuls: Viele Menschen sprechen diesen Satz ...

Hilfe: Bildbetrachtung
Me: Bild in WwMl S. 71 o.
M: Glaubensbekenntnis lesen
Me: Gotteslob Nr. 356
M: Abschreiben der TA,
HA: auswendig lernen

Vertiefung
I: Grund und Sinn unseres Lebens ist Gott

M: Schülervortrag und U-Gespräch:
Wenn ich glaube, daß Gott die Welt erschaffen hat, dann glaube ich, daß die Welt und das Leben ... einen guten Sinn hat:
GOTT SELBST. ...
Me: WwMl S. 71 u.

Gebetserziehung
I: Ich glaube ...
Z: Das eigene Leben einbeziehen und annehmen im Glauben

M: Umformen des Textes zu einem Gebet:
Herr, ich glaube, daß du die Welt erschaffen hast.
Herr, ich glaube, daß die Welt einen Sinn hat.
Herr, ich glaube, daß das Leben der Menschen einen Sinn hat.
Herr, ich glaube, daß unser Leben einen Grund hat, einen guten Grund und einen Sinn.
Herr, ich glaube, daß du der Grund und der Sinn unseres Lebens bist.
Herr, ich glaube, daß Du unsere Mitte bist.
Herr, ich glaube, daß du hinter mir stehst.
Herr, ich glaube, daß du mich gewollt hast.
Herr, ich glaube, daß du mit mir etwas vor hast.
M: Jedes Kind spricht einen Satz

Schlußphase
I: Wenn wir glauben, daß Gott die Welt erschaffen hat
Z: Konsequenzen des Glaubens suchen

M: Kreisgespräch
Bildbetrachtung, Lesen und Besprechen der Texte, Überschriften suchen
Me: WwMl S. 72–73

Ergebnissicherung

TA:
1. Die Menschen sind Geschöpfe Gottes
2. Die Menschen dürfen sich freuen an der Welt
3. Die Menschen sind verantwortlich für die Welt
4. Die Tiere sind der Obhut des Menschen anvertraut
5. Die Menschen sollen dankbar sein für das Leben, das ihnen geschenkt ist

Zusammenfassung I: Umwelt-Fries	M: Gruppenarbeit Anfertigen von Collagen in 5 Gruppen zu den 5 Themen Me: farbiges Tonpapier, Zeitschriften zum Ausschneiden passender Bilder; oder Bilder selbst malen, ausschneiden, aufkleben, Überschriften mit dickem Filzschreiber einsetzen M: Collagen deuten, erklären als Fries im Klassensaal aufhängen (evtl. Projekt erstellen zur Übernahme einfacher Aufgaben zum Tier- oder Umweltschutz)
I: Sonnengebet	M: Meditation Me: 4.6.2

IV. MEDIENZUSAMMNSTELLUNG

4.1.1	Arbeitsheft: Umrißzeichnung nach Paul Gauguin: Woher kommen wir? Was sind wir? Wohin gehen wir?	R. Rehm-Stephan
4.1.2	Lehrerinformation zum Bild; Aussagen des Malers; Gedanken zur Betrachtung	nach: Paul Gauguin, Dumont, R. Rehm-Stephan
4.2.1	Sachtext: Die Religion der Eiszeitjäger	R. Rehm-Stephan nach Dia-Serie bei Ernst-Jünger-Verlag, Frankfurt
4.2.2	Arbeitsheft: Höhlenzeichnungen Nach Lascaux und Altamira	R. Rehm-Stephan nach Holzer: Und Gott sprach, Arena-Verlag, Würzburg
4.3.1	Vom Aufgang der Sonne (Getanztes Lied)	Waltraud Schneider in „Getanztes Gebet" Verlag Herder, Nr. 18/19
4.3.2	Klangspiel zu Psalmen 104, 148	Judith Munz
4.4.1	Klangspiel: An den Flüssen Babylons	Judith Munz
4.5.1	Arbeitsheft: Das Loblied der Priester Israels	R. Rehm-Stephan
4.5.2	Skizze einer Kerze zum Selberbasteln	R. Rehm-Stephan
4.6.1	Arbeitsheft: Das Weltbild der Israeliten zur Zeit der Entstehung des Schöpfungsberichtes	R. Rehm-Stephan nach WwMl 4, S. 70
4.6.2	„SONNENGEBET" (Meditation)	R. Rehm-Stephan nach P. Painadath, Kalady/Südindien

V. LITERATURHINWEISE

1) Dumont-Verlag, Köln: Paul Gauguin, 1957
2) Neuer Tessloff-Verlag, Hamburg, Was ist Was?, Band 1 und 15
3) Jünger-Verlag, Frankfurt/M., Dia-Serie: Die Eiszeitjäger
4) Lascaux – Heiligtum der Eiszeit, Verlag Herder, 1987
5) Verlag Herder: Grundschulbibel, 1975
6) Josef Holzer: Und Gott sprach, Arena-Verlag, Würzburg, 1964
7) Grünewald-Verlag, Gotteslob, Gebet- und Gesangbuch
8) Waltraud Schneider: Getanztes Gebet, Verlag Herder, 1986
9) Dietrich Steinwede: Von der Schöpfung, Ein Sachbilderbuch, Verlag Kaufmann, Lahr, 1972
10) Günther Weber: Die zehn Gebote, Verlag Herder, 1981
11) P. Sebastian Painadath SJ, Dia-Serie „SONNENGEBET", erschienen bei MISSIO, Int. Kath. Missionswerk, Aachen
12) Verantwortung wahrnehmen für die Schöpfung, Gemeinsame Erklärung des Rates der Evangelischen Kirche in Deutschland und der Deutschen Bischofskonferenz, Bachem-Verlag, Köln, 1985

Medium 4.1.1

Wohin gehen wir?

Medium 4.1.2

Lehrerinformation zu Paul Gauguin und seinem Bild: „Woher kommen wir? Was sind wir? Wohin gehen wir?

Paul Gauguin wurde am 7.7.1848 in Paris geboren. 1851 wanderte die Familie nach Peru aus, kehrte 1855 nach Frankreich zurück. 1865 ging Gauguin als Steuermannsmaat zur Handelsmarine. Seine erste Reise führte ihn nach Rio de Janeiro, wo er bereits Eindrücke von exotischen Ländern bekam.
Nach Beendigung seiner Dienstzeit trat er 1871 in eine Börsenmakler-Firma ein. 1874 begann er sonntags zu malen und stellte seine Bilder bei Impressionisten-Ausstellungen aus. 1883 kündigte er seinen Dienst und widmete sich ausschließlich der Malerei. Im Jahr 1888 entstanden seine ersten religiösen Bilder: Jakobs Kampf mit dem Engel (1888), Der gelbe Christus (1889), Selbstbildnis mit gelbem Christus (1890), Gegrüßt seist du Maria (1891), Geburt (1896), ein Weihnachtsmotiv, durch Eingeborene in Tahiti dargestellt.
1891 fuhr er nach Tahiti, kehrte aber bald wieder nach Frankreich zurück, um 1895 erneut nach Tahiti auszureisen. Ab 1896 lebte er dort in Einsamkeit und Krankheit. Er starb 1903.
Das Bild „Woher kommen wir? Was sind wir? Wohin gehen wir?" malte er in einem Zustand tiefster Not als sein Vermächtnis. Dieses Bild legt offen, daß er in Krankheit, Elend und Verzweiflung intuitiv versucht, zu den Quellen seines Lebens vorzudringen. Es ist 4,50 m breit und 1,70 m hoch.
Aussagen des Malers:
Gauguin selbst schreibt dazu: „ ... Ich habe im Angesicht des Todes meine ganze Energie, so viel schmerzliche Leidenschaft unter furchtbaren Umständen hineingelegt und eine so klare Vision ohne Korrekturen wiedergegeben, daß das Hastige zurücktritt und Leben emporsteigt ... Ich habe eine philosophische Arbeit dieses Themas gemalt, das mit dem Evangelium vergleichbar ist ..."
Aus religiöser Sicht betrachtet, finden sich in dem Bild alttestamentliche und neutestamentliche Elemente, verquickt mit Natur und Kultur der Eingeborenen, die im Maler unbewußt hervorbrachen in einer lebensbedrohenden Situation.
Gedanken zur Betrachtung:
Woher kommen wir?
1) Bekleidetes Paar kommt aus dem Dunkel, im Hintergrund des Dunkels leuchten rote Früchte (Dunkel der Vergangenheit – Vertreibung aus dem Paradies)
2) Das Paar geht behutsam miteinander in eine Landschaft: grün-braune Erde, Wasser, Flüsse
3) Vordergrund: Ein helles Paar mit Kind (Geburt, Neuanfang, neues Leben; Assoziation: Geburt Jesu), abgewendete Person

Was sind wir?
1) Mensch greift nach einer Frucht (verbotene Frucht des Paradieses), daneben abgewendete Person, nackt, verschwommenes Gesicht, faßt mit dem Arm schutzsuchend über den Kopf, Blickrichtung hin zu dem Paar in der Dunkelheit (Angst, Verstecken, sich der Nacktheit bewußt werdend)

2) Umgebung: Baum mit leuchtenden Früchten, schöne Landschaft, sattes Grün, Bäume, Wasser, spielende Tiere: Ente, Katzen (Assoziation: Gen. 2, 8–14)

Wohin gehen wir?

1) Junge Frau mit Ziegen, Zeichen der Jugend und Fruchtbarkeit, ebenso im Hintergrund: kalt-graue Statue, Fruchtbarkeitsgöttin oder Todesgöttin der Eingeborenenkultur (von Gauguin „Idol" genannt)
2) Zusammengekauert hockende alte Frau, Arme auf die Knie stützend, Gesicht in den Händen verbergend, sitzt im Dunkel, vor sich eine leuchtend weiße Taube (Dunkel der Zukunft, Taube als Symbol des Friedens)
3) Ein heller Weg, auf den die Schatten des Baumes fallen, trennt die Szene von der fruchtbaren Landschaft, dem Wasser, den Häusern der Menschen

Deutungsimpulse:

Vater und Mutter sind glücklich über das Kind – der erwachsene Mensch greift nach schönen – verbotenen – Früchten, die ihn, der zufrieden in einer schönen Natur lebt, ins Dunkel bringen. Unter viel Mühen und Arbeit geht der Mensch durch die Dunkelheit. Mit einem Gefährten bewältigt er sein Los. Im Alter kommt er zum Nachdenken, sitzt einsam da, sehnt sich nach Frieden und Geborgenheit. (Biblische Motive: Sündenfall, Vertreibung aus dem Paradies, Geburt des Erlösers, Friede im Reich Gottes)

Medium 4.2.1

Sachtext:

Die Religion der Eiszeitjäger

Den Eiszeitjägern dienten Höhlen nicht nur als Wohnung, sondern auch als Gottesdiensträume. In einer Höhle am Säntis (Schweiz) fanden Forscher Holzkohle und Asche, in der zahlreiche Knochenreste von verbrannten Bärentatzen steckten, von denen man annehmen muß, daß sie als Brandopfer dargebracht wurden. Da diese Knochenreste noch gefunden wurden, läßt sich darauf schließen, daß es sich um Opfergaben handelte und nicht um eine Feuerstelle mit Nahrungsresten. Bärentatzen galten nämlich als ein schmackhafter Leckerbissen, von dem nichts mehr übrig geblieben wäre. Daneben fand sich eine Opferkiste (Steintrog mit Platte abgedeckt) mit sieben Höhlenbärenschädeln und Knochen.
Ein Fund bei Hamburg deutet darauf hin, daß auch Rentiere als Erstlingsopfer im See versenkt wurden. Dies ergibt sich daraus, daß im Brustkorb schwere Steine lagen.
In den Höhlen in Frankreich und Spanien wurden die bekannten Malereien an den Wänden entdeckt, die aus der Zeit um 15.000 v.Chr. stammten. Es handelt sich um Bilder von Tieren, auf die Jagd gemacht wurde, die gefährlich waren, aber von den Jägern erlegt werden mußten (Pferde, Stiere, Hirsche). Pfeile bedeuteten, daß man durch die Zeichnung an den Wänden in der nachfolgenden Jagd das Erlegen der Tiere erzwingen wollte. Gott sollte dazu veranlaßt werden, das Tier in die Hand des Jägers zu geben.
Später (etwa 10.000 v.Chr.) fand man einen bäuerlichen Fruchtbarkeitsgott aus Ton. Er trug ein Diadem auf dem Kopf, einen geschmückten Gürtel und einen Glockenrock.

(Aus Dia-Serie, Jünger-Verlag, Frankfurt, „Die Eiszeitjäger")

Medium 4.3.1

Vom Aufgang der Sonne

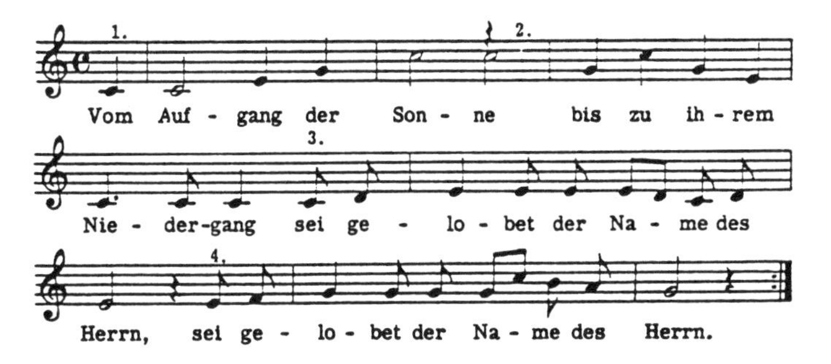

Die Ausgangsposition der Tanzenden ist beliebig.

Vom Aufgang der Sonne bis zu ihrem Niedergang

Alle stehen in gebückter Haltung, beide Arme sind an der linken Seite gestreckt neben den Beinen. Es wird mit den Armen ein weiter Kreis über den Kopf – die Tanzenden richten sich dabei auf – bis zur rechten Seite neben den Beinen beschrieben, wobei dann wieder eine gebückte Haltung eingenommen wird.

sei gelobet der Name des Herrn

Sich aufrichten und die Arme langsam nach oben heben.

sei gelobet der Name des Herrn

Langsam um sich selbst drehen und die Arme dabei nach oben gestreckt lassen.

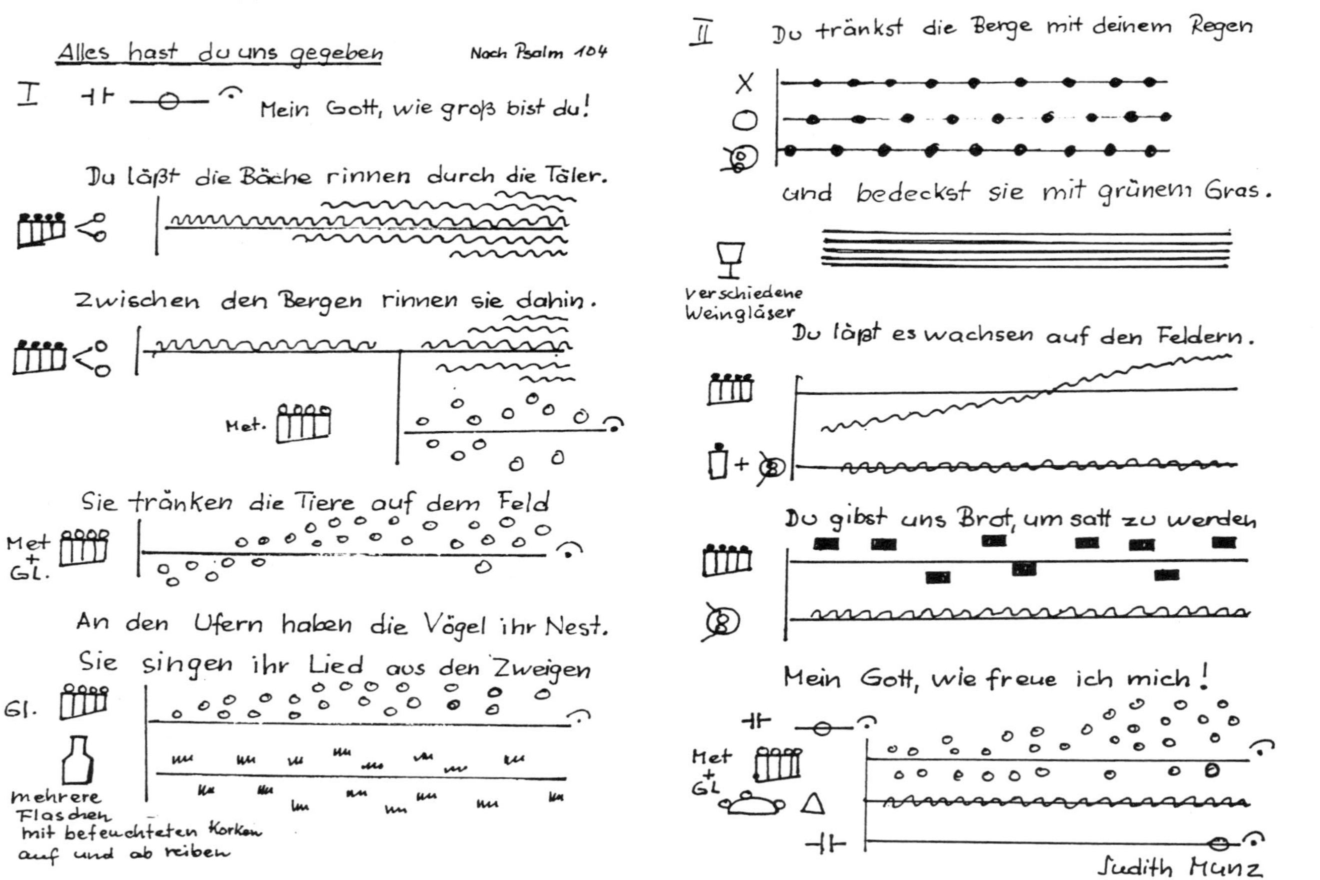
Alles hast du uns gegeben
Nach Psalm 104
I
Mein Gott, wie groß bist du!
Du läßt die Bäche rinnen durch die Täler.
Zwischen den Bergen rinnen sie dahin.
Met.
Sie tränken die Tiere auf dem Feld
Met + Gl.
An den Ufern haben die Vögel ihr Nest.
Sie singen ihr Lied aus den Zweigen
Gl.
mehrere Flaschen mit befeuchteten Korken auf und ab reiben
II
Du tränkst die Berge mit deinem Regen
X
und bedeckst sie mit grünem Gras.
verschiedene Weingläser
Du läßt es wachsen auf den Feldern.
Du gibst uns Brot, um satt zu werden
Mein Gott, wie freue ich mich!
Met + Gl
Judith Munz

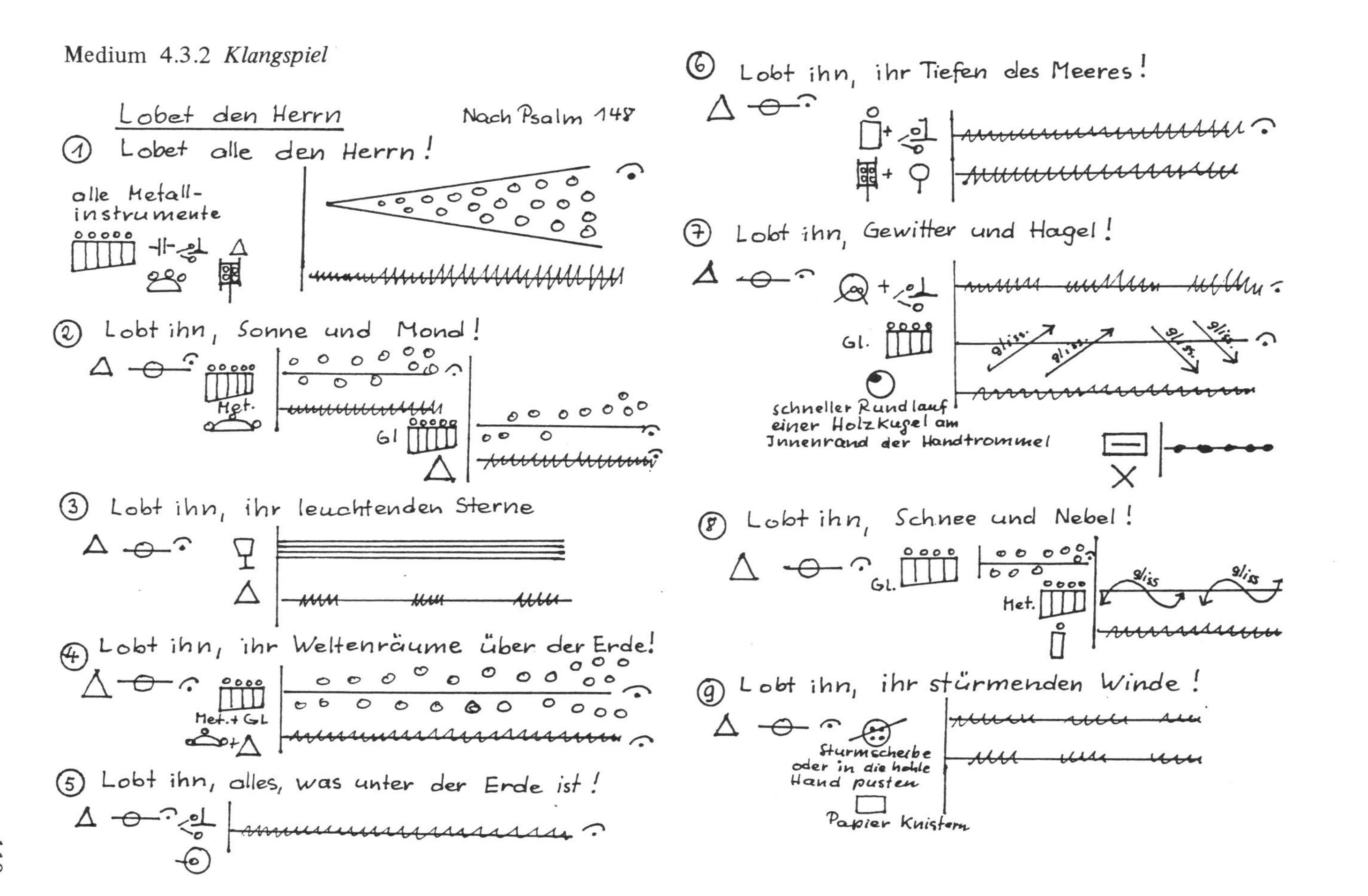
Lobet den Herrn
Nach Psalm 148
① Lobet alle den Herrn!
alle Metall-instrumente
② Lobt ihn, Sonne und Mond!
Met.
Gl
③ Lobt ihn, ihr leuchtenden Sterne
④ Lobt ihn, ihr Weltenräume über der Erde!
Met.+Gl
⑤ Lobt ihn, alles, was unter der Erde ist!
⑥ Lobt ihn, ihr Tiefen des Meeres!
⑦ Lobt ihn, Gewitter und Hagel!
Gl.
gliss.
schneller Rundlauf einer Holzkugel am Innenrand der Handtrommel
⑧ Lobt ihn, Schnee und Nebel!
Gl.
Met.
gliss
⑨ Lobt ihn, ihr stürmenden Winde!
Sturmscheibe oder in die hohle Hand pusten
Papier Knistern

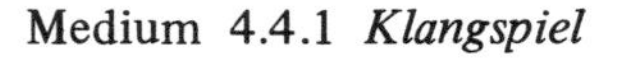

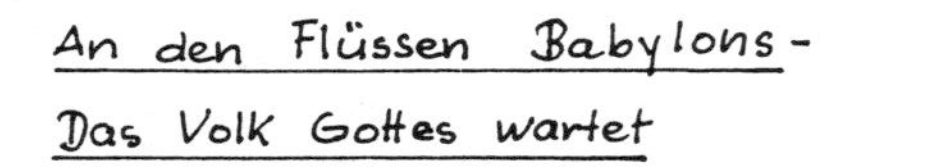

An den Flüssen Babylons – Das Volk Gottes wartet

① Wir sitzen an den Flüssen Babylons
und klagen,
klagen schon seit Tagen!

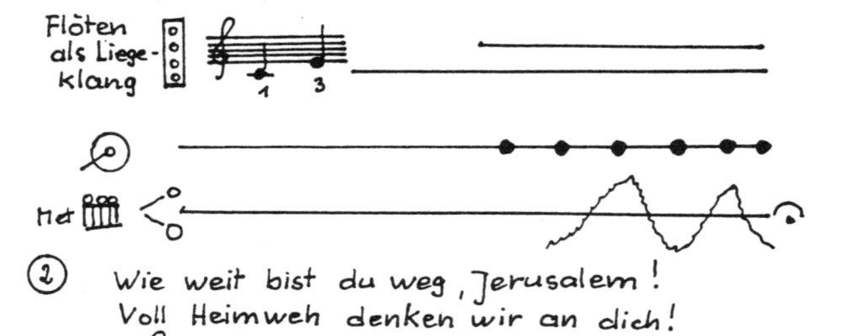

② Wie weit bist du weg, Jerusalem!
Voll Heimweh denken wir an dich!

Met
1 4 6

halbierte Kokosnußschalen versetzt gegeneinander-schlagen

③ An den Pappeln hängen unsere Harfen.

Gitarre oder gebasteltes Saiteninstrument oder Eierschneider (Saiten zupfen)

Papier rascheln

④ Wir spielen nicht, weil wir traurig sind.

⑤ Unsere Wächter ermuntern uns:
„Singt doch ein Lied!
Singt ein Lied von Zion!

Flöten

Melodie: Gotteslob Nr. 110
Teil A in C Dur
„Wachet auf, ruft uns die Stimme.

⑥ Geknechtet in fremden Ländern
müssen wir leben!
Verstummt sind unsere Kehlen!
Wie sollen da unsere Gotteslieder erklingen?

⑦ Sollte ich dich, Jerusalem, vergessen,
dann sterbe mir die rechte Hand ab.

Gl.

⑧ Sollte ich nicht an dich denken,
dann bleibe mir die Zunge am Gaumen
kleben.

Met + Gl

gliss. gliss. gliss.

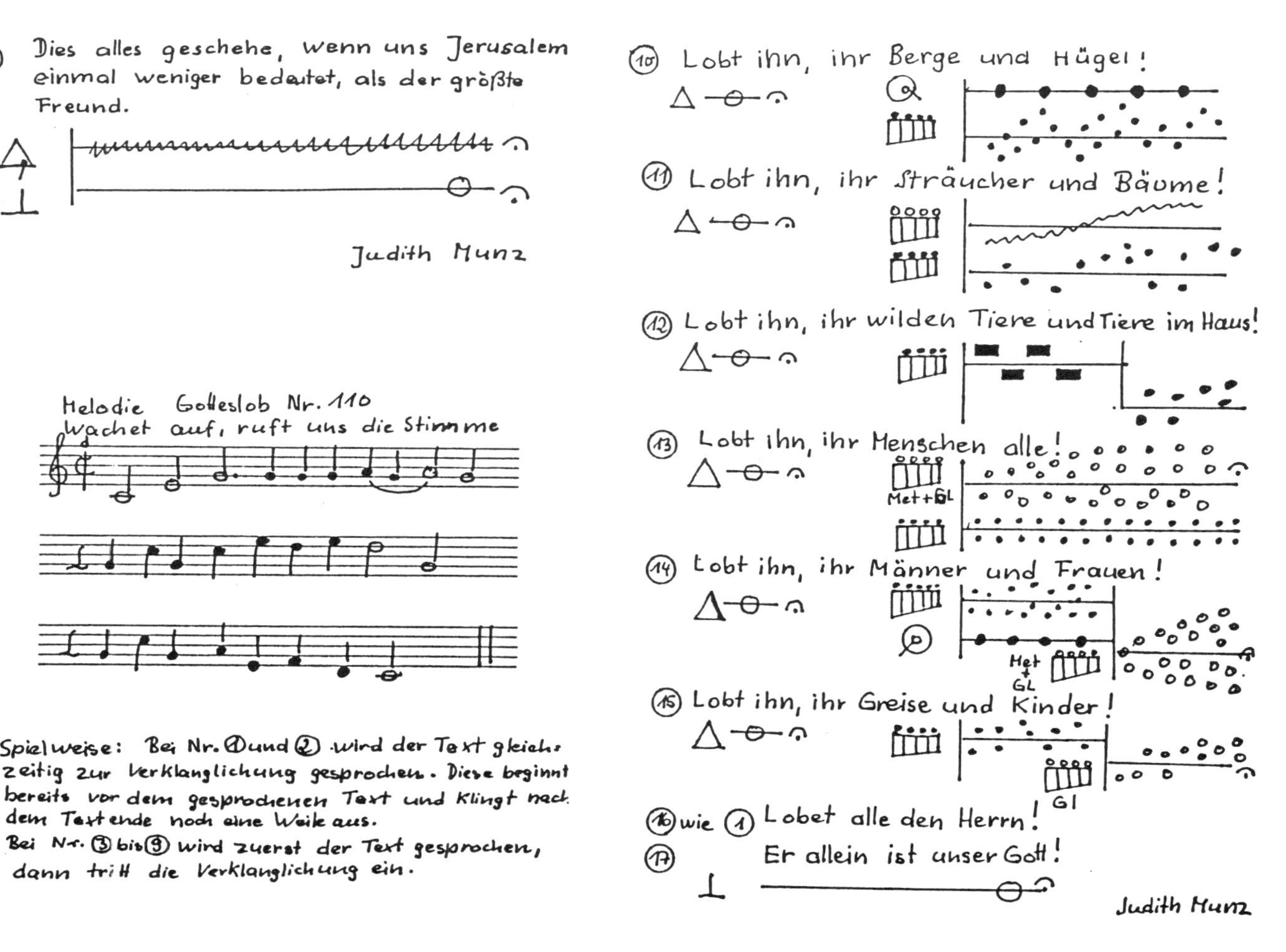

9 Dies alles geschehe, wenn uns Jerusalem einmal weniger bedeutet, als der größte Freund.
Judith Munz
Melodie Gotteslob Nr. 110
Wachet auf, ruft uns die Stimme
Spielweise: Bei Nr. 1 und 2 wird der Text gleichzeitig zur Verklanglichung gesprochen. Diese beginnt bereits vor dem gesprochenen Text und klingt nach dem Textende noch eine Weile aus.
Bei Nr. 3 bis 9 wird zuerst der Text gesprochen, dann tritt die Verklanglichung ein.
10 Lobt ihn, ihr Berge und Hügel!
11 Lobt ihn, ihr Sträucher und Bäume!
12 Lobt ihn, ihr wilden Tiere und Tiere im Haus!
13 Lobt ihn, ihr Menschen alle!
Met + GL
14 Lobt ihn, ihr Männer und Frauen!
Met + GL
15 Lobt ihn, ihr Greise und Kinder!
Gl
16 wie 1 Lobet alle den Herrn!
17 Er allein ist unser Gott!
Judith Munz

Medium 4.5.2

Skizze einer Kerze
(mit farbigem Wachs verziert)

Rückseite der Kerze

Medium 4.6.2

SONNENGEBET

Herr, ich stehe hier
am Beginn deines neuen Tages.
Ich atme und sehe dein Licht.
Ich spüre dich, denn du bist in
mir und ich bin in dir.

Herr, ich stehe ausgespannt in dir.
Laß mich die Spannungen des heutigen
Tages ertragen:
die Spannungen der Seele,
die Spannungen des Geistes,
die Spannungen des Leibes

In tiefer Ehrfurcht verneige ich mich.

Ich stehe in den „Startlöchern"
zu deinem Tage:
mit dem rechten Bein,
mit dem linken Bein.

In beiden Beinen spüre ich die Kraft
für den neuen Tag.

Herr, ich neige mich deiner Erde zu.

Ich darf heute dein Licht schauen.

Herr, ich will eine Brücke bauen
von Mensch zu Mensch.

Herr, ich will bereit sein, deine
Liebe zu empfangen.

Ich schenke mich dir ganz und gar:
meine Füße, meine Beine,
meinen Leib, mein Herz, meinen Atem,
mein Sprechen und Singen, mein Sehen,
meine Gedanken.

Herr, laß all meine Kräfte brennen
am heutigen Tag, wie Flammen!

Herr, laß mich leuchten wie eine Kerze.

Herr, segne durch mich das Firmament
mit allem, was in ihm lebt,
allen Tieren und Pflanzen, die ganze
Erde mit ihren Mineralien,
alle lebenden Menschen, die Geborenen
und die Ungeborenen und auch die Toten.

Herr, ich bin da!

(nach P. Sebastian Painanath SJ, in MISSIO,
Aachen)

5. Vom Schuldigwerden, Umkehren und Vergeben

VON ROSEMARIE REHM-STEPHAN

I. ANALYSE

Kapitel 5 hat zum Inhalt Sünde und Schuld, Umkehr und Versöhnung. Der schulische Religionsunterricht greift hier unterstützend ein Thema auf, das an die Kinder herangetragen wird bei der Hinführung zur Erstkommunion und Erstbeicht.
In einer Zeit, in der ein mangelndes Schulbewußtsein herrscht, in der „Schuld und gar Sünde ... seltene Fremdwörter geworden" sind (Karl Lehmann: Die Gnade, ein anderer zu werden, Mainz, 1986), müssen die Kinder wieder akzeptieren lernen, daß Menschen schuldig werden können. Kapitel 5 hat zum Ziel, Schuld bewußt zu machen, die Kinder dafür zu sensibilisieren, daß durch Schuld – auch geringe – anderen Schaden erwachsen kann. Entsprechend dem Wort Jesu: „Alles, was ihr also von anderen erwartet, das tut auch ihnen" (Mt 7, 12) und der daraus entstandenen Goldenen Regel „Was du nicht willst, das man dir tu, das füg auch keinem anderen zu", sollen sich die Kinder auseinandersetzen mit ihnen von anderen zugefügtem Unrecht und dem Unrecht, das anderen durch sie erwachsen ist. Dazu gehört still werden, nach außen und innen horchen und der Versuch, Schwierigkeiten zunächst aufzuschreiben, um die Bereitschaft zu fördern, mit ihnen verbal umzugehen.
Am Beispiel der Schuld König Davids gegen Urija erkennen die Schüler, daß auch von Gott auserwählte Menschen sich vergehen können. Das Nathan-Gleichnis vom einzigen Lämmchen dürfte ihren Verständnismöglichkeiten entgegenkommen und ihnen eindrucksvoll zeigen, wie schmerzlich das Unrecht für den Betroffenen ist. – Was Sünde und Schuld auch im eigenen Leben des Sünders anrichten können, erfahren die Schüler anhand des gekürzten Berichtes Gen. 3, 1–23, dessen Bild-Sprache ihnen erschlossen wird, so daß der archetypische Charakter des Textes für sie durchsichtig ist. Der Hinweis auf die Befreiung vom Bösen durch Jesus Christus wird eingebracht mit dem Text Gen. 3, 15 und so die Brücke gebaut zum Handeln Jesu und zu seinem göttlichen Auftrag.
In der Wiederholung des Gleichnisses vom verlorenen Sohn (besser: Parabel vom barmherzigen Vater) – das Assoziationsmöglichkeiten bietet zu den beiden anderen Gleichnissen bei Lk. 15 von dem verlorenen Schaf und der verlorenen Drachme – wird noch einmal deutlich, wie sehr die Freude über das Wiederfinden des Verlorenen im Vordergrund steht. Mittelpunkt der Erzählung ist eindeutig der barmherzige Vater, nicht der verlorene Sohn und seine Leistungen. Die voraussetzungslose und bedingungslose Wiederaufnahme durch den Vater zeigt den Kindern, wie Gott vergibt, wie Jesus vergibt, der sagt: „Ich und der Vater sind eins" (Joh. 10, 30). Das Befreiende, Heilende, das durch Jesu Kreuz und Auferstehung für die Menschen möglich ist, bedarf des Weitersagens und des Weitertragens. So wird der Auftrag für jeden einzelnen wichtig, seinem Nächsten zu vergeben. Besonders hervorgehoben wird Jesu Auftrag an die Apostel zur Sündenvergebung (Joh. 20, 19–23).
Schluß- und Höhepunkt des Kapitels, auf den die vorangehenden Einheiten korrelierend

hingeordnet sind, ist das Angebot des Bußsakraments als Zeichen der Versöhnung, zu dem die Kinder eingeladen sind, das sie zuversichtlich und vetrauensvoll empfangen sollen.
Zum Zeitpunkt des Einsatzes von Kapitel 5 sollte der Gemeindepfarrer in Kooperation mit dem Religionslehrer mit den Schülern Kontakt aufnehmen, um das Vertrauensverhältnis zwischen Lehrern, Schülern, Pfarrei und Eltern positiv auf- und auszubauen. Das, was der Religionslehrer nicht leisten kann, nämlich Wegbegleiter für das Kind über längere Zeit zu sein, gibt dem Pfarrer die Chance zum personalen Engagement. Er kann die „Angst nehmen ... zugunsten ... jener vorurteilslos, bedingungslos vergebenden auf Aufnahme bereiten Liebe, in der der Priester den barmherzigen Vater repräsentieren soll" (Alfred Mertens: Umkehr und Versöhnung nach dem Neuen Testament, in „aktuelle information", Mainz, 1982).
Abschließend sei noch zitiert aus dem Beschluß der Gemeinsamen Synode der Bistümer in der Bundesrepublik Deutschland: Unsere Hoffnung. Ein Bekenntnis zum Glauben in dieser Zeit, Freiburg, 1982: „Der Glaube an die göttliche Vergebung, die in den vielfältigen Formen des kirchlichen Dienstes, vor allem auch in der sakramentalen Buße, ihren Ausdruck findet, führt uns nicht in die Entfremdung von uns selbst. Er schenkt die Kraft, unserer Schuld und unserem Versagen ins Auge zu sehen und unser schuldiggewordenes Leben auf eine größere heilige Zukunft hin anzunehmen. Er macht uns frei."

II. LERNZIELBESTIMMUNGEN

Grobziel

Akzeptieren, daß Menschen schuldig werden können, daß sie nicht in der Schuld verstrickt bleiben müssen, sondern daß Abkehr von der Schuld möglich ist, daß die Schuld vergeben werden kann.

Feinziele

1 – Herausfinden, daß unerfüllte Wünsche dazu führen können, sich etwas zu nehmen, was einem anderen gehört, daß ihm dadurch Schaden zugefügt wird und daß diese Schuld zur Last werden kann, wenn sie nicht eingestanden wird
– Sich darüber klar werden, daß nicht alle Wünsche erfüllbar sind
– Lernen, sich in die Situation des Geschädigten zu versetzen
– Sich bewußt werden, daß wir Schaden anrichten können
– Erkennen, daß es schwer ist, Schuld einzugestehen
– Versuchen, Schwierigkeiten aufzuschreiben

2 – Am Beispiel von König David und Batseba erkennen, daß Menschen sich weit von Gott entfernen, ab-sondern können durch die Sünde; daß die Schuld, die sie auf sich laden, Folgen hat; daß diese Folgen Einsamkeit und Unglück sind
– Hören, daß auch von Gott auserwählte Menschen sich in Schuld verstricken können
– Lernen, daß Bewußtmachen einer Schuld durch einen Vergleich geschehen kann, der den Betroffenen zur Erkenntnis zwingt
– Einsamkeit als Folge von ab-sondern – Sünde erkennen

– Lernen, die eigene Ab-sonderung einzuordnen

3 – Anerkennen, daß es zum eigenen und zum Schutz anderer Gebote geben muß. Einsehen, daß alle Menschen gegen die Gebote Gottes immer wieder verstoßen, daß sie ihre Schuld aber vor Gott und den Mitmenschen bekennen und auf Hilfe vertrauen dürfen
– Erkennen, daß Eltern Verbote aufstellen müssen, um Schaden von den Kindern abzuwenden
– Erkennen, daß die Menschen der Sünde verfallen, wenn sie sich nicht an die Gebote halten
– Wissen, daß alle Menschen schuldig werden können, daß sie dies vor Gott und den Mitmenschen zugeben und auf Hilfe vertrauen dürfen

4 – Erkennen, daß Schuld nicht bleiben muß, daß Schuld und Sünde überwunden werden kann; lernen, daß durch Jesu Tod am Kreuz und seine Auferstehung das Böse überwunden wird und neues Glück, neue Freude, neuer Friede durch die Liebe möglich ist
– Die Bedeutung der „Schlange" am Beispiel einer Marienstatue erkennen
– Das Bild der „Schlange" in der Bibel als Symbol für das Böse, die Verführung kennenlernen
– Lernen, daß durch Jesu Tod und Auferstehung die Schuld der Menschen überwunden wird und neues Glück möglich ist

5 – Die Schüler lernen an Beispielen aus dem Alten und Neuen Testament darauf vertrauen, daß die Liebe Gottes größer ist als die Schuld der Menschen, daß Jesus ins Innere der Menschen sieht, sie annimmt und auf den rechten Weg führt
– Lernen, daß Jesus den Menschen ins Herz schaut
– Emotionales Erfassen der Perikope Lk 19, 1–10 (Zachäus)
– Weitere Beispiele finden, bei denen von „Verloren" und „Gefunden" gesprochen wird
– Erfassen, wie Künstler das Thema „Umkehr" darstellen
– Erfahren, daß auch im AT schon von der Liebe Gottes und der Umkehr des Menschen geschrieben steht

6 – Erfahren, daß Jesus uns den Weg zum Heil zeigt, indem wir umkehren und verzeihen lernen
– Erkennen, daß Schuld eingestehen und Verzeihen bedeutet: Erleichterung, Vertrauen, Verbundenheit
– Erkennen, daß Jesus den Menschen den Weg zum Heil zeigt

7 – Die Schüler erkennen den Auftrag Jesu, daß auch sie vergeben müssen, weil ihnen vergeben wird. Ihnen wird bewußt gemacht, wie schwierig es ist, einander zu verzeihen und um Verzeihung zu bitten, aber auch, wie befreiend die gegenseitige Vergebung ist
– Erkennen, daß wir ebenso verzeihen müssen, wie uns verziehen wird
– Bewußtmachen der Schwierigkeit, zu vergeben und um Vergebung zu bitten
– Erfahren, daß die Apostel den Auftrag Jesu zur Verzeihung weitertragen

8 – Die Schüler erfahren, daß Jesus den Auftrag des Vaters, Sünden zu vergeben an die Apostel weitergibt, daß dieser Auftrag in der Kirche im Bußsakrament weiterlebt, daß sie darauf vertrauen dürfen, daß ihnen alle Schuld vergeben wird, wenn sie umkehren
– Lernen, daß Jesus den Sendungsauftrag vom Vater an die Jünger weitergibt, daß er

ihnen Vollmacht gibt, Sünden zu erlassen; aufmerksam werden auf den Friedensgruß im Gottesdienst als Zeichen der Versöhnung
- Der Freude über die Geistsendung und die Gemeinschaft Ausdruck verleihen durch Singen und Musizieren
- Darauf vertrauen lernen, daß alle Schuld vergeben werden kann

III. UNTERRICHT

Grobziel:

Akzeptieren, daß Menschen schuldig werden können, daß sie nicht in der Schuld verstrickt bleiben müssen, sondern daß Abkehr von der Schuld möglich ist, daß die Schuld vergeben werden kann

Erste Unterrichtseinheit: Vom Schuldigwerden, Umkehren und Vergeben (S. 74/75)

Inhalte (I) und Ziele (Z)	*Methoden (M) und Medien (Me)*

Z: Herausfinden, daß unerfüllte Wünsche dazu führen können, sich etwas zu nehmen, was einem anderen gehört, daß ihm dadurch Schaden zugefügt wird und daß diese Schuld zur Last werden kann, wenn sie nicht eingestanden wird

Anfangsphase I: Etwas haben wollen, das einem anderen gehört Z: Sich darüber klar werden, daß nicht alle Wünsche erfüllbar sind	M: U-Gespräch Impulse: Manchmal wünscht man sich etwas, das man bei einem anderen sieht – Puppe, Fahrrad, Mäppchen, Stift, Geld Wie kann man es bekommen? Sich schenken lassen, kaufen lassen, tauschen ... Irgendwann sagt Mutter: Nein, es ist genug, das kaufen wir nicht. Das andere Kind sagt: Nein, ich verschenke es nicht, ich will auch nicht tauschen – Das müssen wir hinnehmen. Manchmal aber ist die Versuchung überstark, es nicht hinzunehmen, sondern es uns zu nehmen, uns etwas zu nehmen, was uns nicht gehört.
Erarbeitung I: Eigene Erfahrungen der Schüler Z: Lernen, sich in die Situation des Geschädigten zu versetzen	Wie ist es bei euch? Wart ihr schon einmal in Versuchung, etwas zu nehmen? Ist euch schon einmal etwas genommen worden, das

ihr liebhattet? Wie seid ihr damit fertiggeworden?
M: Lehrervortrag
Wir erinnern uns daran, daß wir gelernt haben: „Ein tiefer Graben, merk dir fein, liegt immer zwischen MEIN und DEIN."
(Falls nicht bekannt, an li. Tafelseite schreiben und wie folgt besprechen:)
Dabei ging es um die Gegenstände auf dem Nachbartisch im Klassenzimmer, darum, daß einer zu Hause seinen Radiergummi/sein Buch nicht finden konnte, weil der Nachbar es aus Versehen oder weil es ihm so gut gefiel, eingesteckt hatte. Er mußte sich einen neuen Radiergummi kaufen – und hatte den Schaden. – Oft bleibt der Schaden gering, und die Schuld bleibt klein, die einer hat. Es kann aber auch anders sein.

Vertiefung
I: Wir sind schuld, daß anderen Schaden entsteht
Z: Sich bewußtwerden, daß wir Schaden anrichten können

M: Schülervortrag
Immer wieder geschieht es, ob wir es gewollt haben oder nicht: Wir sind schuld, daß ein Schaden entstanden ist. Wir sind schuld, daß ein Unheil ... Deshalb versuchen wir Menschen, von der Schuld frei zu werden.
Me: WwMl S. 75 o.

Ergebnissicherung

TA: Schuld kann uns bedrücken wie eine schwere Last.
M: Stillbeschäftigung: Abschreiben der TA
M: Erfahrungsberichte der Schüler
Impuls: Wie kann man frei werden von der Schuld? Wann ist es euch schon leichter geworden, nachdem ihr etwas mit euch herumgeschleppt hattet?
(Angst vor Strafe – der Mutter erzählen – Angst überwinden – dem Vater berichten – eingestehen – zugeben)
M: Lehrer stellt fest, daß manche Kinder die gleichen Erfahrungen gemacht haben, daß keiner allein dasteht mit seinen Schwierigkeiten

Erweiterung
I: Verschiedene Weisen, von der Schuld frei zu werden
Z: Erkennen, daß es schwer ist, Schuld einzugestehen

M: Schülervortrag
Auf vielerlei Weise versuchen wir, von der Schuld frei zu werden:
– Wir machen die Schuld kleiner, als sie ist...
– Wir wollen nicht an die Schuld erinnert

werden ...
– Wir versuchen, die Schuld auf andere zuschieben ...
Me: WwMl S. 75 m

Stilleübung

M: Sitzkreis oder Teppich: Alle Kinder werden ganz leise und achten auf Geräusche von außen: Vogelzwitschern, Autobrummen, Wassertropfen

Realisierung
I: Praktische Übung zur Problembewältigung
Z: Versuchen, Schwierigkeiten aufzuschreiben

M: Lehrerimpuls: Wir wollen jetzt noch eine Weile ganz still bleiben und nachdenken, ob uns etwas bedrückt. – Wer will, nimmt einen Zettel, schreibt es darauf (ohne Namen), malt etwas schönes dazu und steckt es in das Kästchen, das unter dem Kreuz steht. Wir schenken es Jesus.
Me: Bereitgelegte gleichgroße Zettel evtl. farbig; rundum schön beklebter Schuhkarton (verschlossen bis auf einen Schlitz) – bei gut bekannter Klasse! –

Zweite Unterrichtseinheit: Das ist gegen Gott (S. 75/76/77)

Inhalte (I) und Ziele (Z) — *Methoden (M) und Medien (Me)*

Z: Am Beispiel von König David und Batseba erkennen, daß Menschen sich weit von Gott entfernen, ab-sondern können durch die Sünde; daß die Schuld, die sie auf sich laden, Folgen hat; daß diese Folgen Einsamkeit und Unglück sind.

Anfangsphase
I: Frei werden von Schuld

M: Lehrervortrag
Die Fragen nach der Schuld und danach, wie Schuld überwunden werden kann und wie Menschen von der Schuld frei werden können, spielen in allen Religionen eine große Rolle. ... Davon wollen wir jetzt etwas lernen.
Me: WwMl S. 75 u.

Erarbeitung
I: David und Batseba
Z: Hören, daß auch von Gott auserwählte Menschen sich in Schuld verstricken können

M: Wiederholendes Lehrgespräch
Impulse: Erinnert euch an David. Gott hatte ihn auserwählt. Samuel salbte ihn zum König von Israel. Wichtigste Eigenschaft Davids: sein gutes Herz. „Gott sieht nicht auf das, worauf der Mensch sieht. Der Mensch sieht nur das Gesicht. Gott aber sieht das Herz." David war ein mächtiger

König. Er gewann große Schlachten und brachte den Stämmen Israels Einigkeit. Er eroberte die Stadt Jerusalem und überführte die Bundeslade in die Hauptstadt. Er erhielt von Gott die Verheißung durch den Propheten Natan, daß sein Königtum auf ewig Bestand haben solle. –
Eines Abends ging er auf dem flachen Dach seines Königspalastes hin und her ...
Me: WwMl S. 76
M: Lehrervortrag nach vorbereiteter Tafelzeichnung oder unmittelbare Sprechzeichnung
Me: 5.2.1

Vertiefung
I: Die Schuld Davids

M: Schüler erzählen die Geschichte nach anhand der Tafelzeichnung
M: Unterrichtsgespräch
Impulse: König David, den Gott so sehr liebte, lud eine schwere Schuld auf sich (Ehebruch, Mord). David verstieß damit gegen mehrere Gebote, die der Herr Mose am Berg Sinai gab (5. Du sollst nicht morden, 6. du sollst nicht ehebrechen, 7. Du sollst nicht stehlen – etwas wegnehmen – 9. Du sollst nicht begehren deines Nächsten Frau)

Ergebnissicherung

David wird schuldig an Urija, aber auch schuldig vor Gott.
Er spricht ein hartes Urteil.

Erweiterung
I: Deutung des Natan-Gleichnisses
Z: Lernen, daß Bewußtmachen einer Schuld durch einen Vergleich geschehen kann, der den Betroffenen zur Erkenntnis zwingt

M: Lehrgespräch
Impulse: Der Prophet Natan hält David seine Schuld vor Augen, indem er ihm ein *Gleichnis* erzählt. Er ver*gleicht* Davids Handlungsweise mit dem Unrecht, das ein reicher Mann an einem armen begeht
Erzählt – vergleicht – unterstreicht!
Me: WwMl S. 76 m
TA:

Der reiche Mann	David
viele Schafe und Rinder	Besitz und viele Frauen
der Arme	Urija
ein kleines Lamm	einzige Frau Batseba
aufziehen mit seinen Kindern	liebevoll behüten

	Schaf wegnehmen zum Schlachten — seiner großen Schar Untertanen hinzufügen seinen Besitz vermehren, sich bereichern am Gut der Ärmsten
	M: Stillbeschäftigung: Abschreiben der TA
Emotionales Erfassen I: Musikalische Gestaltung des Gleichnisses	M: Klangspiel Me: 5.2.2
Schlußphase I: Schuld bedeutet sich ab-sondern, sündigen	M: Lesen und besprechen: Diese Geschichte aus der Bibel erzählt von einer schweren Schuld, ... Die Schuld kann uns Menschen von Gott entfernen (ab-sondern). Deshalb gebraucht die Bibel für das Wort „Schuld" meist das Wort „Sünde". Me: WwMl S. 77 o.
Ergebnissicherung	TA: *Sündigen* bedeutet: sich ab-*sondern,* sich ab-wenden, nicht mehr richtig miteinander eins sein, nicht mehr *einig* sein, etwas tun, was die Liebe gefährden oder sogar zerstören kann. M: Stillbeschäftigung: Abschreiben der TA
Bildbetrachtung I: Einsam sein Z: Einsamkeit als Folge von ab-sondern – Sünde erkennen	Me: WwMl S. 77 - Bild M: Unterrichtsgespräch Impulse: einsam, hinter Wand/Vorhang, im Dunkel, nachdenklich, unglücklich, zerzaust Fingernägel kauen, ins Leere blicken – in sich hineinblicken, Lösung suchen, Umkehr möglich? –
Transfer I: Meine Einsamkeit Z: Lernen, die eigene Ab-sonderung einzuordnen	M: Rückblick auf *Transfer 1.* U-Einheit (5.1) und Weiterführung: Erinnere ich mich an eine Situation, in der es mir erging wie dem Mädchen auf dem Bild? Im Sitzkreis aussprechen oder Zettel in Kasten wie *Realisierung 1.* U-Einheit (5.1)

Dritte Unterrichtseinheit: Was durch die Sünde zerstört werden kann (S. 78/79)

Inhalte (I) und Ziele (Z)	*Methoden (M) und Medien (Me)*

Z: Anerkennen, daß es zum eigenen und zum Schutz anderer Gebote geben muß. Einsehen, daß alle Menschen gegen die Gebote Gottes immer wieder verstoßen, daß sie ihre Schuld aber vor Gott und den Mitmenschen bekennen und auf Hilfe vertrauen dürfen.

Anfangsphase I: Das Bild vom Paradies	M: Bildbetrachtung Me: WwMl S. 78 o.r. Lehrerimpuls: Diese Zeichnung erinnert uns an ein Bild, das wir schon im 3. Schulj. gesehen haben (WwMl 3, S.44, LK 3,11). Wie sich die Menschen das Paradies vorstellten: Alle sind eins – Menschen, Tiere, Gestirne, Wasser, Land – von Gott erschaffen – Geschöpfe Gottes. Das Paradies ist das Bild von einer Welt, in der die Menschen mit Gott verbunden sind, in der Gott für sie sorgt, wie ein guter Vater für seine Kinder.
Erarbeitung I I: Der gute Vater oder die gute Mutter versuchen, ihr Kind vor dem Unheil zu bewahren Z: Erkennen, daß Eltern Verbote aufstellen müssen, um Schaden von den Kindern abzuwenden	M: Lehrererzählung Wie sorgt ein guter Vater für sein Kind? Ein Vater steht mit seinem kleinen Sohn am Straßenrand. Der Sohn will rasch über die Straße, weil auf der anderen Seite der Eismann steht. Läßt der Vater, der sein Kind sehr lieb hat, es laufen, um ihm die Freude zu machen, so rasch wie möglich Eis schlecken zu können? Er macht es auf den Verkehr aufmerksam. Er erklärt ihm die Regeln. Er hält es fest. Er verbietet ihm loszulaufen. Er verhält sich so, – nicht, weil er dem Kind das Eis nicht gönnt oder zu geizig ist. Er will es davor bewahren, daß es im Straßenverkehr zu Schaden kommt. Sein Verhalten bedeutet: Schutz, Hilfe, Liebe. Auch wenn es dem Kind schwerfällt, zu gehorchen, wird es einsehen, daß der Vater es vor einem Unfall, vor Unheil beschützen will. M: Unterrichtsgespräch Erfahrungsberichte der Schüler zu Verkehrs-Situationen; Erweiterung des Erfahrungsfeldes: Berichte zu Situationen beim

Baden, im Haushalt, in der Schule, auf dem Spielplatz, beim Sport ...

Ergebnissicherung

TA: Der gute Vater oder die gute Mutter lehren ihr Kind, sich an Regeln zu halten, um es vor Schaden zu bewahren.

Erarbeitung II
I: Der Sündenfall
Z: Erkennen, daß die Menschen der Sünde verfallen, wenn sie sich nicht an die Gebote halten

M: Lehrervortrag
Die Israeliten erzählen in der Bibel eine „Bildgeschichte". Sie erzählen in „Bildern", wie Gott, der Vater, die Menschen vor Unheil bewahren will und was Sünde und Schuld im Leben der Menschen anrichten können, wenn sie sich nicht an die Regeln, die Gebote halten.
Gleich am Anfang der Bibel steht eine geheimnisvolle Geschichte ...
„Die Schlange sagte zu der Frau ... Gott der Herr schickte den Menschen aus dem Paradiese weg, damit er den Acker bearbeite."
Me: WwMl S. 78
M: Spontanäußerungen der Schüler

Vertiefung
I: Darstellendes Spiel

M: Lesen mit verteilten Rollen,
evtl. Rollenspiel
Me: Gen. 3, 1–23
Me: 5.3.1

I: Bild von der Vertreibung

M: Bildbetrachtung
Impulse: Engel mit Schwert, abweisende Handbewegung, aufgerichtete Flügel, Bewegung der Füße in Richtung Flüchtende, zwei gebeugte Menschen, abgewendet, nackt, laufen weg in die Dunkelheit, Engel ebenfalls dunkel, aber von mehr Licht umgeben, starker Hell-Dunkel-Kontrast, kantige Strichführung
Assoziation: Me 4.1.1 Woher kommen wir?
... Mensch greift nach einer schönen Frucht inmitten freundlicher Landschaft, Menschen und Tiere in Frieden, ein Paar kommt aus dem Dunkel ...
M: Unterrichtsgespräch zum Text
Gen 3,1–23
Bedeutung der einzelnen Bilder: Paradies, Mann und Frau, vom verbotenen Baum essen, Dornen und Disteln, Schweiß und Mühsal
Me: WwMl S. 79 o.

Ergebnissicherung

TA: Der gute Gott will, daß die Menschen sich an seine Gebote halten, um sie vor Unheil zu bewahren.
Wenn Menschen die Gebote übertreten, werden sie schuldig. Sie zerstören das Glück. Sie zerstören die Freude. Sie zerstören den Frieden. Sie zerstören das Vertrauen. Sie zerstören die Liebe.
Durch Schuld entfernen sie sich von Gott. Sie sondern sich ab. Sie sündigen gegen Gott. Die Sünde schafft Unheil.
M: Stillbeschäftigung: Abschreiben der TA

Gebetserziehung

M: Umformulieren der TA im Gebet:
Guter Gott,
du willst, daß wir uns an deine Gebote halten, um uns vor Unheil zu bewahren. Wenn wir deine Gebote übertreten, werden wir schuldig.
Wir zerstören das Glück.
Wir zerstören die Freude.
Wir zerstören den Frieden.
Wir zerstören das Vertrauen.
Wir zerstören die Liebe.
Durch die Schuld entfernen wir uns von dir. Wir sondern uns ab. Wir sündigen gegen dich. Die Sünde schafft Unheil.
M: Gebet übertragen auf Arbeitsblatt
Me: 5.3.2 Arbeitsheft

Realisierung
I: Das Schuldbekenntnis der Kirche
Z: Wissen, daß alle Menschen schuldig werden können, daß sie dies zugeben können vor Gott und den Mitmenschen und auf Hilfe vertrauen dürfen

M: Lehrervortrag
Weil wir immer wieder schuldig werden gegenüber Gott und den Mitmenschen, weil wir immer wieder Unrecht tun und versäumen, Gutes zu tun, beten wir im Gottesdienst zu Beginn: Ich bekenne Gott, dem Allmächtigen und allen Brüdern und Schwestern ...
M: Schüler lesen nach, sprechen nach
HA: Abschreiben des Schuldbekenntnisses, auswendig lernen
Me: Gotteslob Nr. 353, 4
M: Kyrie-Ruf singen
Me: 1.8.2

Vierte Unterrichtseinheit: Wie Schuld geheilt werden kann (S. 80–82)

Inhalte (I) und Ziele (Z) — *Methoden (M) und Medien (Me)*

Z: Erkennen, daß Schuld nicht bleiben muß, daß Schuld und Sünde überwunden werden kann; lernen, daß durch Jesu Tod am Kreuz und seine Auferstehung das Böse überwunden wird und neues Glück, neue Freude, neuer Friede, durch die Liebe möglich ist.

Anfangsphase
I: Wir bitten Maria, für uns zu beten bei Gott ...

M: Lehrerimpuls – Schülerbeiträge
Im Schuldbekenntnis bitten wir Maria, alle Engel und Heiligen und alle Brüder und Schwestern, für uns zu beten.
Warum Maria?

Erarbeitung
I: Die Schlange unter den Füßen
Z: Die Bedeutung der „Schlange" am Beispiel einer Marienstatue erkennen

M: Bildbetrachtung
Me: 5.4.1 Arbeitsheft
Deutung: Gewand, Fuß, Mond, Schlange, Schwanz, Kopf, Apfel im Maul, Fuß auf dem Kopf, Sockel mit Erhebung
(Teil einer Statue)
Me: 5.4.2 Arbeitsheft
Deutung: Frau mit Kind, Krone, Strahlen – Marienstatue (so stellten sich Künstler im 18. Jhdt. Maria vor – was wollten sie damit aussagen?)
Maria, Mutter Jesu, Königin, zu ihren Füßen die Welt, um die Welt (Menschen) windet sich die Schlange, Maria steht mit dem Fuß auf dem Kopf der Schlange, über der Welt, mit dem andren Fuß auf dem Mond (Himmel)

Vertiefung
I: Das Bild von der Schlange in der Bibel
Z: Das Bild der „Schlange" in der Bibel als Symbol für das Böse, die Verführung kennen lernen

M: Lehrervortrag: Der Künstler hat gewußt, was in dem Bericht von der Vertreibung der Menschen aus dem Paradies noch gesagt wird: „Da sprach Gott, der Herr, zur Schlange: ... Feindschaft setze ich zwischen dich und die Frau, zwischen deinen Nachwuchs und ihren Nachwuchs. Er trifft dich am Kopf ..." (Gen. 3, 15)
Deutung:

Schlange	das Böse, die Verführung
am Kopf treffen	sich nicht verführen lassen
Frau	Maria, Mutter Jesu
Nachwuchs	Jesus

Ergebnissicherung	TA: Maria, die Mutter Jesu, wurde nicht von der Schlange verführt. Deshalb können wir beten: „Heilige Maria, Mutter Gottes, bitte für uns Sünder ...” M: Stillbeschäftigung: Abschreiben der TA Me: 5.4.1 / 5.4.2 Arbeitsheft
Erweiterung I: Durch Jesu Tod und Auferstehung ist das Böse überwunden Z: Lernen, daß durch Jesu Tod und Auferstehung die Schuld der Menschen überwunden wird und neues Glück möglich ist	M: Lehrervortrag Der biblische Bericht spricht von dem „Nachwuchs” der Frau, der die Schlange am Kopf trifft. Damit ist Jesus, der Sohn Gottes und der Sohn Marias gemeint. Jesus hat bei seinem Tod am Kreuz gezeigt, daß die Schuld der Menschen überwunden werden kann. Jesus hat sich von dem Bösen, das ihm widerfahren ist, nicht anstecken lassen. Er hat noch in seiner Todesstunde seinen Feinden verziehen. Er betete für sie: „Vater, vergib ihnen, denn sie wissen nicht, was sie tun.” (Lk 23, 34)
Ergebnissicherung	TA: Durch Jesu Tod am Kreuz wissen wir: Schuld muß nicht bleiben. Schuld kann überwunden werden. Schuld kann geheilt werden. Durch Jesu Auferstehung wissen wir: Neues *Glück* ist möglich. Neue *Freude* ist möglich. Neuer *Friede* ist möglich. Neues *Vertrauen* ist möglich. Neue *Liebe* ist möglich. M: Stillbeschäftigung: Abschreiben der TA (hervorgehobene Begriffe in verschiedenen Farben)
Realisierung	M: Lied: Kennst du Jesus, unsern Herrn (nach Kett/Gräske in „Gott befreit durch Jesus Christus”, Don-Bosco-Verlag) Me: 5.4.3

Fünfte Unterrichtseinheit: Wie Schuld geheilt werden kann (II)

Inhalte (I) und Ziele (Z)	*Methoden (M) und Medien (Me)*

Z: Die Schüler lernen an Beispielen aus dem Alten und Neuen Testament darauf vertrauen, daß die Liebe Gottes größer ist als die Schuld der Menschen, daß Jesus ins Innere der Menschen sieht, sie annimmt und auf den rechten Weg führt.

Anfangsphase I: Liebe ist größer als alle Schuld	Lehrervortrag Nach seinem Tod und seiner Auferstehung wußten die Jünger sehr genau, daß Jesus ihnen während er noch unter ihnen lebte, während sie ihn hören konnten, sehen konnten, anfassen konnten, schon Beispiele dafür gegeben hatte, daß Liebe wieder verbindet, was durch Schuld getrennt worden war, – daß es eine Liebe gibt, die größer ist als alle Schuld.
Erarbeitung I: Jesus begegnet dem Zöllner Zachäus Z: Lernen, daß Jesus den Menschen ins Herz schaut	M: Sprechzeichnung Me: WwMl Text S. 81, Lk 19, 1–10 Me 5.5.1 M: Anhand des Tafelbildes Nacherzählung durch die Schüler
Vertiefung I: Sing-Sprech-Spiel: Zachäus erzähl Z: Emotionales Erfassen der Perikope	M: Spiellied nach Lk 19, 1–10 mit verteilten Rollen sprechen und singen Me: Orff-Instrumente, Flöten 111 Kinderlieder zur Bibel, Gerd Watkinson, Christophorus-Verlag, Freiburg, Nr. 56 (auch Nr. 55)
Ergebnissicherung	TA: Jesus zeigt, daß er gekommen ist, um schuldig gewordene Menschen wieder auf den rechten Weg zu bringen. Jesus sagt: Der Menschensohn ist gekommen, um das Verlorene zu suchen und zu retten. M: Abschreiben der TA
Erweiterung I: Der verlorene Sohn Z: Weitere Beispiele finden, bei denen von „Verloren" und „Gefunden" gesprochen wird (Lk 15, Schaf; Drachme)	M: Schülervortrag Lehrerimpuls: Wir erinnern uns an das Gleichnis, in dem ein Vater sagte: Mein Sohn war verloren und ist wiedergefunden.. Me: Spiellied „111 Kinderlieder" Nr. 39 M: Begriffsklärung: Gleichnis – Vergleich – Bild
Erarbeitung I: Skulptur von Ernst Barlach: Der verlorene Sohn Z: Erfassen, wie Künstler das Thema „Umkehr" darstellen	Lehrerimpuls: Hat dieses Bild etwas mit der Geschichte zu tun? Me: WwMl S. 81 o. Bild M: U-Gespräch Deutungsversuche der Schüler: Vater sorgenvoll, aber aufrecht, fängt den Sohn mit starken Armen auf, hält ihn fest. Sohn abgemagert, sorgenvoll, geschwächt, kann nicht mehr allein stehen, hält sich am Vater

fest. Ein Bild für Gott und den Sünder, für Jesus und den Verlorenen

Vertiefung
I: Der gute Gott im Alten Testament
Z: Erfahren, daß auch im AT schon von der Liebe Gottes und der Umkehr der Menschen geschrieben steht

M: Lehrervortrag
Schon im Alten Testament hatten die Menschen die Erfahrung von Gottes Liebe und Verzeihung gemacht und niedergeschrieben und ihn als guten Vater dargestellt. So z.B. im Buch der Weisheit.
M: Schülervortrag
„Groß und mächtig bist du, mein Gott, Keiner kann dir widerstehen. Du liebst uns alle ..."
Me: WwMl S. 81 u. (Weisheit 11, 21–23)

Ergebnissicherung

M: Stillbeschäftigung: Eintragen des Weisheitsspruches in Schriftrolle (s. LK 3, S. 54/71) oder Heft

Sechste Unterrichtseinheit: Wie Schuld geheilt werden kann (III)

Inhalte (I) und Ziele (Z)

Methoden (M) und Medien (Me)

Z: Erfahren, daß Jesus uns den Weg zum Heil zeigt, indem wir umkehren und verzeihen lernen.

Anfangsphase
I: Etwas Bedrückendes aussprechen, macht frei

Lehrerimpuls:
Wenn ihr etwas, das euch bedrückt hat, der Mutter oder dem Vater oder einem Freund erzählt habt, wie ist euch danach zu Mute?
M: U-Gespräch

Erarbeitung
I: Bildbetrachtung: Zwei Jungen
Z: Erkennen, daß Schuld eingestehen und Verzeihen bedeutet: Erleichterung, Vertrauen, Verbundenheit

M: Lehrerimpuls: Seht euch das Bild an; was bringen die Gesichter der Jungen zum Ausdruck?
Me: WwMl S. 82 o.
M: Hilfen: Erleichterung, Freude, Lächeln, Zärtlichkeit, Geborgenheit, Lachen, Freundschaft, Vertrauen, Zusammengehörigkeit, Verbundenheit, – Alles ist gut!

Vertiefung
I: Sünde und Unheil müssen nicht bleiben
Z: Erkennen, daß Jesus den Menschen den Weg zum Heil zeigt

M: Schülervortrag
Me: WwMl S. 82 u. (Text)

Ergebnissicherung

TA: *Sünde und Unheil müssen nicht bleiben*
M: Der folgende Text wird auf dem Arbeitsblatt im Kreis geschrieben, so daß das Wort „Heil" in der Mitte angeordnet wird. Die Schrift kann mit Farbstiften von außen nach innen in immer leuchtenderen Farben nachgezeichnet werden – blau, grün, rot, orange, gelb– :
Gottes Liebe ist größer. Gottes Liebe kann verbinden, was die Sünde getrennt hat. Jesus zeigt den Menschen: Gott kommt auf uns zu. Er reicht uns die Hand: Komm, wende dich mir zu! Komm, kehre um zu mir! Dann wird alles wieder gut. Dann hat das Unheil ein Ende. Dann kommt ... H e i l.
Me: 5.6.1 Arbeitsheft
M: Stillbeschäftigung: Abschreiben der Überschrift und nachschreiben des Textes im Kreis.
HA: Übertragen ins Heft: Umkehren, das heißt ...
Me: WwMl S. 82 u.r.

Siebte Unterrichtseinheit: Einander vergeben (S. 83–84)

Inhalte (I) und Ziele (Z)	*Methoden (M) und Medien (Me)*

Z: Die Schüler erkennen den Auftrag Jesu, daß auch sie vergeben müssen, weil ihnen vergeben wird. Ihnen wird bewußt gemacht, wie schwierig es ist, einander zu verzeihen und um Verzeihung zu bitten, aber auch, wie befreiend die gegenseitige Vergebung ist.

Anfangsphase
I: Bildergeschichte vom Unbarmherzigen Knecht

Lehrervortrag:
Jesus zeigt, was wir tun müssen, damit wieder heil wird, was durch Schuld zerstört wurde. Er erzählt den Menschen Gleichnisse vom Himmelreich
Me: Tafelzeichnung: Bildergeschichte
Me: 5.7.1
M: Deutungsversuche durch die Schüler

Erarbeitung
I: Gleichnis vom Unbarmherzigen Knecht
Z: Erkennen, daß wir ebenso

M: Lehrererzählungen: Hättest nicht auch du Erbarmen haben müssen?
Me: WwMl S. 83 o., Mt. 18, 23–35
M: Unterrichtsgespräch

verzeihen müssen, wie uns verziehen wird

Impuls: Wen ver*gleicht* Jesus:

König	Gott, der Vater
erläßt Schuld	vergibt
Schuldner	wir
Mitknecht	Mitmenschen
packt, würgt ihn	vergibt nicht, straft ihn

Gebetserziehung
I: Vater unser

M: Assoziation: Vater unser ... und vergib uns unsere Schuld, wie auch wir vergeben unseren Schuldigern (Schuldnern).
Bewußt miteinander beten.

Vertiefung
I: Wie oft muß ich meinem Bruder verzeihen?
Z: Bewußtmachen der Schwierigkeit, zu vergeben und um Vergebung zu bitten

M: Schülervortrag
Me: WwMl S. 83 u., Lk. 17, 3b–4
M: Deutung der Zeichnung
Me: WwMl S. 83 u.
Impuls: Jeder scheut sich, den ersten Schritt zu tun. Vergeben ist nicht leicht, um Vergebung bitten noch weniger.
M: Unterrichtsgespräch, Erfahrungsberichte
Stegreifspiel: Sich entschuldigen, dem anderen verzeihen
Me: WwMl S. 84, Bilder o. und u.

Erweiterung
I: Mahnung zur Vergebung des Apostels Paulus an die Epheser und die Kolosser
Z: Erfahren, daß die Apostel den Auftrag Jesu zur Verzeihung weitertragen

Me: Vorbereitete Tafelzeichnung
Me 5.7.2
M: Deutung der Zeichnung durch Schüler
Impuls: Einer vergibt (Jesus, Gott), derjenige, dem vergeben worden ist, vergibt seinem Nächsten, so wird das Vergeben fruchtbar, einer trägt es zum anderen
M: Schülervortrag: Mahnungen des Apostels Paulus an die Epheser und Kolosser
Me: WwMl S. 84 u.r., Eph. 4, 32, Kol. 3, 13–15

Ergebnissicherung

TA: Der Apostel Paulus schreibt an die Gemeinde in Ephesus und an die Kolosser:
„Seid gut zueinander und vergebt einander ..." (Eph. 4, 32)
„Ertragt euch und vergebt einander ..."
(Kol. 3, 13–15)
Me: 5.7.3 Arbeitsheft
M: Eintragen der Texte und ausmalen der Zeichnung
Stillbeschäftigung

Realisierung
I: Situationen aus dem

M: Lehrer nutzt alltägliche Konfliktsituationen zwischen den Schülern, sich einzu-

Schulalltag zur Konfliktbewältigung nutzen

üben: um Verzeihung zu bitten, sich zu entschuldigen, einen Fehler einzugestehen, wiedergutzumachen und sich verbal oder mit Handschlag zu versöhnen (falls möglich, bezieht er sich selbst gelegentlich ein)

Achte Unterrichtseinheit: Das Zeichen der Versöhnung (S. 85–87)

Inhalte (I) und Ziele (Z)

Methoden (M) und Medien (Me)

Z: Die Schüler erfahren, daß Jesus den Auftrag des Vaters, Sünden zu vergeben an die Apostel weitergibt, daß dieser Auftrag in der Kirche im Bußsakrament weiterlebt, daß sie darauf vertrauen dürfen, daß ihnen alle Schuld vergeben wird, wenn sie umkehren.

Anfangsphase
I: Die Jünger empfangen Jesu Geist

Bildbetrachtung
Lehrgespräch
Hilfen: Jesus, erkennbar am Nimbus, Bibel in der Hand – Lehrer – Wort Gottes, rechte Hand segnet, gibt Segen weiter, lehrt; Apostel – hörend, sehend, geöffnete Hände – empfangend: Segen Jesu, Wort Jesu, Wort Gottes, Geist Jesu, Geist Gottes, Heiliger Geist
Me: WwMl Bild S. 85

Erarbeitung
I: Die Beauftragung der Jünger
Z: Lernen, daß Jesus den Sendungsauftrag vom Vater an die Jünger weitergibt, daß er ihnen Vollmacht gibt, Sünden zu erlassen; aufmerksam werden auf den Friedensgruß im Gottesdienst als Zeichen der Versöhnung

M: Lehrervortrag
Me: WwMl S. 85, Text (Joh. 20, 19–23)
M: Spontanäußerungen der Schüler zu Bild und Text
M: U-Gespräch
Impulse: Jesus grüßt: Friede sei mit euch! (Assoziation: So grüßt im Gottesdienst der Priester die Gemeinde – die Gemeindemitglieder geben einander den Friedensgruß weiter als Zeichen der Versöhnung, der Vergebung, der Liebe, des Friedens) Jesu Sendung vom Vater gibt er weiter an die Jünger, die sie wiederum weitergeben sollen. Jesus gibt ihnen seinen Geist, den Geist des Vaters, den Heiligen Geist. In seiner Kraft können sie Sünden vergeben, wenn die Menschen um Vergebung bitten. Wenn die Menschen nicht umkehren wollen, sich nicht vergeben lassen wollen, ihrem Nächsten nicht vergeben – so wie der unbarmherzige

Knecht seinem Mitknecht die Schuld nicht nachlassen wollte – werden ihnen ihre Sünden nicht erlassen. –
Jesus haucht die Jünger an – er gibt ihnen Atem von seinem Atem – Leben von seinem Leben (Assoziation: Gott hauchte Adam seinen Odem – Atem – Leben – ein.)

Ergebnissicherung

TA: Die Apostel empfangen von
Jesus Christus den Heiligen Geist:
den Geist der Liebe,
den Geist des Friedens,
den Geist der Vergebung.
Sie geben den Geist weiter in der Kirche. Die Kirche trägt ihn weiter in die Welt.
M: Stillbeschäftigung: Abschreiben der TA

Vertiefung
I: Lieder zum Heiligen Geist
Z: Der Freude über die Geistsendung und die Gemeinschaft Ausdruck verleihen durch Singen und Musizieren

M: Liedeinsatz
(Verknüpfung: Pfingsten)
Me: 111 Kinderlieder zur Bibel:
Am hellen Tag kam Jesu Geist (Nr. 87)
Gotteslob Nr. 241;
Komm Heilger Geist, der Leben schafft
Me: Orff-Instrumente, Flöte

Schlußphase
I: Gottes Liebe ist größer als alle Schuld
Z: Darauf vertrauen lernen, daß alle Schuld vergeben werden kann

M: Lehrervortrag
Manchmal glaubt ein Mensch, der schwere Schuld auf sich geladen hat, es könne ihm nicht verziehen werden. Der Apostel Johannes hat in einem Brief geschrieben: „Wenn das Herz uns auch verurteilt – Gott ist größer als unser Herz, und er weiß alles.“ –
Durch die Kirche soll allen Menschen gezeigt werden: Gottes Liebe ist größer als alle Schuld
M: Unterrichtsgespräch
Impulse: Wie zeigt die Kirche das den Menschen, – wann, wobei, mit welchen Zeichen? Ein anderes Wort für Zeichen: Sakrament – Bußsakrament. – Was zeigen wir Gott? Wie zeigt uns Gott seine Vergebung? Was sagen uns die Worte des Priesters?
Me: 5.8.1 Arbeitsheft
„Im Bußsakrament zeigen wir Gott: Ich habe erkannt, daß ich versagt habe ...
Gott zeigt uns seine Vergebung durch die Worte des Priesters: Ich spreche dich los von deinen Sünden, im Namen des Vaters, des Sohnes und des Heiligen Geistes.

Die Worte des Priesters zeigen uns, was Gott sagt:
Ich freue mich, daß du zurückgekommen bist. Ich verzeihe dir. Ich nehme die Sünden von dir. Du kannst jetzt wieder ganz neu anfangen, mit mir zu leben. Alles kann wieder heil werden."
M: Stillbeschäftigung: Eintragen der Texte in Arbeitsblatt 5.8.1 analog WwMl S. 87
M: Vorlesen der Texte und evtl. Assoziation zu: Erkenne deine Schuld! Kehre um! Das Reich Gottes ist nahe! (LK 3, S. 54/72: Gott spricht durch die Propheten) Weiterentwicklung: Mit Jesus Christus ist das Reich Gottes in die Welt gekommen. Jesus schenkt uns einen neuen Anfang.

Realisierung
I: Bekenntnis und Vergebung

M: Sprechspiel
Me 5.8.2

IV. MEDIENZUSAMMENSTELLUNG

5.2.1	Sprechzeichnung: David und Batseba	R. Rehm-Stephan
5.2.2	Klangspiel: Der arme Mann und sein einziges Lämmlein	Judith Munz
5.3.1	Rollenspiel: Die verbotene Frucht	R. Rehm-Stephan
5.3.2	Arbeitsheft: Gebet	R. Rehm-Stephan
5.4.1	Arbeitsheft: Die Schlange unter dem Fuß der Frau	R. Rehm-Stephan
5.4.2	Arbeitsheft: Marienstatue	R. Rehm-Stephan
5.4.3	Lied: Kennst du Jesus, unsern Herrn (Simeonslied)	F. Kett/K. Gräske: „Gott befreit durch Jesus Christus". Teil 1
5.5.1	Sprechzeichnung: Jesus begegnet dem Zöllner Zachäus	R. Rehm-Stephan
5.6.1	Arbeitsblatt: Gottes Liebe ist größer	R. Rehm-Stephan
5.7.1	Sprechzeichnung: Der unbarmherzige Knecht	R. Rehm-Stephan
5.7.2	Sprechzeichnung: Einander vergeben	R. Rehm-Stephan
5.7.3	Arbeitsheft: Einander vergeben	R. Rehm-Stephan
5.8.1	Arbeitsheft: Was geschieht im Bußsakrament	R. Rehm-Stephan
5.8.2	Arbeitsheft: Sprechspiel: Bekenntnis und Vergebung	R. Rehm-Stephan

V. LITERATURHINWEISE

1) Franz Kett/Klaus Gräske: Gott befreit durch Jesus Christus, Don-Bosco-Verlag, München 1982
2) Gerd Watkinson: 111 Kinderlieder zur Bibel, Christophorus-Verlag, Freiburg, 1968
3) Gotteslob, Matthias-Grünewald-Verlag, Mainz, 1974
4) Beschluß der Gemeinsamen Synode der Bistümer der Bundesrepublik Deutschland „Unsere Hoffnung. Ein Bekenntnis zum Glauben in dieser Zeit", Freiburg 1982
5) Karl Lehmann: Die Gnade, ein anderer zu werden – Schuld – Umkehr – Versöhnung, Hirtenwort, Mainz, 1986
6) Alfred Mertens: Umkehr und Versöhnung nach dem Neuen Testament, in „aktuelle information", Mainz, 1982

Medium 5.2.1

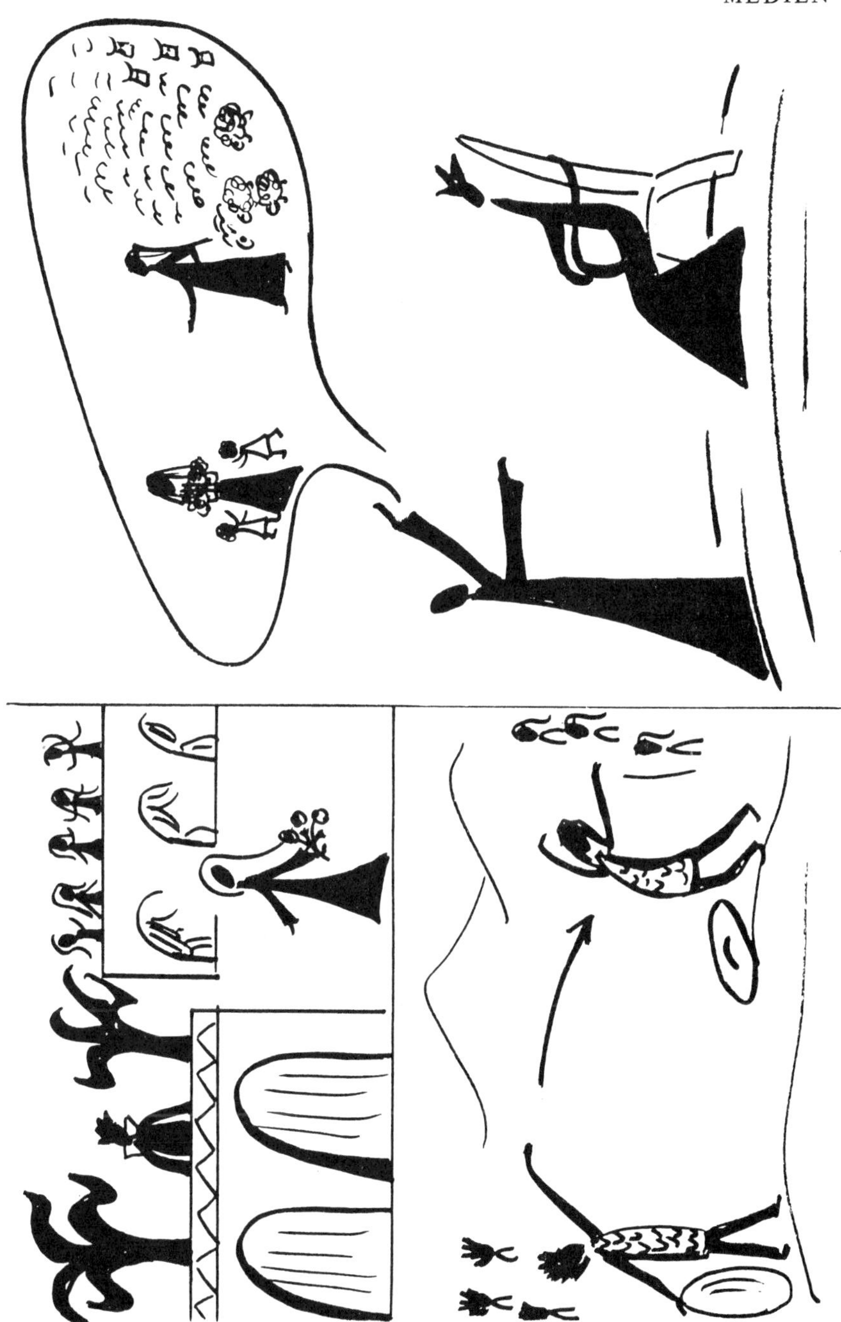

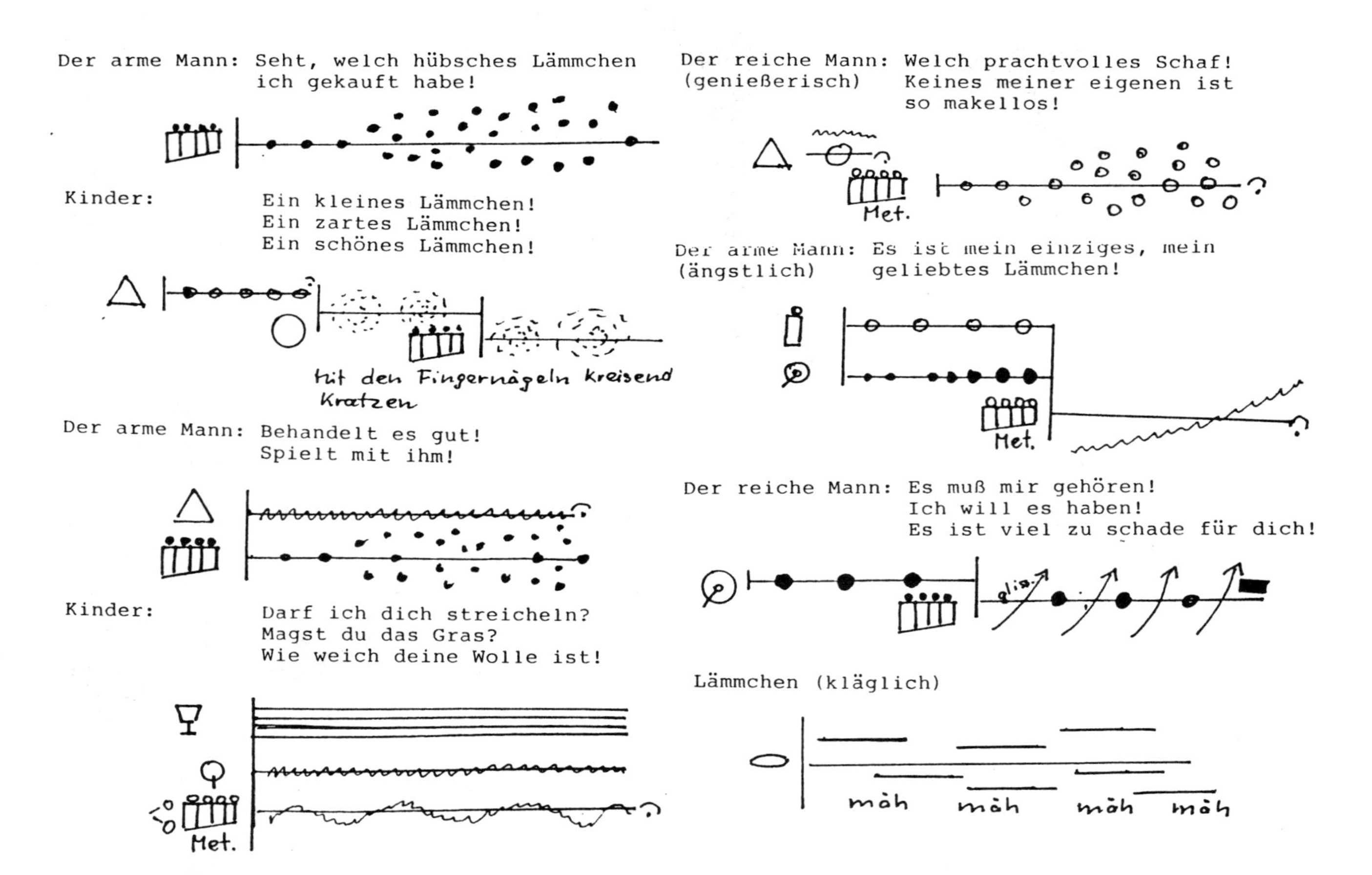
Der arme Mann: Seht, welch hübsches Lämmchen ich gekauft habe!
Kinder: Ein kleines Lämmchen! Ein zartes Lämmchen! Ein schönes Lämmchen!
mit den Fingernägeln kreisend kratzen
Der arme Mann: Behandelt es gut! Spielt mit ihm!
Kinder: Darf ich dich streicheln? Magst du das Gras? Wie weich deine Wolle ist!
Met.
Der reiche Mann: (genießerisch) Welch prachtvolles Schaf! Keines meiner eigenen ist so makellos!
Met.
Der arme Mann: (ängstlich) Es ist mein einziges, mein geliebtes Lämmchen!
Met.
Der reiche Mann: Es muß mir gehören! Ich will es haben! Es ist viel zu schade für dich!
gliss.
Lämmchen (kläglich)
mäh
mäh
mäh
mäh

Der reiche Mann: Ich habe einen anspruchsvollen
Gast! Für ihn ist es gerade
gut genug.-
Ich will es schlachten und
ihm vorsetzen!
Her mit dem Schaf!
Her mit dem Schaf!

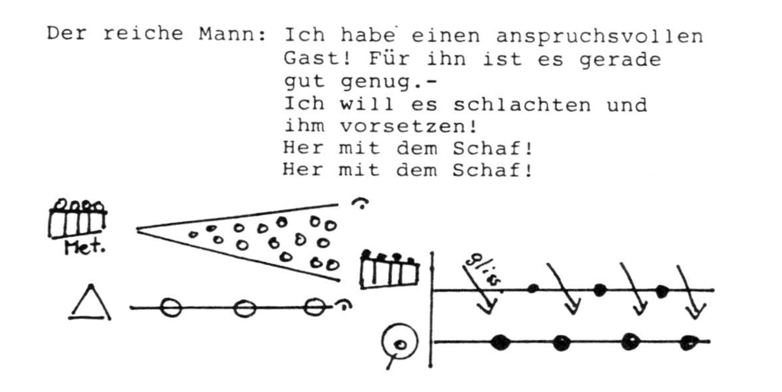

Symbolmusik armer Mann (klagend, trauernd,
leiser werdend)

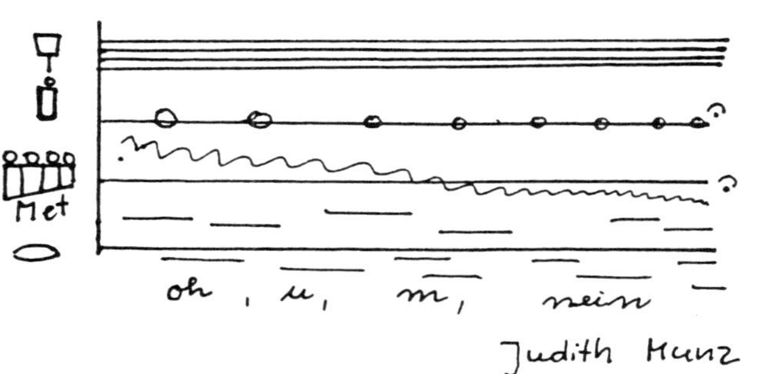

Judith Munz

Die Darsteller sprechen zuerst den Text,
dann setzt die Musik ein.

Medium 5.3.1

Rollenspiel: DIE VERBOTENE FRUCHT

(Symbolmusik jeweils vor dem Sprecher: Schlange = Kugelrassel, Frau = kleine Triangel, Mann = große Triangel, Stimme des Herrn = Hängendes Becken, weitere Instrumente: Klangstäbe, Xyllophon, Pauke)

Schlange: Hat Gott wirklich gesagt, daß ihr von keinem Baum des Gartens essen dürft?

Frau: Wir dürfen die Früchte von allen Bäumen essen. Nur von den Früchten am Baum in der Mitte hat Gott gesagt, daß wir nicht daran rühren dürfen. Sonst müßten wir sterben.

Schlange: Ha! Ihr werdet nicht sterben, nein!– Wenn ihr davon eßt, gehen euch die Augen auf. Ihr werdet wie Gott – und erkennt Gut und Böse.

(Frau ißt = kleine Triangel – Paukenschlag oder Cluster (Schichtklang) – kleine Triangel
Mann ißt = große Triangel – Paukenschlag oder Cluster –
Verstecken = Kugelrassel, Glissandi abwärts auf Xyllophon, rasches Klopfen mit kleinen Klangstäben)

Stimme des Herrn: Wo bist du?

Mann: Als ich dich kommen hörte, bekam ich Angst – weil ich nackt bin.

Stimme des Herrn: Woher weißt du, daß du nackt bist? – Hast du von dem verbotenen Baum gegessen?

Mann: Die Frau hat mir davon gegeben.

Frau: Die Schlange hat mich verführt.

Stimme des Herrn: So ist verflucht der Ackerboden deinetwegen. Unter Mühsal wirst du von ihm essen alle Tage deines Lebens. –
Dornen und Disteln läßt er dir wachsen, und mit Schweiß im Gesicht wirst du dein Brot essen, bis zu zurückkehrst in den Ackerboden. Denn Staub bist du, und zum Staube mußt du zurück.

(Weggehen = Paukenschlag oder Cluster, langsames Klopfen mit kleinen und großen Klangstäben, Glissandi abwärts auf Xyllophon)

Medium 5.4.3

Kennst du Jesus, unsern Herrn

(Refrain des Simeonsliedes)

nach: F. Kett/K. Gräske

1. 2.

du kennst das Leben und das Licht. und das Licht.

2. ... du kennst die Liebe und das Licht
3. ... du kennst die Hoffnung und das Licht
4. ... du kennst die Freude und das Licht
5. ... du kennst die Freiheit und das Licht
8. ... du kennst den Frieden und das Licht

aus: F. Kett/ K. Gräske, Gott befreit durch Jesus Christus, Tl. 1 (58/59), Don Bosco Verlag, München

Medium 5.5.1

Medium 5.7.1

Medium 5.7.2

6. Von Zeichen, die uns mit Gott verbinden

VON INGEBORG NICHELL

I. ANALYSE

Zeichen im Alltag – Verkehrszeichen, damit wachsen die Kinder heute auf – sie kennen sie oft besser, als mancher ältere Erwachsene. Das „Sehen", das Erkennen dieser Zeichen schafft ihnen keine Probleme. Schwieriger wird es schon, bei der großem Menge der Stadtkinder, mit den „Zeichen" der Natur umzugehen. Und wo früher allein aus dem Wachsen und Reifen der Früchte und des Korns, dem Erwachen und Blühen der Natur ein Hin-weisen auf Gott und seine Schöpfung den Menschen mit Gott verband, stehen heute rationale Überlegungen. Es ist darum nicht einfach, die Kinder selbst in dieser Altersstufe zum „Sehen" der Zeichen, die mit Gott verbinden, zu führen.
Entsprechend dem Schülerbuch führen die Unterrichtseinheiten von den leicht verständlichen Verkehrszeichen über Zeichen der Körpersprache zu zeichenhaften Handlungen im Alltag, die eine Korrelation zulassen zu den Zeichen heiliger Handlungen in Gebet und Sakramenten. Zum Ablauf der Eucharistiefeier werden Gestaltungsvorschläge eingebracht, ebenso eine Liedauswahl getroffen zu den Festkreisen im Kirchenjahr. Das Vorbild heiliger Menschen in der Nachfolge Jesu Christi wird durch Bildbetrachtung erschlossen.
Die „Blindheit des Herzens", die heute nahezu „Erbgut" geworden ist, erschwert die Sicht dafür, Nachfolge als Zeichen für das Wirken Jesu Christi in unserer Welt zu erkennen. Durch möglichst viele von der äußeren zur inneren Anschauung führende Medien soll deshalb in Kapitel 6 den Kindern ein stückweit „Leben aus dem Glauben" erschlossen werden.

II. LERNZIELBESTIMMUNGEN

Grobziel

Zeichen „sehen" lernen

Feinziele

1 – Die Schüler sollen die Zeichen, ihre Notwendigkeit, Bedeutung und Auswirkung erkennen
  – Erkennen, daß Zeichen im Miteinander notwendig sind
  – Erkennen, daß Zeichen eine große Bedeutung haben
  – Erkennen, daß Zeichen eine Auswirkung haben
2 – Erkennen, daß auch im Glauben Zeichen ihre Bedeutung haben

- Gebärden und Dinge als Zeichen erkennen
- Erkennen, daß Zeichen der Gebärde sichtbar machen, was unsichtbar in uns vorgeht

3 – Erkennen, daß Jesus das Zeichen Gottes in der Welt ist
- Erkennen, daß Wort und Wirken Jesu als Zeichen zusammengehören
- Vom „Sehen" zum „Glauben"

4 – Erfahren: Zeichen, die Christus heute wirkt, sind die Sakramente
- Erkennen, daß wir durch die Sakramente mit Gott und untereinander verbunden sind

5 – Erkennen, daß Jesus uns einlädt
- Erkennen, daß wir alle mitfeiern
- Erkennen, daß es wichtig ist, wie wir feiern
- Erkennen, daß Feiern im Alltag im Zusammenhang mit der Eucharistiefeier stehen

6 – Erkennen, daß die Feste unseres Glaubens Zeichen sind, die mit Jesus zu tun haben
- Erkennen, daß die immer wiederkehrenden Feste sich im Kreis um Jesus Christus drehen. Er ist der Mittelpunkt
- Erkennen, daß jedes Fest etwas vom Leben Jesu sichtbar macht

7 – Erkennen, daß die Heiligen Zeichen Gottes in der Welt sind
- Erkennen, daß Glauben – Vertrauen – zur Nachfolge Jesu führt
- Erkennen, daß Nachfolge zum Heiligwerden führt
- Erkennen, daß Nachfolge möglich ist
- Erkennen, daß Nachfolge Menschen für andere Menschen zum Zeichen Gottes in der Welt macht
- Erkennen, daß auch der heutige Mensch zur Nachfolge berufen ist

III. UNTERRICHT

Erste Unterrichtseinheit: Von Zeichen, die mit Gott verbinden (S. 88 f.)

Was Zeichen können (S. 89–90)

Grobziel
Zeichen „sehen" lernen

Feinziel
Zeichen – Notwendigkeit, Bedeutung und Auswirkung erkennen

Inhalte (I) und Ziele (Z)	*Methoden (M) und Medien (Me)*

Z: Die Schüler sollen erkennen, daß Zeichen im Miteinander notwendig sind

Anfangsphase	
I: Die Schüler setzen sich mit den	Me: Verkehrszeichen S. 88 WwMl

Verkehrszeichen auseinander;
anschauen, beschreiben lassen

Me 6.1.1
M: Verkehrszeichen ohne Kommentar austeilen

Mögliche Antworten:
– auf der Straße
– für die Umwelt
– wo Gefahr ist
– wo Kinder spielen
– wo eine Spielstraße zu Ende ist

M: Lehrerimpuls:
Wo brauchen wir diese Zeichen?
Me: Tafelbild: Wir brauchen die Zeichen
– auf der Straße
– für die Umwelt
– wo Gefahr ist
– wo Kinder spielen

Mögliche Antworten:
Damit die Menschen wissen,
– was sie tun
– was sie nicht tun dürfen
– wo Gefahr ist
– was sie tun müssen
I: Aufschreiben des Merksatzes

M: Lehrerimpuls:
Warum brauchen wir diese Zeichen?

TA: Ohne Zeichen kommen wir nicht aus
Me: 6.1.1
M: Stillarbeit: Beschriften – zuordnen
ein „eigenes" Zeichen einsetzen
(Spielstraße) evtl. anmalen

Erarbeitung
Z: Die Schüler sollen erkennen, daß Zeichen eine große Bedeutung haben
I: Was Zeichen können
1. Bild Stopschild
2. Bild Reichen der Hände
1. Ein Zeichen an der Straßenkreuzung

2. Körperhaltung
als Zeichen

3. Ein Berg in den Wolken
Hüttenwirt-Erfahrung

M: Lehrerimpuls:
Wir wollen jetzt schauen, was diese Zeichen in unserem Leben für eine Bedeutung haben
M: Bildbetrachtung
Me: WwMl S. 89/90
M: Impulse:
1) Wozu ist das Stop-Schild notwendig?
Was hat es dem Vater gesagt?
Was hat es bewirkt?
2) Was macht Ralf sichtbar?
Was bewirkt es bei Walter?
Vergleiche die Körperhaltung
Wer ist Walter – wer Ralf?
M: Bildbetrachtung
Me: WwMl S. 90
Me: 6.1.2
Impulse: Wer wußte das Zeichen der Natur zu deuten?
Weshalb wußte er es?
Was taten die Wanderer?

I: Herausarbeiten:
Was Zeichen können
Z: Erkennen, daß Zeichen eine Auswirkung haben

M: Klassengespräch
Me: Bild 1.2.3 – Tafel!

Vertiefung

Zeichen können uns etwas sagen
- ohne Worte
- Zeichen können sichtbar machen, was unsichtbar in uns vorgeht
- Zeichen können zeigen, was geschieht
- Zeichen können bewirken, daß etwas geschieht

M: Impuls:
Wir haben die verschiedensten Zeichen gesehen – von ihrer Bedeutung gehört
Wir schreiben auf:
Me: Tafelbild 6.1.3

HA: Kopieren – austeilen
Me: 6.1.4 Arbeitsheft

Zweite Unterrichtseinheit: Zeichen des Glaubens (S. 91–93)

Inhalte (I) und Ziele (Z)

Methoden (M) und Medien (Me)

Grobziel

Erkennen, daß auch im Glauben Zeichen ihre Bedeutung haben
Z: *Gebärden* und *Dinge* als Zeichen des Glaubens erkennen

Anfangsphase

I: Korrelation der Zeichen des Alltags zu den Zeichen des Glaubens
a) Wiederholung und Prüfen der HA
b) Überleitung zu den Zeichen des Glaubens

M: Lehrerimpuls:
Nicht nur im Leben mit Mitmenschen, in unserem Alltag brauchen wir Zeichen, sondern auch im Leben mit Gott, – in unserem Glauben sind sie sehr wichtig! Wir wollen zusammen überlegen und die Zeichen herausfinden.

I: Herausfinden, was an Kenntnis von Zeichen bei den Kindern vorhanden ist
Mögliche Antworten
Kreuzzeichen
Weihwasser
Kerze

M: Klassengespräch:
Lehrerimpuls: Welche Zeichen kennt ihr schon?

I: Ausgebreitete Hände
Z: Erkennen, daß Zeichen der Gebärde sichtbar machen, was unsichtbar in uns vorgeht

M: Lehrerimpuls: Es gibt noch viel mehr Zeichen des Glaubens
M: Bildbetrachtung
Me: WwMl S. 91 Bild u. M.
Me 6.2.1
Me: Tafelbild 6.2.2

Erarbeitung

Z: Erkennen, daß Gebärden Zeichen sind, die
- zeigen, was geschieht
- bewirken, daß etwas geschieht
- sagen – ohne Worte

M: Lehrerimpuls:
Wir wollen uns auf S. 92/93 die Bilder anschauen und miteinander darüber sprechen, was die Gebärden uns *sagen* und was sie *bewirken*

– sichtbar machen, was unsichtbar in uns vorgeht
I: Gebärden:
ihre Aussagen und Wirkungen

Me: WwMl S. 92/93 (Me 6.2.1)
M: Klassengespräch
(dabei Korrelation zwischen Alltag und Glauben ziehen!)

Vertiefung

M: Lehrerimpuls: Was wir jetzt besprochen haben, wollen wir selbst *tun*!

I: Durch „Selbsttun" erfahren
1. Hände falten:
Bitte – Verzeihung – Beten
2. Hand auflegen

Me: Kreis – in der Mitte (wichtig!) eine große „Jesuskerze" anzünden (Me 4.5.2)
Me: 6.2.2 / 6.2.3
Kinder still werden lassen. Jedes Kind wendet sich einmal dem rechten, dann dem linken Nachbarn zu

Beschreibung des Bildes:
„Bleib sein Kind" (kopieren)
I: a) Hand umschließt d.h.:
Ich hab dich lieb; Kind lehnt sich an, faßt Vertrauen
b) Die Hand: „Hand Gottes"
das Kind: Die Menschen, die glauben

M: Impuls: Bildbetrachtung
Me 6.2.4 (Zeichnung nach Foto Baumann)
M: Fragen beantworten:
a) Was „zeigt" uns das Bild
(Zeichen und Wirkung)
b) Warum ist das Bild auch ein „Zeichen des Glaubens"?
HA: Sammelt Bilder! Einkleben ins Hausheft, Zeichen und Wirkung erklären

Dritte Unterrichtseinheit: Zeichen, die uns mit Gott verbinden (S. 94–95)

Inhalte (I) und Ziele (Z) | *Methoden (M) und Medien (Me)*

Z: Erkennen, daß Jesus das Zeichen Gottes in der Welt ist

Anfangsphase
I: Wiederholung und Kontrolle der Hausaufgaben

M: Impuls: Welche Zeichen haben wir bis jetzt „sehen" gelernt (sehen = kennengelernt) Bedeutung – Wirkung
M: Gespräch – angefertigte Hausaufgaben

Erarbeitung
Z: Erkennen, daß Person, Wort und Wirken Jesu als Zeichen zusammengehören

Überleitung – Korrelation
M: Lehrerimpuls: Wir denken nochmal an unser Tafelbild (6.2.2), was Zeichen können. Gott hat uns ein *ganz besonderes Zeichen* geschickt, das zeigt uns den unsichtbaren Gott
– wie Gott ist
– wie Er wirkt
– was Er wirkt
Wer ist wohl dieses Zeichen?

I: Jesus – Zeichen Gottes zeigt uns

M: Wir wollen aus der Bibel erfahren, was

– wie Gott ist – unsichtbar
– wie Er wirkt
– was Er bewirkt

über Jesus gesagt wird
Me: Grundschulbibel WwMl 3
M: Schriftstellen aufschlagen – lesen – zuordnen
Me: Tafelbild 6.3.1
M: Impuls: Was fällt euch auf?

Vertiefung
Z: vom „sehen" zum Glauben

M: Lehrervortrag: Was wir über Jesus aus der Bibel erfahren haben, wollen wir aufschreiben
Me: Stillarbeit: Abmalen und Abschreiben des Tafelbildes

I: Kreis – Jesuskerze
Gebet

Me:Kreis bilden – Me 6.3.2
Kerze anzünden – Stille
M: Lehrerimpuls: Wir wissen, daß Jesus auch für uns Zeichen Gottes ist – er ist es für alle Menschen, die es „sehen"
Wir wollen zu ihm sprechen:
Kinder stehen im Kreis – Hände gefaltet oder an den Händen gefaßt. Das vorbereitete Plakat mit der Kerze liegt in der Mitte des Kreises
Me: 6.3.3
Me 6.3.2 während der nächsten UE, wenn möglich, aufhängen
HA: WwMl S. 94 rechts oben ins Hausheft übertragen

Vierte Unterrichtseinheit: Die sieben Sakramente (S. 96/97)

Inhalte (I) und Ziele (Z)

Methoden (M) und Medien (Me)

Z: Erfahren: Zeichen, die Christus heute wirkt, sind die Sakramente

Anfangsphase
I: Sprechen des Gebets der vergangenen UE
Wiederholung der HA. Besondere Beachtung des letzten Satzes!

Me: 6.3.2 und 6.3.3

I: Verbindung ziehen zwischen Jesus als Zeichen und den Zeichen heute – den Sakramenten

M: Impuls: So wie Jesus Christus in seiner Zeit als Zeichen Gottes durch Zeichen und Worte wirkte (erinnern an Me 6.3.2, aufschlagen lassen –lesen), so wirkt Jesus heute für uns durch Worte und Zeichen, die wir Sakramente nennen

I: Sakramente sind Zeichen, – die etwas zeigen und sichtbar machen – die etwas mitteilen und schenken – durch die Gott etwas in unserem Leben bewirkt	Me: Tafelbild: Me 6.4.1 M: Stillarbeit
Mögliche Antworten: Taufe – Buße – Kommunion	M: Impuls: Welche Sakramente kennt Ihr? – schon empfangen?
Erarbeitung Z: Erkennen, daß wir durch die Sakramente mit Gott und untereinander verbunden sind I: Bildbetrachtung	M: Unterrichtsgespräch Im Gespräch die Punkte – Zeichen – sichtbar machen – bewirken, herausarbeiten Me: WwMl S. 96/97
Vertiefung I: Konkretisierung des Tafelbildes Me 6.4.1 Zeichen-Wirkung	M: Impuls: Wir haben sieben *Zeichen* kennen gelernt, durch die Jesus *wirkt;* Festhalten im Heft Me: Stillarbeit in Gruppen Me: 6.4.2 TA: Ergebnis (Me 6.4.2) an die Tafel
I: Lied	M: Lied GL Nr. 634 Me: 6.4.3 HA: Rätsel lösen Me 6.4.4 Arbeitsheft

Fünfte Unterrichtseinheit: Wie wir die Eucharistie feiern (S. 98–103)

Inhalte (I) und Ziele (Z)	*Methoden (M) und Medien (Me)*
Anfangsphase I: Kontrolle des Rätsels Wiederholung der 7 „Zeichen" und ihre Wirkungen Überleitung	M: Impuls: Wer hat das Rätsel gelöst? Wie heißen ... Sakramente, Wirkungen Me: Lied Me 6.4.3
Erarbeitung Z: Erkennen, daß Jesus uns einlädt, daß wir alle mitfeiern, daß es wichtig ist, wie wir feiern I: Eucharistie: Brot – Wein Gemeinschaft – mit Jesus – untereinander	M: Unterrichtsgespräch: Welches Zeichen steckt besonders in diesem Lied? (Nachfragen) Zeichen – Wirkung
I: Elisabeths Freunde tragen dazu bei, daß es für alle eine schöne	M: Heute wollen wir uns über das Zeichen Eucharistie Gedanken machen und darüber sprechen, wie wir mit Jesus feiern. Dazu er-

Feier wird

I: Durch „Geiz" und Egoismus kam das Fest nicht zustande

I: Herausarbeiten:
Gegensätze – Gleichheiten
Bedeutung: Geschenke
Wein – Wasser
Wirkung: Freunde – falsche Freunde
sich einbringen – nichts hergeben
Liebe – Geiz
Mögliche Antworten:
- gern kommen
- etwas mitbringen
- mitmachen
- sich nicht ausschließen

I: „Zeichen" (stehen, knien, sitzen, Hände fassen)
im Hinblick auf Eucharistie
- sichtbar machen
- Wirkung und
- bewirken deuten

Vertiefung
Z: Erkennen, daß die Feiern im Alltag im Zusammenhang mit der Eucharistie stehen
I: Vergleich:
Elisabeths Geburtstag – Eucharistiefeier

Anwendung
Z: Durch Beteiligung erkennen: der Priester feiert nicht allein!
I: Thema wählen
Lieder – Gebete – Fürbitten von den Kindern formuliert

zähle ich euch 2 kurze Geschichten.
Erinnern an die Geschichte:
Me: Elisabeth lädt ihre Freunde ein (Me 6.4.1 LK 3)
Me: 6.5.1 Fortsetzung und „Das Fest findet nicht statt" Me 6.5.1.2
M: Lehrer/Schüler-Gespräch

M: Lehrerimpuls: Welche der beiden Geschichten könnten wir als Abbild im Alltag für die richtige Feier der Eucharistie bezeichnen – warum?
M: Impuls: Anhand der Bilder und des Textes herausarbeiten „Rolle"
- Priester – Jesus
- Gemeinde
Bild- und Textbetrachtung
Me: WwMl S. 98–103
Me: 6.5.2
M: Lehrer-Schüler-Gespräch

M: Impuls: Ehe wir selbst eine Eucharistiefeier vorbereiten, wollen wir sehen, wie eng die Feier mit Jesus im Zusammenhang mit unseren Feiern im Alltag steht. Wir denken nochmal an Elisabeths Geburtstag!
Me: Tafelbild Me 6.5.3
Zeichen malen – Kinder ergänzen den Text
M: Impuls: Wir wollen jetzt selbst eine Eucharistiefeier vorbereiten, die wir zusammen (im Klassenverband oder mit der Gemeinde) feiern wollen

Me: 6.5.4
Me: 6.5.5

HA: Für die nächste UE „Gotteslob" mitbringen!

Sechste Unterrichtseinheit: Das Jahr der Kirche (S. 104–105)

Inhalte (I) und Ziele (Z)	*Methoden (M) und Medien (Me)*
Anfangsphase	
Z: Erkennen, daß die Feste unseres Glaubens Zeichen sind, die mit Jesus zu tun haben.	Me: 6.6.1 Me: 6.6.1.2
I: Herausarbeiten, was bei dem Schüler über kirchliche Feste bekannt ist. Lehrer teilt Kärtchen aus – Zeichen des Kirchenjahres	M: Impuls: Ich habe euch Kärtchen mitgebracht, Zeichen, –Feste, die mit Jesus zu tun haben – wer kennt sie – kann sie deuten? M: Klassengespräch
Mögliche Antworten: Weihnachten, Ostern, Advent, Abendmahl	TA: Antworten an die Tafel M: Impuls: Diese Texte gehören in das Jahr der Kirche – prägen die Fest-Jahreskreise. *Fehlen werden möglicherweise*: – Herz Jesu – Taufe Jesu – Christ König – Christi Himmelfahrt – Aschermittwoch M: Impuls: Ich habe euch nochmals Kärtchen mitgebracht – zuordnen, drauflegen (noch keine Erklärung für die, die „übrig" bleiben)
Erarbeitung	
Z: Erkennen, daß die immer wiederkehrenden Feste sich wie im Kreis um Jesus Christus drehen. Er ist der Mittelpunkt	
I: Bildbetrachtung Erfahrung „Wertigkeit" der 3 Kreise	Me: WwMl S. 105 M: Lehrer-Schülergespräch
Mögliche Antworten: Die Feste werden einmal im Jahr gefeiert Zeichen – zu den bestimmten Festkreisen 1. Vorbereitung – Weihnachten 2. Vorbereitung – Ostern/ Pfingsten (Joh. 14, 26/27) 3. Herrn-Feste Heiligen-Feste	M: Impuls: In unserem Buch finden wir unsere Zeichen wieder – warum im Kreis? Welche Zeichen „gehören" zusammen? Wer ist der Mittelpunkt? Wann beginnt das Kirchenjahr – worauf bereiten wir uns vor? Welcher Festkreis nimmt den größten Raum in Anspruch; warum? – Was kommt an 2. Stelle? – Warum? Warum Pfingsten – Osterfestkreis? Feste im Jahreskreis?
Z: Erkennen, daß jedes Fest etwas vom Leben Jesu sichtbar macht	

Vertiefung
I: Auseinandersetzung mit Zeichen und Text

M: Stillarbeit
Arbeitsblatt austeilen, ausfüllen.
Hilfe-Kärtchen, Zeichen einsetzen, selbst buntmalen, überlegen, was die Feste sichtbar machen
Me: 6.6.2 Arbeitsheft

Anwendung
I: Kinder suchen in den 3 Gruppen jeweils zu einem Festkreis Lieder heraus

Me: Gotteslob
M: Gruppenarbeit. Impuls: Sichtbarmachen des Lebens Jesu – ein Lied heraussuchen – 3 Gruppen bilden – Lieder sammeln – Tafel – Hausheft

I: Die von den Kindern ausgewählten Lieder singen
(wenn nötig mit Erklärung)

Me: Kreis – Jesuskerze
M: Impuls: Nachdem wir soviel über die Feste und ihre Zeichen im Kirchenjahr nachgedacht haben, wollen wir Gott durch Jesus mit den Liedern loben, die uns Jesus sichtbar machen.
Me: 6.6.3 – Liedvorschläge

Siebte Unterrichtseinheit: Das Zeichen der Heiligen (S. 106–110)

Inhalte (I) und Ziele (Z) / *Methoden (M) und Medien (Me)*

Z: Erkennen, daß die Heiligen Zeichen Gottes in der Welt sind

Anfangsphase
I: Schrittweise Erarbeitung des Wortes „Heilig"
Mögliche Antworten:
heil – ganz
– in Ordnung
– heilsam
– heilig

Me: Klassengespräch

M: Impuls: Wir suchen Worte, die mit „heil" zusammenhängen
TA: Sammlung an die Tafel.
Stillarbeit – Hefteintrag

I: Er war „ganz" für Gott da
– war „in Ordnung"
– war „heilsam" für die Menschen

M: Impuls: Wir denken zuerst an Jesus – er war ganz heilig. Die Bibel erzählt
Bibelstellen
Me: 6.7.1
TA: Me 6.7.2

I: Nachfolge
– Jünger
– andere Menschen

M: Impuls: Wir haben ja gelernt, daß die Sache Jesu weiter geht. Was hat Jesu zu Levi gesagt? (Lk 5, 27)
Me: Grundschulbibel WwMl S. 47

M: Impuls: Jesus „sagt" das auch zu anderen Menschen. Dazu erzähle ich euch eine Geschichte, die wahr, d.h. erlebt, nicht ausgedacht ist.
Me: 6.7.3

Erarbeitung
Z: Erkennen, daß
- Vertrauen, Glauben zur Nachfolge Jesu führt
- Nachfolge zum Heil-sein, zum Heilig-werden führt

I: In Fußstapfen treten; versuchen, es dem „Vorgänger" gleich zu tun, – unbekannt, trotzdem Vertrauen, – Jesus kennenlernen, in seine Fußstapfen treten, heißt: Aus Liebe zu Gott sich *mühen*, „ganz" d.h. mit ganzem Herzen da zu sein; den Willen Gottes erfüllen; den Menschen zum Heil werden

M: Klassengespräch
M: Impuls: Was sagt euch diese Geschichte? fremde Fußstapfen – mühen um die gleichen Schritte, „unsichtbar", doch Vertrauen – Korrelation: Bartimäus
M: Impuls: Gilt das für Jesus und uns Menschen auch? Kennenlernen „sehen" durch Bibel – Predigt – Jesus
„Fußstapfen"– nicht „fremde Fußstapfen"
Jesu Geist im Menschen
Hilfe zur Nachfolge
Me: 6.7.5

Vertiefung
Z: Erkennen, daß
- Nachfolge möglich ist
- Nachfolge die Menschen „heil" macht
- Nachfolge Menschen für andere Menschen zum Zeichen Gottes in der Welt macht

I: Anhand von Beispielen das Leben heil-iger Menschen den Kindern nahe bringen

M: Bildbetrachtung – Text
zunächst abdecken, später von den Kindern lesen lassen
Me: WwMl S. 107–110

„Gemeinsames" im Gespräch herausarbeiten

M: Impuls: Maria, ein gefangener Priester, ein Priester, Freund der Jugend – eine Fürstin und ein reicher junger Mann – was haben sie gemeinsam? Was haben sie alle zu Gott – zu Jesus gesagt? Lösung – Wovon? Wozu sind sie geworden?
Me: 6.7.4
TA: Heil-ige Menschen sind Zeichen Gottes in der Welt

Z: Erkennen, daß auch der heutige Mensch zur Nachfolge gerufen ist

M: Gespräch

I: Beispiele suchen

M: Impuls: Und wie ist es in unserer Zeit? Wer wird von Jesus gerufen?

Was heißt für *uns*: ganz in Ordnung zum „Heil" sein?
ganz – alles, was ich tue mit dem Herzen für Gott
in Ordnung sein – Mühen, weil Gott mich liebt, tue ich, was Er will – weil ... wirst du nicht
zum Heil werden – weil ich versuche gut zu sein, können andere auch gut werden

Anwendung
I: „Den Weg wollen wir gehen"

M: Lied lernen
Me: 6.7.6
HA: Bilder aus Zeitschriften sammeln: Menschen helfen Menschen
Nächste U.E.: Collage:
Heil-ige Menschen, Zeichen Gottes in der Welt

IV. MEDIENZUSAMMENSTELLUNG

6.1.1	Kärtchen zum Ausfüllen	I. Nichell
6.1.2	Geschichte: Der Hüttenwirt	I. Nichell
6.1.3	Tafelbild zum Ausfüllen	I. Nichell
6.1.4	Arbeitsheft: Zeichen	I. Nichell
6.2.1	Betrachtungshilfen	I. Nichell
6.2.2	Tafelbild	I. Nichell
6.2.3	Meditatives Tun	I. Nichell
6.2.4	Bild: „Bleib sein Kind" Der Text im LK 4	nach einer Plastik von Dorothea Steigerwald 1963 Bredow Verlag (s. Zeichnung)
6.3.1	Tafelbild	I. Nichell
6.3.2	Plakat-Vorlage	I. Nichell
6.3.3	Gebet	I. Nichell
6.4.1	Tafelbild	I. Nichell
6.4.2	Tafelbild (konkretisiert)	I. Nichell
6.4.3	Gotteslob Nr. 634 Str. 1, 3, 4, 5	
6.4.4	Arbeitsheft: Kreuzworträtsel (Lösung)	I. Nichell
6.5.1	Geschichte: Elisabeth lädt ihre Freunde ein	I. Nichell
6.5.1.2	Geschichte: Das Fest fand nicht statt	I. Nichell
6.5.2	Bildbetrachtung	Nach Bildern WwMl 4, S. 98–103 Herder / Nichell

6.5.3	Tafelbild	I. Nichell
6.5.4	Vorschläge für eine Eucharistiefeier	I. Nichell
	1) Es läuten alle Glocken	Pfälzer Kinder Messe, Lahn-Verlag
	2) Vom Anfang der Sonne	(Me 4.3.1)
	3) GL 521 Herr gib uns Mut	M. u. T. Kurt Rommel
	4) Kanon: Nimm an das Brot	unbekannt
	Lobet und preiset ...	T. u. M. mündl. überliefert
	5) Kanon: Vater unser im Himmel	T. u. M. mündl. überliefert
	6) Lied: Jesus lädt seine Jünger	T. u. M. Begleitsatz E. Unkel
	7) Lied: Blinde bleiben blind	T: Hans J. Netz, M: Ludger Edelkötter Impulse Musikverlag, Drensteinfurt 1978
	8) Lied: Die Welt lebt von Worten	T/M Kurt Rommel,Verlag Ernst Kaufmann, Lahr (Schwarzwald)
6.5.5	Gesten und Gebete	I. Nichell
6.6.1	Kärtchen – Bilder	I. Nichell
6.6.1.2	Kärtchen – Beschäftigung	I. Nichell
6.6.2	Arbeitsheft	I. Nichell nach WwMl 4. Schulj.
6.6.3	Liedervorschläge – Zusamenstellung	I. Nichell
6.7.1	Vorschläge – Bibelstellen– Zus.-Stell.	I. Nichell
6.7.2	Tafelbild	I. Nichell
6.7.3	Geschichte: Fußstapfen im Schnee	I. Nichell
6.7.4	Bildbetrachtung	I. Nichell
6.7.5	Fußstapfen	I. Nichell
6.7.6	Lied: Den Weg wollen wir gehen	T: H. Jürgen Netz, M: Oscar-Gottlieb Blarr / Gustav Bosse Verlag Regensburg

MEDIEN

Medium 6.1.1

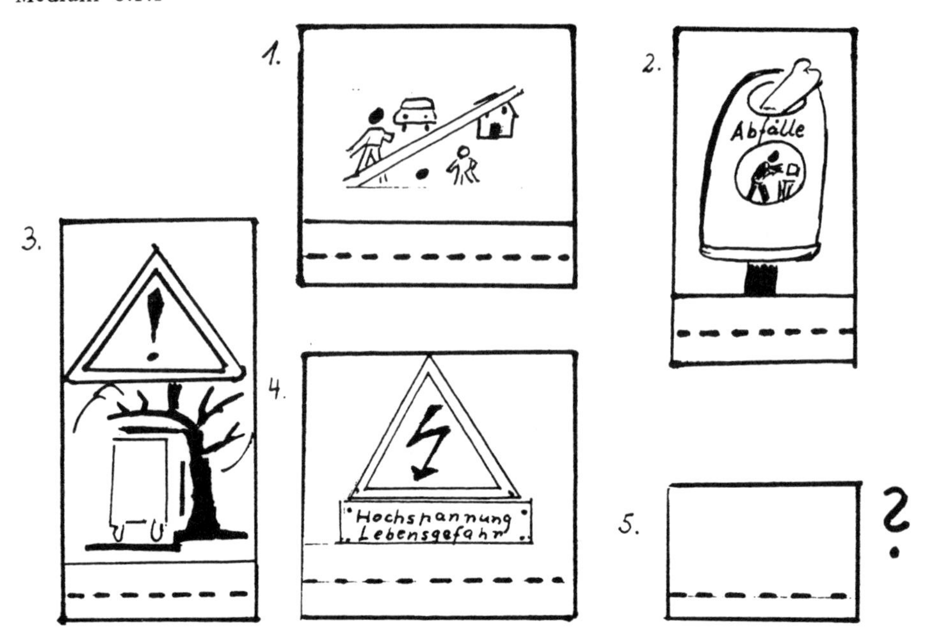

Medium 6.1.2

Der Hüttenwirt

Die Sonne brennt heiß vom wolkenlosen Himmel. Eine Gruppe von Wanderern steigt bergaufwärts. Obwohl sie schon sehr müde sind und der Schweiß ihnen von der Stirn rinnt – sind sie sehr fröhlich. Ihr Ziel ist für heute die letzte Hütte vor dem Gipfel. Sie wollen dort übernachten und morgen in aller Früh den Gipfel erklimmen. Im Dorf unten im Tal hat ihnen der Wirt erzählt, daß sein Bruder, der Hüttenwirt der letzten Hütte, ihnen den besten Weg zum Gipfel zeigen kann. Der Talwirt gab den jungen Leuten Grüße für seinen Bruder mit und sagte zum Abschied: „Auf meinen Bruder könnt ihr euch verlassen – er kennt jeden Weg und Steg – aber auch die Zeichen, die die Natur ihm gibt."
Mit diesen Gedanken erreichen die Wanderer ihr Ziel, die Hütte und seinen Wirt. Freundlich werden sie begrüßt und bewirtet. „Geht bald schlafen, denn morgen ganz in der Früh gehts los".
Aber am nächsten Morgen, als der Hüttenwirt vors Haus tritt, traut er seinen Augen nicht – von Ferne ziehen Wolken heran und beinahe wie im „Handumdrehen" wird es düster und düster – der Gipfel verschwindet in dichten Wolken. „Das ist ein schlechtes Zeichen", sagt er zu den Wanderern, die schon gerüstet aufbrechen wollten. „Ein Unwetter wird kommen, bleibt heute lieber in der Hütte." „Schade", sagten sie nur, aber sie vertrauten ihm.

Medium 6.1.3

Zeichen können:

- uns etwas sagen – ohne Worte
- sichtbar machen – was unsichtbar in uns vorgeht
- zeigen – was geschieht
- bewirken – daß etwas geschieht

Medium 6.2.1

Betrachtungshilfen

1. Ein Priester steht am Altar. Er hat die Hände weit ausgebreitet. Ein Zeichen der *Gebärde*. Als Werkzeug Jesu will er alle mit in sein Gebet einschließen, er will alle mit in sein Gebet einschließen; als Werkzeug Jesu will er alle mit in sein Gebet einschließen, er will alle umfassen. Wie Jesus am Kreuz seine Hände ausgebreitet – er hat alle am Kreuz erlöst – so *zeigt* der Priester *ohne Worte*, daß Jesus durch ihn uns alle lieb hat.

2. Der Priester hat ein besonderes Gewand an – es ist ein Zeichen dafür, daß der Priester im Auftrag Jesu – als seine sichtbare Vertretung am Altar steht. Das Gewand des Priesters macht *sichtbar*, was *unsichtbar* bei der *Eucharistiefeier* vorgeht – nämlich daß es eigentlich Jesus ist, der mit uns feiert. Die Gewänder haben verschiedene Farben, die uns zeigen, zu welchem „Anlaß" uns Jesus zusammenruft: weiß – Hohe Feste: Weihnachten; Ostern rot – Pfingsten – Feuer – Hl. Geist – violett – Bußzeit – Advent – Fastenzeit
   Die Kerzen, der Kelch, der Brotteller, die Blumen und das Tischtuch – Altartuch *zeigen, was geschieht*, daß *ein Fest gefeiert wird*.

Medium 6.2.2

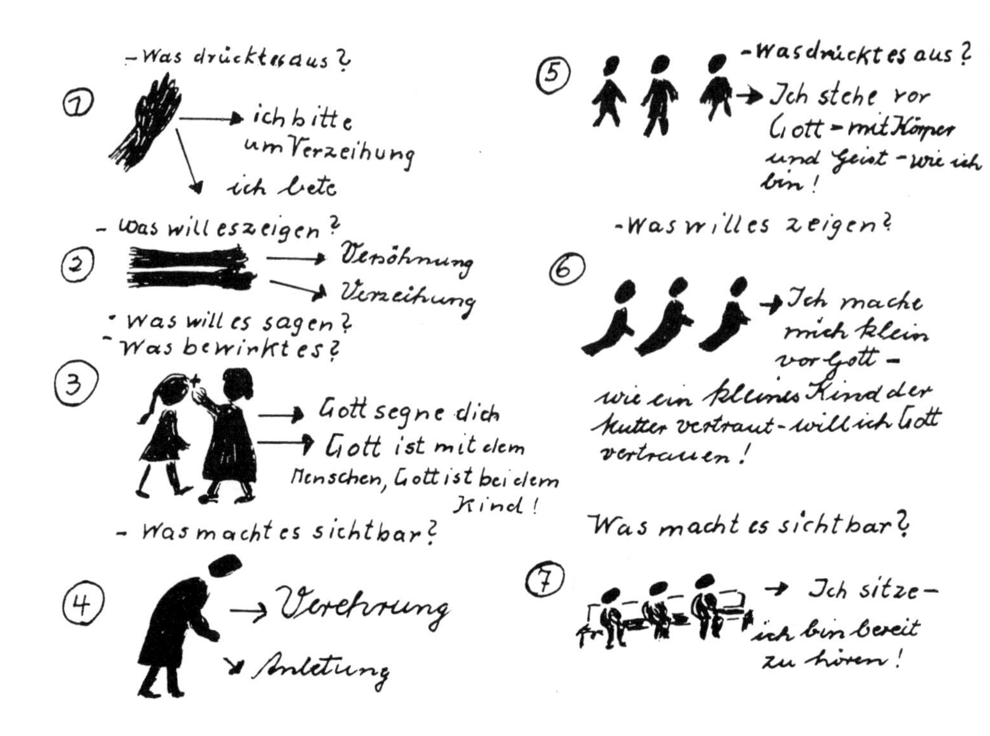

Medium 6.2.3

Durch „Selbsttun" erfahren!

Kinder im Kreis, Kerze anzünden

Kinder still werden lassen. Die Wichtigkeit des Tuns betonen! Bei den ersten 4 Gebärden wenden sich die Kinder einmal dem rechten, dann dem linken Nachbarn zu:

1. Hände falten: Bitte(n) – Verzeihung – beten
2. Hände auflegen: Zu-wendung
3. Segnen: Hilfe – Schutz – Gottes
4. Sich verneigen: den Anderen (Gott) respektieren – ehren, achten

5–7 gemeinsames Tun!

stehen: – ich bin ganz da – vor Gott – dem Mitmenschen
knien: – ich kann nicht alles – allein – ich mache auch vieles falsch
Gott: Bitte um Hilfe
sitzen: – entspannt – gelassen – fähig zum Hören – auf Gott – den Mitmenschen

Bleib sein Kind!

Medium 6.3.1

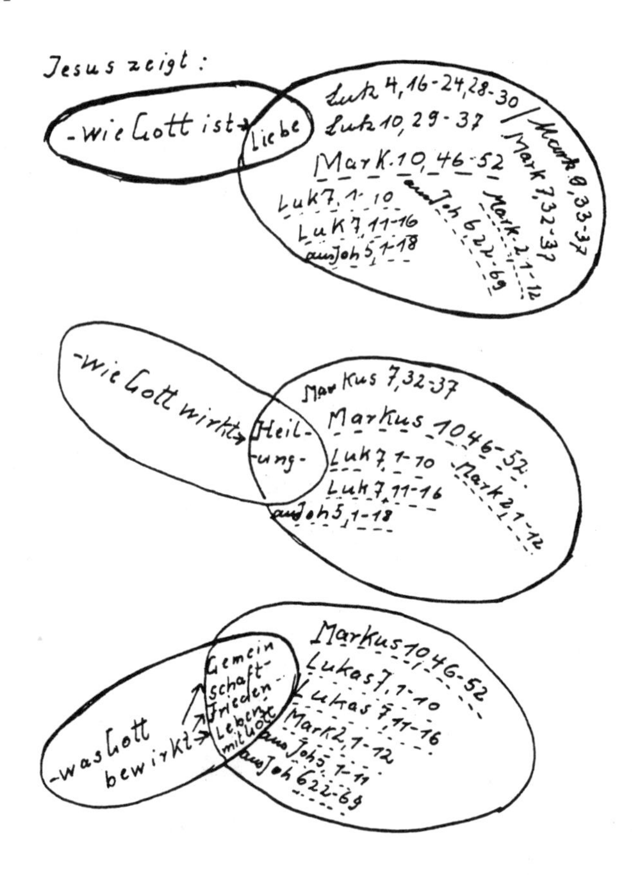

Medium 6.3.2

Medium 6.3.3

L: Jesus, du bist das sichtbare Zeichen des unsichtbaren Gottes:
K: Wir glauben an Dich

L: Jesus, du bist das Haupt der Kirche
K: Wir glauben an Dich

L: Jesus, in Dir wohnt Gott ganz
K: Wir glauben an Dich

L: Jesus, durch Dich sollen auch wir leben mit Gott
K: Wir danken Dir

L: Jesus, durch Dich haben wir Frieden mit Gott
K: Wir danken Dir

L: Jesus, durch Dich haben alle Gemeinschaft mit Gott
K: Wir danken Dir!

Amen

frei nach Kol. 1, 25–28

Medium 6.4.1

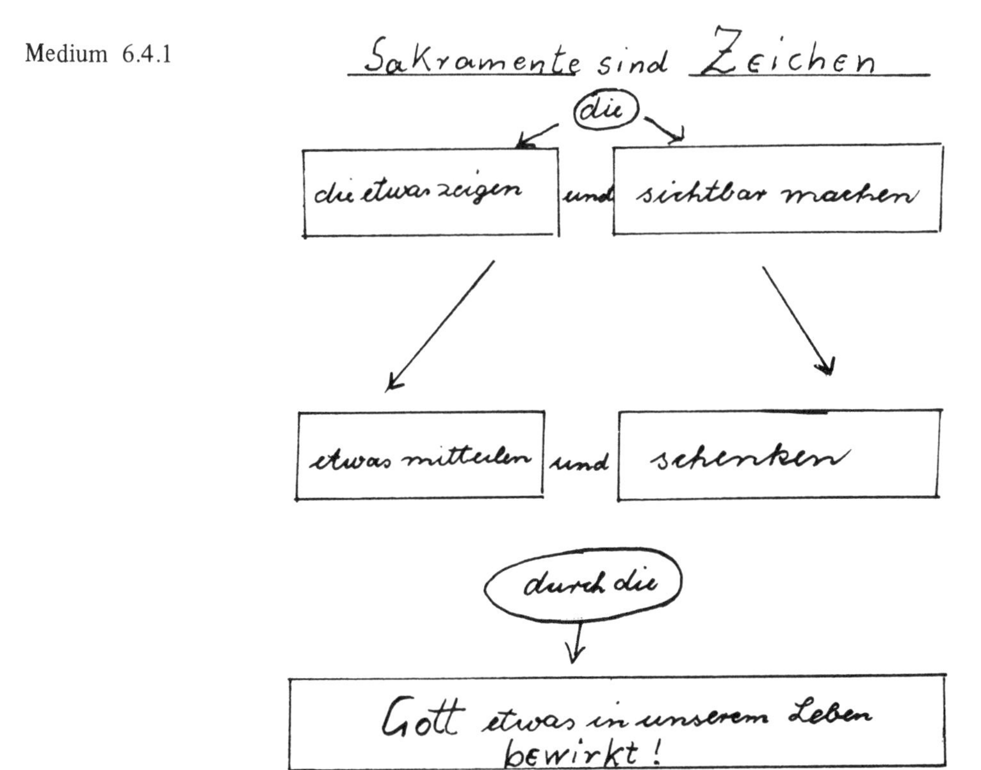

Medium 6.4.2

Konkretisierung des Tafelbildes

1) TAUFE	Zeichen:	Wasser – Worte: ich taufe dich
	Wirkung:	Leben mit Gott, neues Leben
2) EUCHARISTIE	Zeichen:	Brot und Wein
	Wirkung:	Jesus schenkt sich den Menschen, wir werden mit ihm und untereinander verbunden Gemeinschaft
3) FIRMUNG	Zeichen:	Kreuzzeichen – Salbung mit Öl – Chrisam
	Wirkung:	Geschenk – Heiliger Geist Befähigung, aus dem Geist Jesu zu leben
4) VERSÖHNUNG	Zeichen:	Bekennen der Schuld – Umkehr-Wille
	Wirkung:	Gott schenkt Verzeihung Priester – Worte
5) KRANKENSALBUNG	Zeichen:	Salbung mit Öl
	Wirkung:	Verbindung mit Jesus, Gemeinschaft mit Gott
6) DIE EHE	Zeichen:	Ja-Wort – Versprechen der Brautleute
	Wirkung:	Sichtbar wird – Liebe, Güte und Freude für den Anderen – dem Ehepartner, was Jesus bewirkt
7) DIE PRIESTERWEIHE	Zeichen:	Handauflegen durch den Bischof
	Wirkung:	Sichtbare Weitergabe, was Jesus in die Welt gebracht hat (Aussendung), Predigt u. Sakramente

Medium 6.4.3 *Gotteslob Nr. 634*

Medium 6.4.4

Lösung des Kreuzworträtsels Medium 6.4.4

senkrecht: 1 Wasser, 2. Chrisam, 3. Brot und Wein, 4. Salbung, 5. Ja-Wort, 6. Handauflegung, 7. bekennen

waagrecht: 1. Taufe, 2. Firmung, 3. Eucharistie, 4. Krankensalbung, 5. Ehe, 6. Priesterweihe, 7. Versöhnung

Medium 6.5.1

Wie Elisabeth ihren Geburtstag gefeiert hat

Könnt ihr euch noch erinnern, wie Elisabeths Freunde zum Schluß sagten: „Danke für das schöne Fest!" Alle waren begeistert – und sind froh nach Hause gegangen. Warum, was war da eigentlich geschehen? Nun – das war so: Nicht nur Elisabeth hatte überlegt, wie sie ihren Freunden viel Spaß und Freude machen könnte, auch die Freunde – ihr wißt noch – es waren 3 Buben und 4 Mädchen – zerbrachen sich die Köpfe! Immer wieder sah sie Elisabeth tuscheln und an manchem Nachmittag hatten sie plötzlich keine Zeit zum Spielen – komisch! Und dann überraschten sie Elisabeth gleich am Anfang mit dem Lied:

„Viel Glück und viel Segen!" Das hatte schon eine Menge Zeit und Mühe gekostet, bis das klappte! Elisabeth freute sich riesig. Auch die Geschenke zeigten ihr, daß ihre Freunde sich etwas dabei gedacht hatten. Briefmarken – sie sammelte, Buntstifte – sie malte gern, ein Gutschein für einen Zoobesuch – ihre beste Freundin wußte, wie gern sie Tiere hatte, und viele Blumen – Elisabeth mochte bunte Blumen! Der Kuchen, den ja Elisabeth selbst gebacken hatte – wißt ihr noch? allein –. Bei den Spielen, die die Mutter vorbereitet hatte, – Blinde Kuh, Sackhüpfen, stille Post, Ich sehe was, was du nicht siehst, alle konnten mitmachen – keiner wurde ausgeschlossen – wie es schon auf dem Schulhof passiert war – es war ein schönes Fest!

Medium 6.5.1.2

Das Fest fand nicht statt ...

Ein junges Brautpaar wollte mit seinen Freunden eine schöne Hochzeit feiern. Da sie aber arm waren, baten sie die Gäste um einen Krug Reiswein – als Geschenk.
Am Eingang stand ein großes Gefäß, in das sollte – der Wein geschüttet werden. Ach, dachten die ersten, es wird keiner merken, bei so viel Wein, wenn wir einen Krug Wasser dazu schütten – und sie schütteten das Wasser in das Gefäß. Aber sie waren nicht die einzigen, die so dachten.
Auch die nächsten, die kamen, schütteten Wasser dazu – bis auf die Brautleute, die voll Freude ihren Krug Wein hineinschütteten – aber bei so viel Wasser schmeckte man den Wein nicht mehr. Traurig verließen die Brautleute das Fest – das Fest, das gar nicht stattgefunden hatte.

Medium 6.5.2

Bildbetrachtung

S. 98 Eine moderne Kirche im Stil eines Zeltes. – Der Priester, dem Volk, der Gemeinde zugewendet – am Ambo – Leserpult – begrüßt die Menschen im Kirchenraum und auf der Empore. Sie stehen vor Gott – (sind ganz da) – und dem Priester, der als Leiter der Gemeinde Jesus Christus sichtbar vertritt.

S. 99 1. Bild von oben – Priester am Ambo – macht das Kreuzzeichen – Jesus hat uns am Kreuz erlöst
Er bittet Gott für die Gemeinde und sich selbst um Verzeihung für das begangene Böse. Der Meßdiener im Hintergrund vertritt am Altar die Gemeinde.

2. Bild Mitte – Priester und Meßdiener stehen mit gefalteten Händen (mit der „unsichtbaren" Gemeinde) vor Gott und bitten nochmal um Verzeihung (Hilfe)

3. Bild unten – Der Priester steht am Ambo mit ausgebreiteten Armen (zeigt: daß nicht nur er Gott lobt, sondern die ganze Gemeinde mit ihm)

S. 100 1. Bild oben: Ein Mann aus der Gemeinde (Lektor) steht am Ambo.
(Der Priester feiert die Eucharistie nie allein, sondern möglichst viele sollen beteiligt sein)

Er liest der Gemeinde eine Stelle aus dem AT oder einen Brief des Apostels Paulus oder Petrus vor.

S. 100 Bild Mitte: Der Priester steht wieder am Ambo. Er liest die frohe Botschaft, will das Wort überdenken – mit dem Mund verkünden und im Herzen bewahren. Auch der Meßdiener macht das Kreuzzeichen auf diese Weise.

Bild unten: Die Gemeinde hört stehend das Wort Gottes (Zeichen!) und macht auch das Kreuzzeichen auf Stirn, Mund und Herz

S. 101 oben: Priester und Frau am Ambo. Die Frau betet stellvertretend für die Gemeinde die Fürbitten

Bild Mitte: Der Meßdiener bringt stellvertretend für die Gemeinde das Brot

Bild unten: Der Priester gießt den Wein in den Kelch

S. 102 oben: Der Priester spricht die Worte Jesu: nehmet ... über das Brot, das er in seinen Händen hält. Der Kelch mit dem Wein steht davor, die Brotteilchen (Hostien) für die Gemeinde daneben. (Priester – Stellvertreter für Jesus!)

Bild Mitte: Priester zeigt: „das Geheimnis unseres Glaubens" – das heilige Brot – Zeichen für Jesus.

S. 103 1. Bild oben: Der Altar mit Kreuz – Blumen – Kerzen – im Kreis – an den Händen haltend – Priester und Meßdiener – (Möglichkeit: die Gemeinde tut es auch) Wir beten *alle* das Gebet Jesu – das Vater unser
(Anmerkung: Zu dem Gebet Lamm Gottes: Jesus – das Lamm Gottes – er erfüllte wie ein Lamm, das seinen Mund nicht auf tut, aus Liebe den Willen des Vaters.)

2. Bild Mitte: Jesus im Brot wird vom Priester in die Hand der Menschen gelegt (Gibt sich in unsere Hand)

3. Bild unten: Der Priester macht das Kreuzzeichen über die Gemeinde. Er bittet Gott um den Segen (Hilfe) für die Menschen

Medium 6.5.3

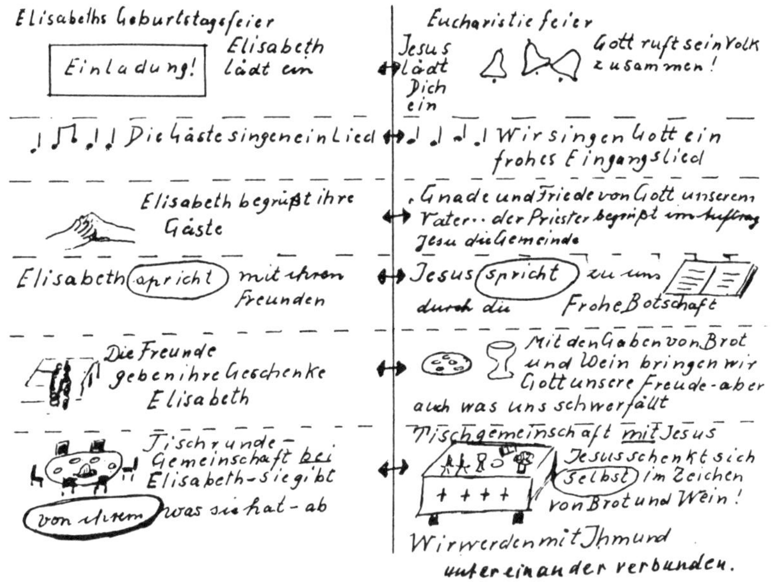

Medium 6.5.4.

Vorschlag für eine Eucharistiefeier

THEMA: Blind sein – „sehend" werden

Eingangslied:	Es läuten alle Glocken ... (mit Gestik) Gloria: Vom Anfang der Sonne ...) (Sonntag) (mit Gest.)
Zwischengesang:	„Blind sein und nicht sehen können" 1.6.7. – Einsatz-Stabspiel
Schrifttext:	nach Mk 10, 46–52 Wir spielen die Geschichte vom „Blinden Bartimäus" evtl. kurzes Predigtgespräch – Bartimäus vertraut Jesus Transfer: Jesus heilt auch – heute – (Geschichte vom Bischof Romero) ; 6.5.5.4 Jesus heilt auch – heute durch Menschen (Beispiel aus der Umwelt der Kinder)
Credo:	GL 521 „Herr gib uns Mut" – 2 St. „Nimm an das Brot" (m. Gest.)
Fürbitten:	frei formulieren oder Textblatt (f. Kinder) Einsatz: hängendes Becken
Gabenbereitung:	Kanon: 2 St. „Lobet und preiset" dazu Ostinato: Alleluja – Amen
Vater unser:	Kanon: 3 St. „Vater unser im Himmel" 1, 2, 3 Str.
Agnus Dei:	„Jesus lädt seine Jünger" Einsatz: AM
Kommunion:	Blinde bleiben blind
Schlußlied:	„Die Welt lebt von Worten, die Gott..." (evtl. Trompete) Gebete: (Vorschlag)

Medium 6.5.5

Gesten und Gebete

1. Tagesgebet: Lieber Vater, durch viele Zeichen hast Du den Menschen gezeigt, daß Du lebst – zuletzt durch Deinen Sohn Jesus Christus. Hilf, daß wir sehen lernen und Dich immer mehr lieb haben, durch unsern Herrn...

2. Gabengebet: Mit den Gaben von Brot und Wein bringen wir Dir, lieber Vater auch unsere Freude, was wir gern tun, und was uns schwer fällt, nimm es bitte an – durch unseren Herrn ...

3. Schlußgebet: In dem Zeichen des Hl. Brotes hat sich Jesus uns im Hl. Mahl geschenkt. Wir bitten Dich lieber Vater, daß wir auch untereinander fest fest verbunden bleiben und uns gegenseitig helfen, damit die Menschen sehen, daß Jesus in uns lebt.

Gesten: Zu dem Lied: *Es läuten alle Glocken ...*

1. Die Kinder stehen im Kreis um den Altar. Mit den Armen die Bewegung der Glocken nachahmen.

2. Sie rufen uns zur Kirche, die Kinder deuten auf sich – wir Kinder kommen gern.

3. Gott liebt die Kinder – klatschen – er lädt uns alle ein – sich um sich selber drehen
Gott liebt ... – wieder klatschen – wir wollen bei ihm sein

Medium 6.6.1

Medium 6.6.1.2

Hochfest der Auferstehung des Herrn Feier der Osternacht Ostersonntag Ostermontag	Christi Himmelfahrt
Pfingsten mit Vigil Pfingstmontag	Aschermittwoch Palmsonntag Gründonnerstag Karfreitag
Hochfest der Geburt des Herrn Hl. Abend Nacht-Morgen-Tag	1.-4 Adventssonntag
(7.)-33. So i. JKrs Fronleichnam Dreifaltigkeitssonntag Herz Jesu-Fest Christ-Königs sonntag	2.-(9.) Sonntag i. J.Krs 3. 2.-Fest St Blasius

Medium 6.6.3

Liedervorschläge zum Kirchenjahr aus dem „Gotteslob"

Weihnachtsfestkreis:

Advent:	GL Nr. 106 – 1.2.4.5. Strophe
	GL Nr. 107 – 1.2.3. Strophe
Weihnachten:	GL Nr. 129 – im Wechsel
	GL Nr. 134 – 1.3.
	GL Nr. 135 – 1.4.

Osterfestkreis

Fastenzeit:	GL Nr. 160 – 1.–7. im Wechsel
	GL Nr. 161
Gründonnerstag/	GL Nr. 537 – 1.–3.
Karfreitag:	GL Nr. 620 – 1.2.3.4. im Wechsel
	GL Nr. 165 – 1.–6. im Wechsel
	GL Nr. 170 – 1.–8. im Wechsel
	GL Nr. 183 – 1.–5. im Wechsel
Ostern	GL Nr. 213 – 1.–3. im Wechsel
	GL Nr. 223 – 1.2.4.
Christi	GL Nr. 227 – 1.–10. im Wechsel
Himmelfahrt:	GL Nr. 228 – 1.–3.
Pfingsten:	GL Nr. 249 – 1.3.
	GL Nr. 246 – im Wechsel

Im Jahreskreis

Dreifaltigkeitssonnt.	Nr. 489
Fronleichnam	GL Nr. 546 – 1.2.3.
Herz Jesu	GL Nr. 553 – 1.3.
Christ-König	GL Nr. 564 – im Wechsel
Heilige – stellv. für alle	GL Nr. 608 – 1.

Medium 6.7.1

Vorschläge

Grundschulbibel WwMl:

Zu 1 S. 66 Nr. 105 Vater ... Luk 22, 42
Zu 2 S. 62 Nr. 99 Was ich sage Joh. 7, 16–18
Zu 3 S. 59 Nr. 94 Blinde sehen Luk. 7, 22

Medium 6.7.4

Bildbetrachtung:

Bild S. 107 – Maria und Jesus. Sie neigen sich einander zu. Die Hände Marias umfassen Jesus. Aber auch Jesu Hände fassen nach Maria. Die Haltung der Hände und des Kopfes Mariens drücken die Liebe zu ihrem Sohn aus. Aus dieser Liebe heraus glaubt sie an ihn (was er euch sagt, das tut, Joh. 2, 5), sie ist ganz für ihn – für Gott – da (ich bin die Magd des Herrn, Luk. 1, 38). Durch ihr Ja-Wort ist sie für die Menschen zum Heil geworden. Ihre rechte Hand spricht zu uns: „Seht, mein liebes Kind gebe ich her für euch".

Bild S. 108 – Im Vordergrund eine Schulklasse. Sie betrachten ein Bild. Ein Mann in Sträflingskleindern vor einem hohen Stacheldrahtzaun. Er ist abgemagert. Auf seiner Jacke klebt ein Streifen mit einer Nummer. In seinen Händen hält er seine Mütze – Maximilian Kolbe, ein Priester, der ganz für Gott da sein will – er schenkt ihm sein Leben für einen Familienvater. Weil er sich nicht scheut, offen das Wort Gottes zu verbreiten, kommt er ins KZ nach Auschwitz. Seine Todeszelle, in der er noch 9 Tage betete und Gott lobte, war 1 m breit und 1 m lang, d.h. er konnte nicht einmal liegen! (1985 in Auschwitz gesehen)

S. 109 Bild links: Wieder das Bild eines Priesters. Seine Augen blicken liebevoll und freundlich. Sein Mund umspült ein fremdes Lächeln – es ist Don Bosco.

S. 109 Bild rechts: Eine Frau – eine fürstliche Frau mit einer Krone auf dem Haupt. Ihr Gesicht trägt feine Züge. In ihrem Mantel trägt sie Rosen. Elisabeth Landgräfin von Thüringen.

Medium 6.7.2

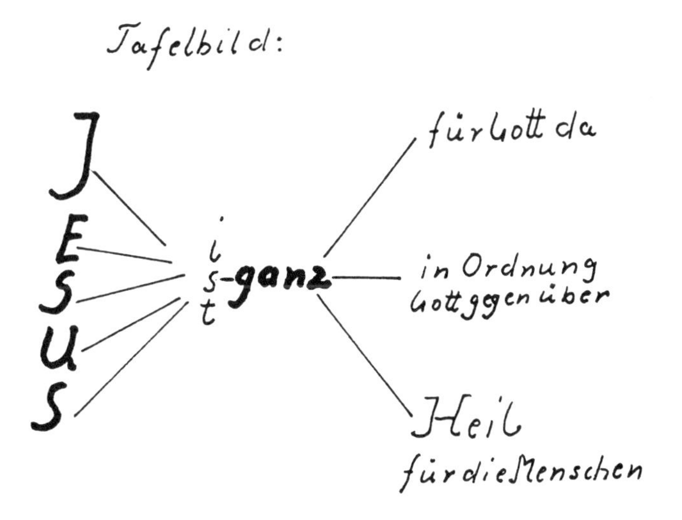

Medium 6.7.3 *Fußstapfen im Schnee*

Es war Winter, ein strenger Winter. Überall lag hoher Schnee. Ich fuhr von Mainz zu meiner Ältesten ins Allgäu. Sie lebt schon einige Jahre dort und kennt sich in der Umgebung von Isny sehr gut aus. Wir machten viele, sehr schöne Wanderungen im Schnee und immer wieder lernte ich etwas Neues kennen. Ein Erlebnis aber, in diesen Urlaubstagen werde ich nie vergessen.
Unser Plan war, durchs Eistobel zum I-Berg! Der Eistobel ist eine lange felsige Schlucht, in der im Sommer drei gewaltige Wasserfälle aus den Felsen herabstürzen und im Bett eines Baches weiterfließen. Der Weg ist schmal und manchmal führt er über eine schmale Brücke. Am Ende der Schlucht geht es ziemlich steil aufwärts zu dem Weg, der zum I-Berg führt. Im Sommer: Herrlich erholsam – kühl und schattig – aber jetzt, im Winter!
Mir klopft das Herz, wenn es über die dick zugeschneiten Stege geht – und nur wenn man sich ganz „klein" macht, kann man sich gerade noch am Geländer festhalten. Immer wieder denke ich: „Lieber Gott hilf mir, daß ich die Angst überwinde." Endlich sind wir aus der Schlucht draußen, aber von dem Weg zum I-Berg ist nur der Wegweiser übrigt geblieben. Alles tief verschneit! Wie sollen wir weiter – wie sollen wir unser Ziel erreichen? Wir sinken tief im Schnee ein. Da entdecken wir Fußspuren. Sie sind schon etwas verharscht. Schritt für Schritt folgen wir den fremden Spuren. Ich muß mich sehr anstrengen, denn der Mensch, der vor mir gegangen ist, war viel größer, d.h. er machte größere Schritte. Und obwohl wir ihn nie gesehen hatten, ihn nicht kannten, vertrauten wir ihm, traten in seine Fußstapfen – und erreichten unser Ziel. Seit diesem Erlebnis weiß ich, was „Nachfolge" heißt.

Medium 6.7.5

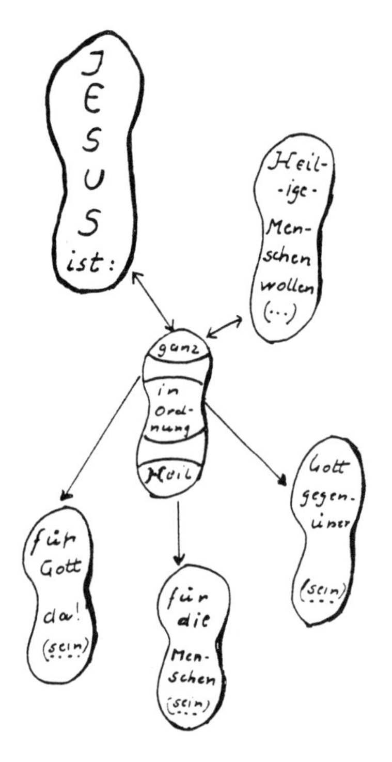

Medium 6.7.6

Wer bringt dem Menschen

2. Wer deckt dem Menschen, der hungert, den Tisch?
   Wer reicht dem Menschen, der Durst hat, den Krug?
   Wer geht den Weg, der die Mühe lohnt?
3. Wer gibt dem Menschen, der zweifelt, den Mut?
   Wer gibt dem Menschen, der absackt, den Halt?
   Wer geht den Weg, der die Mühe lohnt?

Text: Hans-Jürgen Netz ; Musik: Oskar Gottlieb Blarr.
Aus: Schulgottesdienst (BE 811) Gustav Bosse Verlag, Regensburg.
LP „Neue Geistliche Lieder. Beispielplatte Nr. 3". Schwann Studio Düsseldorf.

7. Von dem, was wir Menschen hoffen

VON MARION PAUL

I. ANALYSE

Menschen hoffen – Die Thematik im Hinblick auf die heutige Gesellschaft
Die Suche des Menschen nach glücklichem, sinnerfülltem Leben in unserer modernen Industriegesellschaft läßt sich als Problem treffend umschreiben in der Formel: „Wir verhungern in der Fülle" (H.-R. Müller-Schwefe, Technik und Glaube, S. 259). Der französische Zukunftsforscher Jouvenel stellt in dieser Situation die Frage: „Jedes Jahr scheinen wir besser gerüstet, das zu erreichen, was wir wollen. – Aber was wollen wir eigentlich?" Schon hier stellt sich die Frage nach einem Sinn ein, der über Vordergründiges hinausweist (Unterrichtseinheit 7.1).
Bloße Prozentzahlen der Wachstumsraten geben keine Auskunft über die Verbesserung des menschlichen Lebens. Eine technisch machbare Zukunft hat inzwischen den Blick für die menschlich wünschbare und erhoffbare Zukunft derartig verdunkelt, daß sich die Frage nach der menschlichen Gestalt der von den Menschen „gemachten" Welt erhebt. In immer zunehmenderem Maße ist der Mensch unfähig, das von ihm selbst „Gemachte" intellektuell zu durchschauen und menschlich zu bewältigen. Ein perfektes Netz immanenter Verflechtungen scheint ihm oft sogar die Offenheit für die Transzendenz und für das Transzendieren zu nehmen. Zugleich aber gerät der Mensch immer wieder an seine Grenzen. Existentielle Erfahrungen wie Not, Leid, Trauer, Krankheit, Tod sind Fakten, die sich im Leben jedes einzelnen nicht ausklammern lassen (Unterrichtseinheiten 7.3 und 7.4). So sucht der Mensch weiter nach einem Sinn seines Lebens hinter dem, was die vorletzten Werte bieten können. Das Glück, als „Leben in Superlativen", als höhere Lebensqualität, wird demaskiert als Ursache für das existentielle Vakuum (V.E. Frankl). Getrieben von der Erfahrung der „Fülle" und vor allem von der der „Leere", *wird der Mensch sich selbst zur Frage, die er von und aus sich allein* nicht lösen kann.

Die anthropologische Dimension
Die Hoffnung des Menschen ist eines jener Phänomene, die menschliches Dasein umfassend charakterisieren; in ihr zeigt sich alles Wünschen und Planen, alles Tun und Treiben des Menschen bestimmt von dem Willen, dem Dasein Sinn zu verleihen. Im Menschen lebt eine Kraft – als Erwartung, Sehnsucht, Offenheit –, mit der er ein Ziel erstrebt, das ihm wertvoll ist: die Erfüllung seines Lebens, sein Glück. Somit ist Hoffnung, verstanden als Suche nach Sinn, das Grundprinzip menschlichen Lebens überhaupt. Der *Mensch* erfährt sich in Augenblicken der Hoffnung als das, was er eigentlich ist: ein *Wesen*, das auf Erfüllung hin angelegt ist, das diese Erfüllung fortwährend sucht und *das sich in der Erfüllung als unerfüllt auf ein Größeres (auf Gott) hin erfährt* (Unterrichtseinheit 7.2).

Die theologische Dimension
Die Hoffnung – als Sehnsucht nach dem Größeren – wird in letzter Konsequenz von der

Botschaft des Evangeliums radikalisiert; sie öffnet den Menschen auf die weitere konkrete Zukunft und darin auf die absolute Zukunft Gottes hin. Zukunft wird gezeugt in der gegenwärtigen Situation, die vom Menschen angenommen, gelebt und erlitten wird. „Die Zukunft als nicht nur von selbst sich einstellende, sondern als im Opfer zu erobernde, bejaht implizit, was das Christentum ausdrücklich erklärt: daß die Zukunft der menschlichen Geistperson gar nicht in der Zukunft allein liegt, die in einem späteren Zeitpunkt einmal da sein wird, sondern die Ewigkeit ist ..." (K. Rahner, Das Christentum und der 'neue Mensch'. In: Schriften zur Theologie, S. 169). Die Geschichte der Weltwirklichkeit wird zur Heilsgeschichte.
In der nicht mehr überhol- und rücknehmbaren Tat Gottes, seiner Menschwerdung in der Person Jesu von Nazareth, ist der Welt ein unübertreffbarer Horizont der Verheißung eröffnet worden: „Gott selbst in Person als die unausdenkbare Fülle all dessen, was menschliches Sehnen und Wünschen sich erträumen kann, ist die verheißene und jetzt schon anbrechende Zukunft der Welt" (A. Exeler – G. Scherer, Glaubensinformation, S. 85). Diese Verheißung ist Inhalt der Botschaft Jesu in Wort und Werk (Unterrichtseinheit 7.5).
Das dynamische Zukunftsverständnis, die Einheit und Kontinuität von Geschichte und Vollendung, von Heilsgegenwart und -zukunft, ist ein weiteres Kennzeichen der Botschaft Jesu. Jesus sieht den Menschen in seiner je konkreten Not; er heilt Kranke, gibt Hungernden Speise und verschafft sozial deklassierten Menschen Anerkennung (Unterrichtseinheit 7.6). *Jesus* läßt den Menschen aber nie in der gestillten Bedürftigkeit seines Daseins, sondern *fordert zur Tat des Glaubens, welche die Zukunft von der Gegenwart her neu bestimmt*. Damit ist der *Gläubige berechtigt, befähigt, ja sogar verpflichtet, aktiv an der Entwicklung der Menschheit und der Welt in der Entfaltung ihrer und seiner Kräfte mitzuwirken* (vgl. K. Rahner, a.a.O., S. 174). Diese Tat des Glaubens bedeutet Nachfolge Jesu, die in Wort und Werk die Liebe Gottes wirksam werden läßt.

Der Beitrag für das Ganze eines Glaubensverständnisses
Im Horizont des Glaubens – als Glaube an die Vollendung in der Unendlichkeit Gottes – liegt eine direkte Aufforderung, glücklich zu sein. Der Mensch kann um so glücklicher werden, je mehr er sich dem Dasein hoffnungsvoll öffnet. Indem er sich von der liebenden Zuwendung Gottes – in Jesus ein für allemal zugesagt – selbst zur Liebe bewegen läßt, erfährt er seine tiefsten Möglichkeiten als Mensch schon hier und jetzt.
Der Glaube an diese daseinstranszendente Wirklichkeit verwehrt es dem Menschen, bei Vorläufigem und Vordergründigem stehenzubleiben. Durch ihn erhält der Mensch vielmehr die Kraft, alles Planen und Schaffen, alles Gelingen und Mißlingen in die Unendlichkeit der ankommenden Zukunft zu integrieren und zugleich den Mut, sein Leben auf einen absoluten Sinn hin zu wagen. Der „neue Himmel" und die „neue Erde" (Offenbarung des Johannes 21, 1–6) bilden die Zuversicht, der die Christen im Glauben entgegensehen dürfen (Unterrichtseinheit 7.7).

II. LERNZIELBESTIMMUNGEN

Grobziel

Die Schüler sollen Hoffnung als Grundprinzip menschlichen Lebens verstehen lernen (kognitiv). Sie sollen erfahren, daß uns in der Menschwerdung und Auferstehung Jesu Hoffnung unübertreffbar verheißen wurde. Die Kinder sollen dazu befähigt werden, im Vertrauen auf Jesus Hoffnung zu fassen (affektiv – emotional) und auf ihrem Lebensweg in der gläubigen Zuversicht eines „neuen Himmels" und einer „neuen Erde" voranzuschreiten.

Feinziele

1– Die Schüler sollen sich mit unterschiedlichen Vorstellungen von Zufriedenheit kritisch auseinandersetzen.
  – Dabei soll die Einsicht angebahnt werden, daß Geld und Besitz nur vordergründig Zufriedenheit vermitteln:
  Zufriedenheit kann man nicht erkaufen.
  Es muß im Leben mehr als alles geben!

2 – Die Kinder sollen das Streben nach Glück und die Hoffnung als Grundprinzipien menschlichen Lebens verstehen lernen.

3 – Die Schüler sollen erkennen, daß existentielle Erfahrungen wie Not und Krankheit, Streit und Trauer unser Leben manchmal vergeblich erscheinen lassen.
  – Sie sollen zugleich erfahren, daß wir uns in diesen leidvollen Situationen vertrauensvoll an Gott wenden und mit ihm sprechen können.

4 – Die Schüler sollen sich mit dem Tod als Begrenzung jedes menschlichen Lebens auseinandersetzen.
  – Gleichzeitig sollen sie erfassen, daß das Kreuz nicht nur ein Zeichen für den Tod, sondern auch für das Leben ist.

5 – Die Schüler sollen erfahren, daß durch Christi Auferstehung die Hoffnungslosigkeit und das Dunkel endgültig durchbrochen ist.
  – Sie sollen erkennen, daß Menschen durch Jesus umorientiert werden können und dazu befähigt werden, selbst im Vertrauen auf Jesus Hoffnung zu fassen.

6 – Die Schüler sollen erfassen, daß uns Jesus als Erster, als Erster einer neuen Schöpfung vorangegangen ist und daß er alles „an sich ziehen" wird.

7 – Die Schüler sollen anfanghaft Vorstellungen entwickeln, wie unser Mit- und In-Gottsein aussieht.
  – Gleichzeitig sollen sie erspüren, daß der Glaube an die daseinstranszendente Wirklichkeit es uns verwehrt, bei Vorläufigem und Vordergründigem stehenzubleiben (s. Unterrichtseinheit 7.1). Er gibt uns vielmehr den Mut und die Kraft, unser Leben auf den absoluten Sinn hin zu wagen und verleiht uns die Zuversicht eines „neuen Himmels" und einer „neuen Erde".

III. UNTERRICHT

Grobziel

Die Schüler sollen Hoffnung als Grundprinzip menschlichen Lebens verstehen lernen (kognitiv). Sie sollen erfahren, daß uns in der Menschwerdung und Auferstehung Jesu Hoffnung unübertreffbar verheißen wurde. Die Kinder sollen dazu befähigt werden, im Vertrauen auf Jesus Hoffnung zu fassen (affektiv–emotional) und auf ihrem Lebensweg in der gläubigen Zuversicht eines „neuen Himmels" und einer „neuen Erde" voranzuschreiten.

Inhalte (I) und Ziele (Z)	*Methoden (M) und Medien (Me)*
Anfangsphase I: Bildbetrachtung. Wir erkennen zerfurchte, gespaltene, zerborstene, vertrocknete, ausgedorrte Erde. Darauf wächst ein Gänseblümchen. An dieser Stelle des Unterrichts kann man es bei der rein beschreibenden Betrachtung belassen. Falls die Schüler von sich aus schon tiefer in die Materie vordringen, schließt sich eine erste Interpretation an:	Me: Bild WwMl S. 111. M: Unterrichtsgespräch.
Erarbeitung I: Trotz aller Wahrscheinlichkeit, wider jeden Erwartens tut sich auf dieser Erde nocht etwas: Eine Blume wächst.	M: Unterrichtsgespräch.
Ergebnissicherung I: *Entgegen augenfälliger Hoffnungslosigkeit besteht doch ein Grund zur Hoffnung: Neues Leben entsteht.*	M: Zusammenfassung. Me: Tafeltext. M: Hinweis: Sind die Schüler zu Beginn der Unterrichtseinheit bei einer reinen Bildbeschreibung stehengeblieben, folgt zum Abschluß eine Interpretation des Symbolgehalts in oben genanntem Sinne.
Vertiefung I:Diese symbolträchtige Betrachtungsweise bietet sich erneut als Zusammenfassung des 7. Kapitels zum Abschluß der Unterrichtseinheit an.	M: Unterrichtsgespräch.

Erste Unterrichtseinheit: Nie zufrieden? (S. 112–113)

Lernziel

Die Schülel sollen sich mit unterschiedlichen Vorstellungen von Zufriedenheit kritisch auseinandersetzen. Dabei soll die Einsicht angebahnt werden, daß Geld und Besitz nur vordergründig Zufriedenheit vermitteln:
Zufriedenheit kann man nicht erkaufen.
Es muß im Leben mehr als alles geben!

Inhalte (I) und Ziele (Z)	*Methoden (M) und Medien (Me)*
Anfangsphase I: Bilder beschreiben, Text vorlesen.	Me: Bilder und Text WwMl S. 112.
Erarbeitung 1 I: Herausarbeiten der Kernaussagen. Der Erzähler *wartet* auf den Schulschluß, den Bus, das Ende der Hausaufgaben, seinen Freund, den neuen Ball, die Ferien.	M: Unterrichtsgespräch. Wem ist es schon einmal ähnlich ergangen? Beispiel: Ein Schüler wünscht sich zunächst eine Diskette, um damit auf dem Computer seines Freundes spielen zu können. Danach ist sein sehnlichster Wunsch ein eigener Heimcomputer. Später will er einen eigenen Drucker, um ihn an den Computer anschließen zu können. Anschließend soll eine Festplatte folgen u.s.w.
Vertiefung 1 I: Gedicht wird vorgelesen.	Me: Gedicht von Wilhelm Busch. Me: 7.1.1. Me: Lehrervortrag.
Ergebnissicherung 1 I: *Ein jeder Wunsch, wenn er erfüllt, kriegt augenblicklich Junge.*	M: Zusammenfassung. Me: Tafeltext.
Anwendung I: Collage erstellen. Wir warten auf ... Wir wünschen uns ... eine tolle Fotoausrüstung, eine Villa mit Dienern, eine Jacht, einen flotten Wagen, eine Traumreise u.s.w.	M: Gruppen- oder Gemeinschaftsarbeit: Collage: „Was wir uns wünschen". Me: 7.1.2.
Betrachtung der Collage: Diese Sachen haben alle etwas gemeinsam. Was brauche ich, um mir all die schönen Sachen kaufen zu können? Geld.	M: Unterrichtsgespräch.
	M: Provozierende Lehrerfrage: Dann ist ja

	alles ganz einfach. Ich kaufe mir eine tolle Fotoausrüstung, eine Jacht u.s.w. und dann bin ich automatisch glücklich und zufrieden? – Oder?
Ist der am zufriedensten, der sich am meisten leisten kann?	M: Unterrichtsgespräch.
Ergebnissicherung 2 I: *Zufriedenheit kann man nicht mit Geld und Besitz erkaufen.*	M: Zusammenfassung. Me: Tafeltext.
Erarbeitung 2 I: Geschichte gemeinsam erlesen. Was hatte Jennie alles? Warum geht sie fort? Herausarbeiten der Kernaussage: Es muß im Leben noch mehr als alles geben!	Me: Geschichte „Es muß im Leben mehr als alles geben", S. 113. M: Unterrichtsgespräch.
Ergebnissicherung 3 I: Diese Kernaussage wird mit den inhaltlichen Komponenten der Anwendungsphase gefüllt. *Es muß im Leben noch mehr als* *Schmuck,* *eine Jacht,* *einen flotten Wagen,* *eine Villa u.s.w. geben!*	M: Zusammenfassung. Me: Tafeltext.
Vertiefung 2 I: Bild betrachten, Text erlesen.	Me: Text und Bild S. 113. M: Beschreibung und abschließende Besprechung.
Aufgaben bearbeiten.	Me: Aufgaben 1 und 2, S. 113. Aufgabe 2 als Hausaufgabe.

Zweite Unterrichtseinheit: Menschen hoffen (S. 114–115)

Lernziel

Die Kinder sollen das Streben nach Glück und die Hoffnung als Grundprinzipien menschlichen Lebens verstehen lernen.

Inhalte (I) und Ziele (Z)	*Methoden (M) und Medien (Me)*
Anfangsphase I: Bildbetrachtung. Beschreibung der dargestellten Situationen.	Me: Bilder WwMl S. 114/115. M: Unterrichtsgespräch.

Erarbeitung

I: Menschen hoffen Verschiedenes.
Er hofft (Sie hoffen), daß ...
... sein Verein in die nächsthöhere Liga aufsteigen wird,
... eine schwere Krankheit bald heilbar ist,
... er einen großen Gewinn macht,
... Vater demnächst eine Gehaltserhöhung bekommt,
... Menschen sich einmal besser vertragen,
... sie etwas Gesuchtes (wieder) finden,
... sie bald wieder gesund wird.

Me: Aufgaben 1 und 2, S. 114.
M: Unterrichtsgespräch.

Ergebnissicherung

I: *Menschen hoffen, daß alles einmal besser wird.*

M: Zusammenfassung (Aufgabe 3, S. 114).
Me: Tafeltext.

Vertiefung

I: Text vorlesen.

Me: Text S. 115.

Anwendung

I: Denkt einmal still darüber nach, was ihr euch in eurem Leben erhofft und schreibt es auf.

M: Schreibmeditation mit Musik (Einzelarbeit).
Me: Cassette: Jean-Christian Michel, Quatuor avec orgue, Musique sacrée.

Dritte Unterrichtseinheit: Vergeblich? (S. 116–117)

Lernziel

Die Schüler sollen erkennen, daß existentielle Erfahrungen wie Not und Krankheit, Streit und Trauer unser Leben manchmal vergeblich erscheinen lassen. Sie sollen zugleich erfahren, daß wir uns in diesen leidvollen Situationen vertrauensvoll an Gott wenden und mit ihm sprechen können.

Inhalte (I) und Ziele (Z)	*Methoden (M) und Medien (Me)*
	M: Vorbereitende Hausaufgabe. Me: WwMl S. 116, Aufgabe 3.
Anfangsphase I: Bilder beschreiben.	Me: Bilder S. 116/117. M: Unterrichtsgespräch.
Erarbeitung 1 I: Deutung der Bilder.	M: Unterrichtsgespräch anhand der Aufgaben 1 und 2, S. 116.
Ergebnissicherung 1 *Überall auf der Welt gibt es Leid.* *Leid hat viele Namen:*	M: Zusammenfassung. Me: Tafeltext.

Krankheit, Behinderung, *Naturkatastrophen,* *Mißverständnisse,* *Unverständnis,* *Einsamkeit,* *Trauer,* *Streit, Kampf, Krieg.* (Die Liste wird entsprechend der von den Schülern mitgebrachten Bilder ergänzt.)	
Vertiefung I: Text lesen.	Me: Text S. 116.
Anwendung 1 I: Lichterspiel. Aufführung des Spiels „Komm o Herr, wir brauchen dich". Das Lichterspiel kann entsprechend der im Unterricht genannten Situationen abgeändert bzw. ergänzt werden. Die Anzahl der Sprecher sollte gleich der Zahl der Schüler sein.	M: Lichterspiel. Me: 7.3.1. Materialien dazu: Die Osterkerze, Kerzen der Schüleranzahl entsprechend, Streichhölzer.
Singen des Liedes. Die Strophen können im Anschluß an das Lichterspiel abgeändert bzw. ergänzt werden: Tragt zu den Strei-tern, tragt zu den Hei-den u.s.w.	Me: Lied: Tragt in die Welt nun das Licht (in: Wir sagen euch an Advent, Bistum Essen (Hrsg.)).
Erarbeitung 2 I: Text kennenlernen: Alles vergeblich?	Me: Text nach Kohelet 1–4, S. 117. M: Unterrichtsgespräch. Mögliche Interpretationsfragen: Was bringt den Autor dazu, über die vermeintliche Vergeblichkeit aller Dinge nachzudenken?
... Es ist ... ein Haschen nach dem Wind. ...	Der ewige Rhythmus von Leben und Tod. Mit welchem Vergleich versucht er die Vergänglichkeit zu fassen?
Was alles ist in den Augen des Autors vergeblich? Unterstreicht es im Text. Anstrengung, Forschung, Freude, Spaß, große Werke, Häuser, Gärten, viele Arbeiter, Gold, Silber, Größe. Reichtum, Macht. Warum beschreibt er all das als vergeblich?	M: Unterstreichen im Text (Einzelarbeit).

Weil es
Gewalt,
Tränen,
Unterdrückung,
Ungerechtigkeit,
Gottlosigkeit gibt.

Ergebnissicherung 2
I: Der Tafeltext aus der Phase der 1. Ergebnissicherung wird um diese Begriffe erweitert und in folgender Kernfrage zusammengefaßt:
Ist deshalb alles vergeblich?

M: Erweiterung des obigen Tafeltextes.
Me: Tafeltext.

Anwendung 2
I: Beschreibung der dargestellten Situationen in kurzen Sätzen.
Eine frohe Situation wendet sich dabei jeweils in eine leidvolle:

a) Kind mit einem schönen Blumenstrauß – verwelkte Blumen am Wegesrand.
b) Vögel an einer Futterkrippe – ein vergifteter Vogel.
c) Leute im Auto auf froher Fahrt – ein Autounfall mit Schwerverletzten.
d) schöne Landschaft – dieselbe Landschaft vom Orkan verwüstet.

Me: 7.3.2 Arbeitsheft.
Einzelarbeit.

Alternative 1:
Jeder Schüler wählt unter den Bildern ein Bildpaar aus und schreibt dazu eine ausführliche Geschichte.

M: Auch als Hausaufgabe möglich.

Alternative 2:
Die Kinder bekommen die einzelnen Bilder unsortiert ausgeteilt. Sie bilden zunächst Bildpaare und beschreiben diese danach.

Vierte Unterrichtseinheit: Die Hoffnung begraben? (S. 118–119)

Lernziel

Die Schüler sollen sich mit dem Tod als Begrenzung jedes menschlichen Lebens auseinandersetzen. Gleichzeitig sollen sie erfassen, daß das Kreuz nicht nur ein Zeichen für den Tod, sondern auch für das Leben ist.

Inhalte (I) und Ziele (Z)	*Methoden (M) und Medien (Me)*
Anfangsphase I: Bildbetrachtung.	Me: Bild WwMl S. 118. M: Unterrichtsgespräch. Mögliche Interpretationsfragen: Was ist da geschehen? Wie könnte es zu dem Unfall gekommen sein? Was unternehmen die einzelnen Leute? Denkt an die möglichen Folgen dieses Unfalls!
Erarbeitung 1 I: Text „Ein Dorf noch bis zum Meer". Charakterisierung folgender konträrer Situation dazu erarbeiten:	Me: Geschichte WwMl S. 118. M: Lehrervortrag. M: Nacherzählung durch Schüler.
Zunächst: Es ist ein heiterer Morgen... die Sonne leuchtet, die Glocken läuten, es ist Sonntag, ein Mann lacht, ein junges Mädchen, das lacht, ein glücklicher Mann, ein glücklicher Tag, der Mann fährt fröhlich ab, ein Mann ist fröhlich, er pfeift, alle sind glücklich, der Mann ist zufrieden, das Mädchen neben ihm lacht. Danach: Ein blaues Auto steht schräg über der Straße. Ein Kind liegt auf der Straße. Eine schreiende Frau preßt die Hände auf den Mund. Die Stoßstange blitzt nicht mehr in der Sonne. An ihr ist Blut.	M: Anschließendes Unterrichtsgespräch. Lehrerimpuls: In welchen Sätzen kündet sich das Unheil bereits an? Die blanke Stoßstange blitzt in der Sonne. An ihr ist kein Blut. Noch nicht! Das Mädchen neben ihm lacht. Es weiß nicht, *was in zwei Minuten geschieht.* Was könnte geschen sein? Wie heißt das unheilverheißende Wort? Blut. Warum ist der Unfall in dieser Geschichte besonders tragisch? Es ist nur noch ein Dorf bis zum Meer!
	M: Einzelarbeit mit dem Text. Arbeitsauftrag: Unterstreicht mit einem gelben Buntstift Stellen im Text, wo noch alles gut ist, unterstreicht mit dem schwarzen Stift, wo sich Unheil ankündet und darstellt.
Erweiterung Anweisung: Schneidet aus der Tageszeitung verschiedene Todesanzeigen aus und bringt sie in der nächsten Religionsstunde mit.	M: Vorbereitende Hausaufgabe. Me: Tageszeitung.

Analyse der mitgebrachten Todesanzeigen, dabei Beachtung der Textnuancen bzgl. ihres Bedeutungsgehalts: Überzeugung für ein Weiterleben nach dem Tod; oder Umschreibung für die Endgültigkeit des Todes. In Trauer nehmen wir Abschied, jäh aus dem Leben gerissen wurde, Gott sprach das große Amen, in Liebe und Dankbarkeit nehmen wir Abschied, in die Ewigkeit abberufen wurde, nach kurzem Leiden verstarb, sanft entschlief, es verstarb, im Glauben an die Auferstehung nehmen wir Abschied u.s.w.	M: Unterrichtsgespräch.
Erarbeitung 2 I: Bilder besprechen, Text lesen.	Me: Bilder und Text S. 119. M: Unterrichtsgespräch.
Psalm lesen.	Me: Texte nach Psalm 39, 5–8 und Psalm 90, 3–17, S. 119.
Ergebnissicherung 1 I: *Alle Menschen sind vergänglich. Wir Menschen müssen sterben. Auf was sollen wir hoffen? Herr, ich hoffe nur auf dich. Sei gut zu uns, o Herr, und lenke alles, was wir tun.*	M: Zusammenfassung. Me: Tafeltext.
Schüler und Lehrer beten gemeinsam.	M: Vom Tafeltext wird in ein Bittgebet mit freien Schülerformulierungen übergegangen.
Vertiefung 1 I: Denkt zunächst einmal still darüber nach und findet dann Aussagen zu: Tod ist wie ... Leben ist wie ...	M: Metaphermeditation. Me: 7.4.1.
Vertiefung 2 I: Der Lehrer malt ein Kreuzzeichen an die Tafel. Spontane Schüleräußerungen dazu. Das Kreuz erinnert uns an den Tod (Jesu). Wie fühlen sich Menschen angesichts des Todes? Traurig, verzweifelt, hoffnungslos.	Me: Kreuzzeichen. M: Unterrichtsgespräch.
In dieser Situation der Hoffnungslosigkeit, Trauer, Angst und Verzweiflung tut sich etwas. Das versuche ich jetzt mit Farben auszudrücken.	M: Information durch den Lehrer.

Der Lehrer malt mit gelber und blauer Wasserfarbe ein Kreuz auf ein Stück Tapete, das an der Tafel befestigt ist. Die Schüler beschreiben den Vorgang und äußern die Gedanken, die ihnen dabei kommen:

M: Zeichenmeditation.
Me: 7.4.2 Arbeitsheft
Materialien: gelbe und blaue Wasserfarbe, Pinsel, Tapetenrest.

Es sind zwei Linien zu sehen, eine gelbe und eine blaue. Wo sie sich kreuzen, „tut sich etwas". Eine dritte Farbe bildet sich: grün. Grün ist die Farbe der Natur, des Wachstums: Es ist nicht zu Ende. Es fängt von vorne an.

M: Unterrichtsgespräch.

Ergebnissicherung 2
Das Kreuz erinnert uns an den Tod und an die Auferstehung.
Es ist nicht vorbei.
Es geht weiter.
Im Kreuz ist Leben.

M: Zusammenfassung.
Me: Tafeltext.

Anwendung
I: Zur Versinnbildlichung unserer Hoffnung erhält jedes Kind eine Tulpenzwiebel. Diese wird sorgfältig eingetopft, ans Licht, aber nicht in zu große Wärme gestellt und gepflegt. Alternativ dazu können auch Weizenkörner gesät werden.

M: Tulpenzwiebeln pflanzen bzw. Körner säen.
Materialien: für jedes Kind eine Tulpenzwiebel (bzw. Weizenkörner) und einen kleinen Blumentopf sowie Erde.

Im Anschluß daran wird der Text „Gebrauchsanweisung" vorgetragen.

M: Lehrervortrag
Me: „Gebrauchsanweisung" von Wilhelm Willms.
Me: 7.4.3.

Schlußphase
I: Singen eines Liedes.

Me: Lied: Kleines Senfkorn Hoffnung.
Me: 7.4.4.

Fünfte Unterrichtseinheit: Der Grund zur Hoffnung (S. 120–123)

Lernziel

Die Schüler sollen erfahren, daß durch Christi Auferstehung die Hoffnungslosigkeit und das Dunkel endgültig durchbrochen ist. Sie sollen erkennen, daß Menschen durch Jesus umorientiert werden können und dazu befähigt werden, selbst im Vertrauen auf Jesus Hoffnung zu fassen.

Inhalte (I) und Ziele (Z)	*Methoden (M) und Medien (Me)*
Anfangsphase I: Rekapitulation der Leidensgeschichte Jesu.	M: Unterrichtsgespräch.
Erarbeitung 1 I: Wie haben sich die Apostel nach all diesen Geschehnissen wohl gefühlt? Traurig, mutlos, alleine gelassen.	M: Unterrichtsgespräch.
I: *Menschen sind verzweifelt.* *Menschen sind ohne Hoffnung.*	M: Teilzusammenfassung. Me: Tafeltext.
Habt ihr schon einmal ähnliche Augenblicke erlebt? Jemand aus der Verwandtschaft ist gestorben, Krach mit den Eltern, schlechte Noten u.s.w.	M: Unterrichtsgespräch.
Wir wollen diese Augenblicke, in denen wir verzweifelt und ohne Hoffnung sind, mit einer passenden Farbe malen. Mit welcher? Mit der Farbe schwarz. Sie drückt Trauer, ... aus. Die Schüler stellen Hoffnungslosigkeit auf einer Tapete durch schwarze Farbe ungegenständlich dar.	M: Umsetzen der Thematik Hoffnungslosigkeit in eine zeichnerische Darstellung. Materialien: verschiedene Farben, Pinsel, an Tafel befestigter Tapetenrest.
Erarbeitung 2 I: Holzschnitt „Der Emmausgang" von Karl Schmidt-Rottluff.	M: Bildbetrachtung. Me: Holzschnitt WwMl S. 121.
Auf dem Bild können wir drei Menschen erkennen. Einige von ihnen sind auch hoffnungslos und verzweifelt. Welche? Der rechte und der linke Mensch. Wir betrachten ihre a) Gesichter: Die Augen sind geschlossen. Sie schauen auf den Boden. Die Stirnen haben Falten. Sie sind runzlig. b) Haltung: Sie gehen gebeugt, gebückt, lassen Köpfe und Arme hängen. c) Gangart: Sie gehen mühsam, stolpern fast. Einer stützt sich auf einen Stock. Der Weg ist lang, schmal, steinig, mühsam, bedrohlich (Hinweis auf Spitzen und Zacken). Betrachten wir nun den Mann in der Mitte: Seine Augen sind groß, offen, schauen geradeaus. Sein Mund ist offen. Er spricht ... Er geht gerade, aufrecht, nicht gebeugt.	M: Unterrichtsgespräch.

Mit seiner Hand will er etwas sagen. Er zeigt den Weg. Der Mann in der Mitte ist Jesus.

Vertiefung

I: Zu diesem Bild gibt es im Neuen Testament eine Erzählung.

M: Darbietung der Emmausperikope durch den Lehrer.

Me: Erzählung nach Lk 24, 13–35 (S.121) und D. Steinwede: Zu erzählen deine Herrlichkeit, München 1968², S. 106.

Die Jünger waren auf einmal nicht mehr hoffnungslos, weil sie merkten, daß es Jesus war. *Es ging ihnen ein Licht auf.* Sie waren wie umgewandelt und ganz froh. Vermutungen der Schüler über den Fortgang der Geschichte.

M: Unterrichtsgespräch.

Transfer

I: Lesen des Textes „Zwei Jünger gingen voll Not und Zweifel".

Me: Text des Liedes „Zwei Jünger gingen voll Not und Zweifel ..." (verändert), in: Lieder der Mariapoli, S. 78.

Me: 7.5.1

M: Partnerarbeit. Arbeitsauftrag:
Vergleicht Zeile 1 mit Zeile 5.
Vergleicht Zeile 2 mit Zeile 6.
Vergleicht Zeile 3 mit Zeile 7.
Vergleicht Zeile 4 mit Zeile 8.
Unterstreicht jeweils die Wörter, die verschieden sind! Benutzt zum Unterstreichen in der 1.Strophe einen blauen Buntstift und in der 2.Strophe einen roten Buntstift.
Sicher fällt euch etwas auf!

In Zeile 1, 2, 3, 4 sind die Wörter in der Vergangenheit (gestern), in Zeile 5, 6, 7 8 stehen die Wörter in der Gegenwart (heute).
Zeile 1: Die zwei Jünger sind die beiden Emmausjünger von damals.
Zeile 5: Mit den vielen Jüngern sind wir heute gemeint. Die vielen Jünger brauchen, genauso wie die Emmausjünger, nicht mehr ohne Hoffnung zu sein, denn „da kommt Jesus und spricht mit ihnen und um sie leuchtet sein Licht".

M: Unterrichtsgespräch.

Ergebnissicherung 1

I: *Mit Jesus sind wir nicht allein! Mit Jesus dürfen wir Hoffnung haben! Jesus gibt uns Hoffnung!* u.ä.

M: Ergänzen des Tafelanschriebs.
Me: Tafeltext mit gelber Kreide.

Verarbeitung

I: Wir haben gehört, daß wir mit Jesus Hoffnung haben dürfen. Das Dunkle wird durch ihn verändert.
Mit welcher Farbe können wir unsere Hoffnung zeichnerisch gestalten? Wieso?
Mit der Farbe gelb.
Sie drückt Freude, ... aus.

M: Darstellung des Motivs Hoffnung durch die Schüler unter Einbeziehung des gestalterisch-emotionalen Moments (Gemeinschaftsarbeit).
Me: 7.5.2.

Deutung der Darstellung.

M: Unterrichtsgespräch.

Anwendung

I: Jeder Schüler erhält ein Stück Fotokarton.
Versucht unsere Hoffnung mit Jesus durch passende Farben auszudrücken!

M: Ungegenständliche Darstellung unserer Hoffnung mit Jesus (Einzelarbeit).
M: Gemeinschaftsarbeit.
Unter dem Motto „Unsere Hoffnung soll wachsen" werden alle Kartons hintereinander auf eine Tapetenrolle geklebt. Diese wird gut sichtbar im Klassenraum aufgehängt.
Materialien: Fotokarton, Tapetenrolle, Klebstoff.

Erarbeitung 2

I: Bildbetrachtung.

Me: Bild S. 120.
M: Unterrichtsgespräch.
Mögliche Interpretationsfragen: Welche Figuren sind abgebildet? Was wollen die Frauen gerade tun?

Beschreibt den Engel!
Sein Zeigefinger ist überdimensional groß.
Er will etwas ausdrücken.
Der Finger zeigt gen Himmel: Christi Auferstehung ist der Grund unserer Hoffnung.
Die Gewänder der Frauen und das des Engels sowie seine Flügel sind fließend, die Linien bilden eine Einheit:
Wir alle sind verbunden in der Teilhabe an der Auferstehung Christi und am neuen, ewigen Leben.

M: Text vorlesen.
Me: Text S. 120.

Zusammenfassung

I: Jesus hat selbst all das erlitten ...
Wenn Christus nicht auferweckt wurde, dann ist euer Glaube umsonst.

Texte lesen.
Me: Text S. 122 und 1 Kor. 15, 17.

Ergebnissicherung

I: *Seit Ostern ist eine neue Hoffnung in der Welt. Und diese Hoffnung hat Jesus gebracht.*

M: Zusammenfassung.

Durch seinen Tod am Kreuz!
Und durch seine Auferstehung!

Schlußphase

I: Betrachtung eines Glasmosaikfensters.

Me: Abbildung WwMl S. 123.

Mögliche Betrachtungskriterien:
Betrachtet die einzelnen Farben und ihre Komposition!

M: Unterrichtsgespräch.

Besonders auffällig ist hierbei:

a) Um den Körper Christi zieht sich eine rote Glasmosaikschicht, die die Kreuzesform schemenhaft nachbildet:
Zeichen für die Verbundenheit Jesu mit den Menschen, mit ihrem irdischen Leiden und ihrem Tod.

b) Der Körper Christi sowie sein Grabtuch werden in weiß dargestellt: Weiß als *Bild für das Unbeschreibliche, was mit Jesus geschah, für seine Auferstehung und seine Himmfelfahrt.*

c) Die Wunden an Christi Körper werden mit gelb-orangeroten Mosaiksteinchen dargestellt: So soll zum einen an den leidvollen Tod Jesu erinnert werden, zum anderen manifestiert sich hierin schon ein Hoffnungsschimmer, der Lichtschein ewigen Lebens. Derselbe Lichtschein durchzieht gleichsam als *„gelber Hoffnungsfaden"* das gesamte Glasmosaik an den verschiedensten Stellen.

d) Glassteinchen in verschiedenen Blautönen, in Rosa, Lila und Weiß machen den Grundton des Mosaiks aus.
Der Heiligenschein und ein großer runder Schein, der den oberen Körper Christi umgibt, sind ebenfalls in Blau-Rosa-Lila-Weißtönen gearbeitet:
Zeichen der hoheitlichen Würde Christi.

Zum Abschluß der Bildbetrachtung wird ein Lied gesungen.

M: Singen eines Liedes.
Me: Lied: Ja wenn der Herr... In: Lieder für den Gottesdienst Nr. 21, Kath. Jugendzentrale Mainz (Hrsg.)
Me: 7.5.3.

Sechste Unterrichtseinheit: Der Erste (S. 124–125)

Lernziel

Die Schüler sollen erfassen, daß uns Jesus als Erster, als Erster einer neuen Schöpfung vorangegangen ist und daß er alles „an sich ziehen" wird.

Inhalte (I) und Ziele (Z)	*Methoden (M) und Medien (Me)*
Anfangsphase	M: Vorbereitende Hausaufgabe. Me: Aufgabe 1, WwMl S. 124.
I: Besprechen der Hausaufgabe.	M: Unterrichtsgespräch.
Erarbeitung I: Klären der Perikope bzw. der Hausaufgabe.	Me: Text nach Apostelgeschichte 1, 8–9 und Aufgabe 2, S. 125. M: Unterrichtsgespräch.
Ergebnissicherung I: Wenn die Bibel von dem erzählt, was mit Jesus geschehen ist, dann spricht sie in Bildern. Nur *Bilder* können das *Unbegreifliche* ausdrücken:	
Jesus ist auferstanden. *Gott hat ihn aufgeweckt.* *Gott hat ihn erhöht.* *Gott hat ihn zum Herrn gemacht.* *Jesus ist aufgefahren in den Himmel.* *Jesus wurde emporgehoben.* *Eine Wolke nahm ihn auf.* *Jesus ist nun ganz eins mit Gott.*	M: Zusammenfassung. Me: Tafeltext.
Vertiefung I: Text: „Einer von uns hat dieses Ziel schon erreicht ... Und er wird alles an sich ziehen".	M: Text lesen. Me: Text WwMl S. 125.
Anwendung I: Bildbetrachtung: Der Erste. Christus steht vor allem und allen. Er ist den Menschen vorangegangen und wird alles „an sich ziehen" und zum Guten werden.	Me: Abbildung S. 124. M: Unterrichtsgspräch. Mögliche Betrachtungsimpulse: Auf dieser Collage ist dargestellt: Ein Christus (Metallkonstruktion) befindet sich vor einem erleuchteten Hochhaus. Er steht da in Siegespose. Seine rechte Hand ist erhoben, sie will etwas ausdrücken, sie zeigt gen Himmel. Der Körper Christi ist transparent, durchscheinend. So kann man das dahinterliegende Hochhaus mit seinen einzelnen Eta-

gen, den erhellten und dunklen Fenstern erkennen.
Das Hochhaus steht für die einzelnen Menschen und ihre Schicksale: für Kleine und Große, für Alte und Junge, für Kranke und Gesunde, für Arme und Reiche, für Unglückliche und Glückliche etc.

Siebte Unterrichtseinheit: Freude wird sein (S. 126–127)

Lernziel

Die Schüler sollen anfanghaft Vorstellungen entwickeln, wie unser Mit- und In-Gottsein aussieht. Gleichzeitig sollen sie erspüren, daß der Glaube an die daseinstranszendente Wirklichkeit es uns verwehrt, bei Vorläufigem und Vordergründigem stehenzubleiben (s. Unterrichtseinheit 7.1). Er gibt uns vielmehr den Mut und die Kraft, unser Leben auf den absoluten Sinn hin zu wagen und verleiht uns die Zuversicht eines „neuen Himmels" und einer „neuen Erde".

Inhalte (I) und Ziele (Z)	*Methoden (M) und Medien (Me)*
Anfangsphase I: Bild betrachten. Viele Kinder und Jugendliche freuen sich. Vielleicht hat ihre Mannschaft bei einer Sportveranstaltung gewonnen und nun feiern sie. Einige haben die Arme hochgerissen (Freudes-, Siegespose), sie lachen.	Me: Abbildung WwMl S. 126/127. M: Unterrichtsgespräch.
Erarbeitung I: Wir haben in der letzten Religionsstunde darüber nachgedacht, was wir unter „Himmel" verstehen. Dabei fanden wir heraus, daß *Himmel* nicht einen Raum über der Erde im Weltallt meint, sondern einen Zustand, einen Zustand, der ausdrückt: *Gott ist den Menschen nahe.* Auch früher schon haben viele Menschen darüber nachgedacht, wie dieses Mit- und In-Gottsein aussehen wird und ihre Gedanken dazu in der Bibel niedergeschrieben. Solche Vorstellungen wollen wir jetzt einmal kennenlernen.	M: Rekapitulation durch den Lehrer.
I: Bibeltexte.	M: Texte lesen. Me: Texte nach Römer 8, 13–23, 1 Korinther 2,9,

Johannes 16, 20–22,
Offenbarung 21, 1–5, S. 126/127.
Text im gelben Kästchen, S. 125.
M: Einzelarbeit: Unterstreichen der Kerngedanken jedes Textes.

Vertiefung
I: Zusammentragen der wichtigsten Aussagen.

M: Unterrichtsgespräch.

Anlegen eines Tafeltextes in Tabellenform
Auf unserer Welt – Im HIMMEL

M: Gemeinschaftsarbeit.
Me: Tafeltext.
Me: 7.7.1.

Schlußphase
I: Um unsere Freude angesichts eines „neuen Himmels" und einer „neuen Erde" auszudrücken, wollen wir jetzt ein Lied singen und dazu tanzen.

Me: Lied und Tanz: Der Himmel geht über allen auf.
In: Lieder für den Gottesdienst Nr. 71, Kath. Jugendzentrale Mainz (Hrsg.).
Me: 7.7.2.

Die Stichpunkte des obigen Tafeltextes
„Himmel,
Liebe,
Freude,
ewiges Leben in Gott"
u.s.w.
werden auf Plakatkarton geschrieben.

M: Stichpunktsammlung wird entweder so erweitert, daß jedes Kind ein Plakat mit einem passenden Begriff tragen darf, oder die Plakate werden so verteilt, daß jeweils nur jedes zweite (o.ä.) Kind eins bekommt.
Me: Materialien dazu: Plakatkatons, dicke Filzschreiber.

IV. MEDIENZUSAMMENSTELLUNG

7.1.1	Gedicht	W. Busch
7.1.2	Collage	Gruppenarbeit
7.3.1	Lichterspiel mit Bild	M. Paul
7.3.2	Arbeitsheft: Auf unserer Welt	M. Paul
7.4.1	Metaphermeditation – Tafeltext	Gemeinschaftsarbeit
7.4.2	Arbeitsheft: Zeichenmedidation: Kreuz	M. Paul
7.4.3	„Gebrauchsanweisung"	W. Willms Quelle s.u.
7.4.4	Lied: Kleines Senfkorn Hoffnung	T: A. Albrecht / M: L. Edelkötter
7.5.1	Zwei Jünger gingen voll Not und Zweifel	M. Paul
7.5.2	Zeichnerische Darstellung: Unsere Hoffnung mit Jesus	Gemeinschaftsarbeit
7.5.3	Lied: Ja wenn der Herr	
7.7.1	Tafeltext	Gemeinschaftsarbeit
7.7.2	Lied und Tanz: Der Himmel geht über allen auf	Choreographie: M. Paul Musik: Peter Janssons

V. LITERATURHINWEISE

1) Homeyer, J. (Hrsg.): Der Religionsunterricht in der Schule. Ein Beschluß der Gemeinsamen Synode der Bistümer in der Bundesrepublik Deutschland. Heftreihe Synodenbeschlüsse, Nr. 4, Bonn 1974.

2) Müller-Schwefe, H.-R.: Technik und Glaube, Mainz 1971.

3) Frankl, V.E.: Der Mensch auf der Suche nach Sinn, Freiburg 1972.

4) Rahner, K.: Das Christentum und der 'neue Mensch'. In: Schriften zur Theologie, Zürich 1968.

5) Exeler, A. / Scherer, G.: Glaubensinformation, Freiburg 1971[3].

6) Esser, W.G.: Zum Religionsunterricht morgen II, München 1971.

7) Ballod, G. (Hrsg.): Arbeitsmappen für Religionslehre. Arbeitsmappe 5 und Lehrerkommentar 5: Das Problem von Glück und Leid, Heidelberg 1977 und 1978.

8) Beschluß der Gemeinsamen Synode der Bistümer in der Bundesrepublik Deutschland, „Unsere Hoffnung".

9) Blessenohl, H. / Braun, G. / Müller, K.-D. (Hrsg.): Fühlen – leiden – leben, Düsseldorf 1980.

10) Pletziger, W.: Liebe und Hoffnung als Motive christlicher Weltverantwortung, DKV München 1972.

11) Gahlen, H. / Petri, H.-P. / Schladoth, P.: Christliche Hoffnung in unserer Zeit. Der Synodenbeschluß „Unsere Hoffnung" im Religionsunterricht und in der Erwachsenenbildung, Düsseldorf 1979.

12) W. Willms, der weinberg steht in blüte. Hinführung der Kinder zur Erstkommunion Butzon & Bercker, Kevelaer 1983, S. 28 ff gekürzt.

MEDIEN

Medium 7.1.1

Wonach du sehnlich ausgeschaut
es wurde dir beschieden.
Du triumphierst und jubelst laut:
Jetzt hab ich endlich Frieden!

Ach, Freundchen, rede nicht so wild,
bezähme deine Zunge.
Ein jeder Wunsch, wenn er erfüllt,
kriegt augenblicklich Junge.

Medium 7.1.2

Was wir uns wünschen

Medium 7.3.1

Lichterspiel: Komm o Herr

(Das Lichterspiel wird in einem abgedunkelten Raum aufgeführt. Es stehen die Osterkerze und für jeden Schüler eine Kerze bereit.)

Der Priester spricht: Auf unserer Welt ist es dunkel.
Danach beten Priester, Schüler und Lehrer gemeinsam den Refrain:

> Komm o Herr, wir brauchen dich
> auf der dunklen Erde,
> daß die Welt von deinem Licht
> immer heller werde.

(Anschließend wird die Osterkerze als Sinnbild für Jesus Christus angezündet.
Nun spricht ein Schüler nach dem anderen.)

1. Kind: Krankheit macht unsere Welt dunkel.
2. Kind: Behinderungen verdüstern sie.
3. Kind: Naturkatastrophen verdunkeln unser Leben.
4. Kind: Einsamkeit macht unser Leben düster.
5. Kind: Mißverständnisse vertreiben unsere Freude.
6. Kind: Unverständnis erschwert unser Leben.
7. Kind: Trauer lähmt uns.
8. Kind: Streit macht uns einsam.
9. Kind: Kampf macht uns hart.
10. Kind: Krieg nimmt uns den Frieden.
11. Kind: Ungerechtigkeit erfüllt uns mit Wut.
12. Kind: Gewalt läßt uns hassen.
13. Kind: Tränen betrüben uns.

(Im Anschluß an jeden gesprochenen Satz wird der Refrain gebetet. Dann entzündet der jeweilige Sprecher seine Kerze an der Osterkerze, so daß am Schluß jedes Kind eine brennende Kerze in der Hand hält.
Danach formieren sich Priester und Schüler zu einer Lichterprozession: Der Priester geht mit der Osterkerze voran, die Kinder folgen mit ihren brennenden Kerzen. So wird der Raum nach und nach vom Licht erfüllt. Dazu singen alle.)

Medium 7.4.1

Tod ist wie ...
– ein abgehauener Baum
– zertretene Blumen
– schwerer Kummer
– finstere Nacht
– ein schmutziges Meer
– Dunkelheit

Leben ist wie ...
– ein blühender Baum
– ein prächtiger Blumenstrauß
– Freude
– Sonnenschein
– eine frische Quelle
– Helligkeit
– eine gute Mutter
– ein aufbrechendes Samenkorn
– eine keimende Pflanze

Medium 7.4.3: *Gebrauchsanweisung*

vorsicht
in diesen weizenkörnern
steckt leben
hochexplosive kraft!
wenn du ein einziges korn
in die erde legst
ein bis zwei zentimeter
unter den dreck
dann passiert ein wunder

du mußt dir nur
zeit nehmen
das wunder zu sehen
zu beobachten
das korn stirbt
in der erde
im dreck
das siehst du nicht
denn das korn
liegt versteckt
in einem grab
wie wir alle mal
in unserem grab liegen
versteckt
aber dann
wenn du die erde anfeuchtest
und wenn die erde
und das sterbende weizenkorn
die richtige temperatur
und genügend
tageslicht und sonne
bekommen
dann bricht
aus dem gestorbenen korn
eine kleine spitze
hervor
ein keim
so nennt man das
und der vorwitzige keim
durchbricht die erde
und wenn er einmal
aus der erde heraus ist
und das licht der welt
erblickt hat
dann steigt er immer höher
zur sonne hin
der kleine keim
wächst und wächst
zu einem ganz hohen turm
das ist der halm
und der halm ist grün
und nachher
wenn er etwas älter wird
wird er goldgelb
immer mußt du sorgen
daß er genug feuchtigkeit hat
und licht
und sonne

und denk mal!
oben am weizenhalm
ist eine ähre
das ist eine goldgeble sammlung
von 70 bis 80 weizenkörnern
ganz neuen
ganz frischen

Wilhelm Willms

aus: Wilhelm Willms, der weinberg steht in blüte. Hinführung der Kinder zur Erstkommunion, © Verlag Butzon & Bercker, Kevelaer, S. 28 ff (gekürzt)

Medium 7.5.1

1 Zwei Jünger gingen voll Not und Zweifel
2 traurig war ihr Gesicht.
3 Doch da kam Jesus und sprach mit ihnen
4 und plötzlich wurde es Licht.

5 Viele Jünger gehen voll Not und Zweifel
6 traurig ist ihr Gesicht.
7 Doch da kommt Jesus und spricht mit ihnen
8 und plötzlich wird es Licht.

Medium 7.5.2

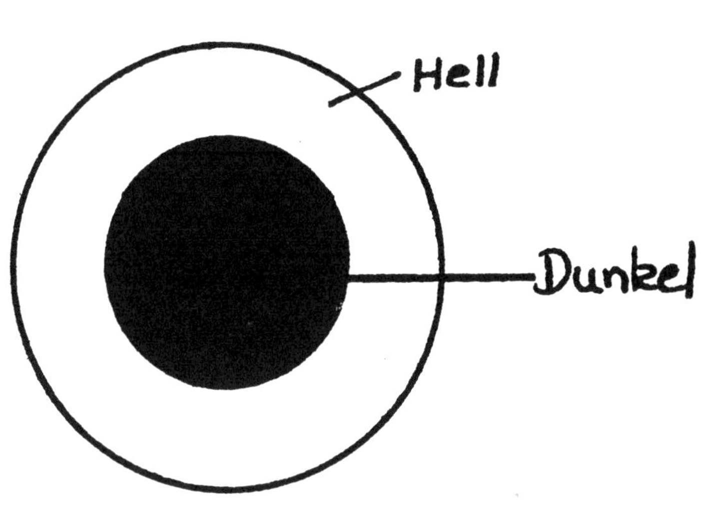

Deutungen durch die Schüler:

Das Dunkle wird vom Hellen eingekreist.
Das Dunkle ist umzingelt.
Das Böse ist eingesperrt und kann nicht mehr entwischen.
Mit Jesus hat das Dunkle keine Chance mehr!

Medium 7.7.1

Auf unserer Welt:	*Im HIMMEL:*
Leid	kein Leid
Schmerzen	keine Schmerzen
Unrecht	Recht
Lüge	Wahrheit
Haß	Liebe
Feindschaft	Freundschaft
Seufzen, Klagen, Tränen	Freude, Glück, Lachen
↓	↓
Tod	*ewiges Leben in Gott!*

Medium 7.7.2

Der Himmel geht über allen auf

T: W. Willms, M: P. Janssens

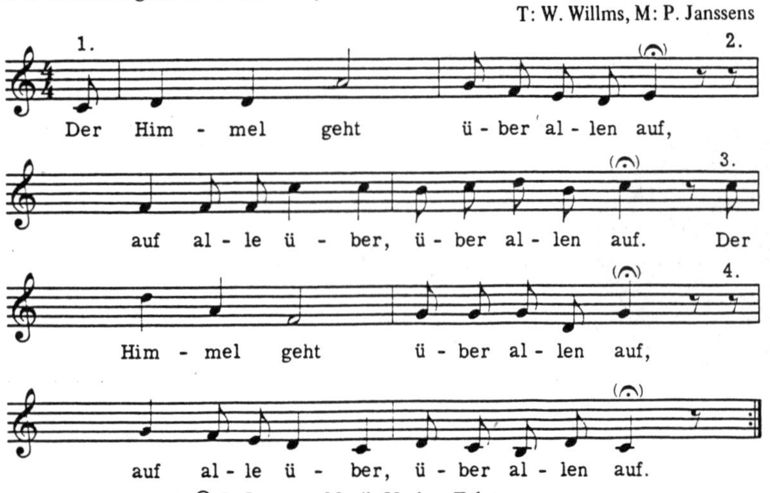

Medium 7.7.2: *Anweisungen zum Tanz des Liedes: Der Himmel geht über allen auf*

Durchsingen A: Die Kinder stellen sich im Kreis auf – tragen die Plakate vor sich – sie gehen bis – Der Himmel ... auf – vorwärts.
Die Kinder bleiben stehen – halten die Schrift bis – auf ... über allen auf – nach links in den Außenkreis.
Die Kinder gehen vorwärts weiter bis – Der Himmel ... auf.
Die Kinder bleiben stehen – halten die Schrift bis – auf ... über allen auf – nach rechts in den Innenkreis.

Durchsingen B: Die Kinder stehem im Kreis – tragen die Plakate vor sich – gehen bis – Der Himmel ... auf – rückwärts.
Sie bleiben stehen – halten die Schrift bis – auf ... über allen auf – nach links in den Außenkreis.
Rückwärts weitergehen bis – Der Himmel ... auf.
Kinder bleiben stehen – halten die Schrift bis – auf ... über allen auf – nach rechts in den Innenkreis.

Durchsingen C: Die Kinder stehen im Kreis – Plakate über den Kopf heben – gehen bis – Der Himmel ... auf – vorwärts.
Die Kinder bleiben stehen – vom Kreis aus in die Mitte treten – Plakat auf Boden legen – bis auf ... über allen auf – in der Mitte stehenbleiben.
Von der Mitte wieder zurück in den Kreis treten – stehenbleiben bis – Der Himmel ... auf.
Aufstellen im Kreis – vorwärts weitergehen bis – auf ... über allen auf.

Durchsingen D: Die Kinder stellen sich im Kreis auf – fassen sich an den Händen – laufen rechts herum bis – Der Himmel ... über allen auf.
Stehenbleiben – links herum laufen bis – Der Himmel ... über allen auf.

(Das Lied steigert sich in Lautstärke und Intensität, am Schluß wird es stark und siegreich gesungen.
Werden Lied und Tanz in einem größeren Rahmen (z.B. Schulgottesdienst) aufgeführt, so bietet es sich an, daß sich beim letzten Durchsingen alle Mitfeiernden die Hand reichen und das Lied mehrstimmig als Kanon singen.)

Teil C
Leben
Leben

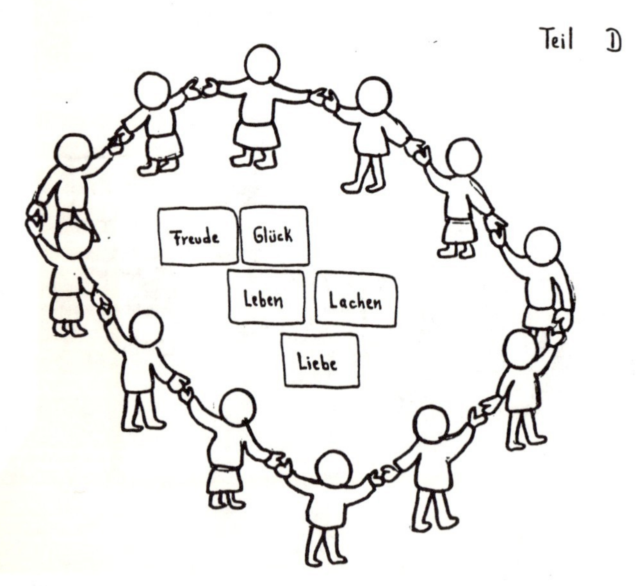
Teil D
Freude
Glück
Leben
Lachen
Liebe